中国社会科学院 学者文选

宦乡集

中国社会科学院科研局组织编选

中国社会科学出版社

图书在版编目(CIP)数据

宦乡集／中国社会科学院科研局组织编选. —北京：中国社会
科学出版社，2002.9（2018.8重印）
（中国社会科学院学者文选）
ISBN 978 - 7 - 5004 - 3340 - 8

Ⅰ.①宦…　Ⅱ.①中…　Ⅲ.①社会科学—文集②宦乡—文集
Ⅳ.①C53

中国版本图书馆 CIP 数据核字（2002）第 016712 号

出 版 人	赵剑英
责任编辑	郭晓鸿
责任校对	林福国
责任印制	王　超

出　　版	中国社会科学出版社
社　　址	北京鼓楼西大街甲 158 号
邮　　编	100720
网　　址	http://www.csspw.cn
发 行 部	010 - 84083685
门 市 部	010 - 84029450
经　　销	新华书店及其他书店

印刷装订	北京市十月印刷有限公司
版　　次	2002 年 9 月第 1 版
印　　次	2018 年 8 月第 2 次印刷

开　　本	880×1230　1/32
印　　张	13.25
字　　数	316 千字
定　　价	79.00 元

出 版 说 明

　　一、《中国社会科学院学者文选》是根据李铁映院长的倡议和院务会议的决定，由科研局组织编选的大型学术性丛书。它的出版，旨在积累本院学者的重要学术成果，展示他们具有代表性的学术成就。

　　二、《文选》的作者都是中国社会科学院具有正高级专业技术职称的资深专家、学者。他们在长期的学术生涯中，对于人文社会科学的发展做出了贡献。

　　三、《文选》中所收学术论文，以作者在社科院工作期间的作品为主，同时也兼顾了作者在院外工作期间的代表作；对少数在建国前成名的学者，文章选收的时间范围更宽。

中国社会科学院

科研局

1999 年 11 月 14 日

目　录

中国经济与社会科学研究

编者的话

宦乡同志生于1909年11月2日，祖籍贵州遵义，生长在湖北汉口。1922年至1925年在汉口文华中学读书。他年轻时期就具有爱国主义和民主主义思想。在席卷全国的"五卅"运动反帝浪潮中，因组织同学起来驱逐外国校长而被开除。1926年转入上海南洋中学（交通大学预科班）三年级，1928年从预科直升交大管理学院。1931年上伦敦经济学院函授班。1932年考入海关工作。1934年底至1935年曾在日本早稻田大学旁听半年课。1937年抗战后，他积极参加救亡活动，是《海鸥》等杂志主要撰稿人之一。1938年，出于抗日救国热情，参加国民党政府第三战区工作，后任《前线日报》总编辑。在此期间，他逐步接受中国共产党的影响。皖南事变后，曾利用当时的身份，从上饶集中营营救出冯雪峰等同志。抗战胜利后到上海，1947年出任《文汇报》副主笔。1948年5月加入中国共产党。

1949年，宦乡同志到解放后的天津担任《进步日报》总编辑，不久即来到北京参加全国人民政治协商会议筹备工作，任筹备会副秘书长，后当选全国政协委员。新中国成立后转到外交战线，任外交部欧非司司长。1954年奉调任我国首任驻英代办。

1962年回国后任外交部部长助理兼政策研究室主任。"文革"期间受到迫害，长期下放劳动。1976年恢复工作后，出任我驻比利时大使兼驻卢森堡大使及驻欧洲共同体使团团长。1978年回国后任中国社会科学院副院长、中央国际问题写作小组副组长。1982年起任国务院国际问题研究中心（1988年更名为中国国际问题研究中心）总干事。

宦乡同志曾是中国共产党第十二届全国代表大会代表，第一届全国政协委员、副秘书长，第三届全国人大代表，第六届全国人大常务委员会委员、外事委员会副主任委员。他还担任过中国太平洋经济合作全国委员会会长、中国和平统一促进会会长、全国台湾研究会会长、中国国际法学会会长、中国经济学团体联合会顾问、国务院学术委员会委员、各国议会联盟执行委员、北京大学兼职教授，先后受聘为摩洛哥皇家科学院联系院士、伦敦经济和政治学院荣誉研究员，并被授予英国格拉斯哥大学荣誉法学博士。

宦乡同志长期致力于国际问题和对外关系的研究，造诣极深。自20世纪三四十年代以来的50多年间，他发表了大量具有独到见解的评论文章、研究报告和学术论著，受到国内外的广泛重视。其研究和主要学术观点，居我国国际问题研究的前沿地位。他在一些国际问题和对外政策的关键性问题上的看法，得到中央的肯定。其卓越的学术成就，使他成为我国当代最著名的国际问题专家，在国际上也享有崇高的声誉。

宦乡同志从事新闻工作和国际问题及对外关系研究，大体可以分为三个时期。

第一个时期是30年代末到40年代末。抗日战争时期，面对抗战与妥协、民主与专制两种势力的殊死搏斗，宦乡同志作为一名新闻工作者，以笔为枪，始终站在抗战与民主的一边。他在当时的文章中，分析了抗日战争各个阶段的形势、特点以及敌我双方斗争的焦点，反映了人民的呼声。及至抗战胜利后，特别是1946年至1947年在《文汇报》工作的一年中，宦乡同志始终站在斗争的第一线，围绕"反饥饿、反内战、争民主"，撰写了大量有关国际、政治、外交、时事的评论文章，以尖锐泼辣、敢于直言的战斗风格，对国民党的反动统治进行了无情揭露、严正抨击，赢得了广大进步读者的喜爱和支持。

第二时期是1949年至1978年。宦乡同志由新闻工作转入外交战线，这是他作为一名外交家发挥才干的时期，为新中国的外交事业做出了杰出贡献。他曾为全国政协、亚太地区和平会议、朝鲜停战谈判、日内瓦会议参与起草领导同志的一些声明、报告和发言。他驻外期间的调研报告，多次受到毛泽东主席、周恩来总理的表扬。如1958年初，任驻英首任代办时发回《从"欧洲自由贸易区"谈判的破裂说起》的一份电报，毛泽东看后加以赞扬并做了批示，后被有关同志将电报和批示编写成文在同年第14期《红旗》杂志上发表。他的多份调研报告经受住了时间的检验。例如，1956年国际上不少知名人士如印度的尼赫鲁认为，苏伊士危机尖锐阶段已过去，宦乡同志的报告则指出，英法将武力进犯埃及，后由周总理将此看法通报纳赛尔。又如，1958年戴高乐出任法兰西第五共和国总统后，对内对外均采取了较强硬的政策，在世界和中国出现了一片谴责戴高乐为法西斯分子之声，认为法国正在变成一个独裁国家。宦乡同志却在报告中说，戴高乐不是法西斯分子，法国也没有蜕变为独裁国家，它在戴高乐领导下将会改变欧洲乃至世界的格局。还指出，我应抓住时机尽快与法国建交，以实现向西方的战略推进。此外，在1958年至1959年期间，宦乡同志曾多次指出英镑将有贬值趋势，建议国内及时换汇，避免贬值所带来的巨大损失。"文革"期间，宦乡同志受到不公正对待，但即使在他下放"五七干校"期间，仍一面从事体力劳动，一面利用当时的有限资料，注视国际形势的发展，继续他的研究，并积极学习日语。1974年他回到北京，便急切地想把自己观察到的国际上的一些重大问题报告中央，以便我能抓住时机，推动国际环境向有利于我国的方向发展。恢复工作以后，在就任驻比利时、卢森堡大使及驻欧共体使团团长期间，他密切注视国际形势和国内的经济发展，提出应立即把工作重心转移到经济建设上来、积极引进外国先进技术和资本等大量形势分析报告和政策建议，受到中央的重视。

第三时期是1978年至1989年。宦乡同志出任中国社会科学院副院长和国务院国际问题研究中心（中国国际问题研究中心）总干事，这是他作为一名国际问题专家和社会活动家思想最畅达的时期。他的研究取得了辉煌的成就，很多远见卓识更加系统化，而且有了理论上的升华，许多观点引起了国内外的重视。宦乡同志在1978年调任中国社会科学院副院长后，亲手规划了社科院的国际问题研究，筹办了美国、日本、西欧等几个国际研究所，并对国际片各研究所的学科建设，倾注了极大心血。他是改革开放以后社科院乃至全国对外学术交流和民间外交的主要开拓者之一。到国际问题研究中心以后，他领导一批国际问题专家和学者，开展了全方位的国际问题研究，起到了中央的参谋作用。直到卧病，他还关注转变中的国际形势，向中央提出政策建议。

下面根据宦乡同志多年来发表的文章、研究报告以及学术演讲，简要介绍一下他的几个学术观点。

关于国际形势。宦乡同志在80年代初就对"帝国主义走向灭亡和无产阶级走向胜利的时代"的观点提出质疑。他认为，当代世界的主题是和平与发展。战后40年的"和平"因素和经过70年代末80年代初的调整，国际形势趋稳，缓和将是世界很长一个时期的主流，美苏战争打不起来，发展是历史的使命。世界在向多极化发展，第一步是向中、美、苏"大三角"关系发展，在西欧、日本逐渐形成一极力量时会变成五极。他明确提出应逐步适当拉开同美国的距离，对苏关系应做调整。并指出，中国目前虽然还不够强大，但在中、美、苏三角关系中能起到"四两拨千斤"的重大作用，建议中央改变"一条线"战略。他预言21世纪初的形势和特征是"一个世界，两种制度，政经多极，竞争共处"，世界将会是一个矛盾多端、竞争激烈、摩擦——协调——再摩擦——再协调的局面。一些对未来局势将会产生深刻影响的新的政治、经济、技术等因素将不断涌现，世界政治、经济多元化的趋势将继续有所发展，国际形势将继续有利于我国的现代化建设。

关于世界经济。宦乡同志认为，在世界经济走向一体化的同时，区域化、集团化已成为不可逆转之势。世界经济将会在不稳定中发展，工业发达国家可能出现衰退，保护主义盛行，亚太地区经济还会继续发展，但速度也会放慢。在发达国家出现衰退的情况下，发展中国家的经济处境仍将是十分困难的。世界金融市场的不稳定将会继续下去。世界经济的多元化、区域化和集团化趋势，将对世界经济发展产生重大影响。世界的产业结构和经济结构正在进行改组，新技术的发展和应用不但使产品更加标准化，劳动生产率更高，成本更低，而且使国际贸易有可能在竞争中更加发展。在对全球经济作出的判断中，他提出"虚拟资本超过了实际资本"，这是经济学上的新现象，至今还没人提出解决的办法。关于全球市场，他认为所谓存在着两个世界平行市场的说法是错误的。世界是一个市场，整个世界是互相依赖的，各国通过经济技术合作和贸易往来，互通有无，取长补短，已成为经济技术发展的客观要求，要摈弃以前的单一体制的经济模式。他一再强调，最根本的问题还是国内的改革。

关于资本主义。宦乡同志认为，过去我们对资本主义的许多看法应该修正。要从理论上解释当前资本主义世界所发生的新现象，并分析今后这些现象所可能产生的各种后果，预见它的发展前途。不能把资本主义看成是脱离了人的某种抽象的存在，无视各种客观条件、因素的变化，完全否定它也有自我调整能力。资产阶级也会在生产关系上做文章，其中凯恩斯的扩大需求就是对资本主义的垂死症开的比较好的药方。资本主义还有相当长的生命力，会在一个很长的时期内在地球上存在并获得发展，还没有用尽它的应付困难的能力。必须实事求是地、辩证地看待资本主义，吸收发达资本主义国家现代化和科学合理、符合客观规律的管理方法，不能犯教条主义的错误。

关于中国的经济发展。宦乡同志建国初期至 70 年代末身为外交官，在洞察国际风云的同时，也十分关注国内建设。1959年，他就对"大跃进"提出自己的看法，在发回的电报中说：对国家的经济和工业发展来说，500 万吨符合质量要求的钢要比1000 万吨次钢顶用得多。钢铁工业应该重视的是品种、质量而不是数量。"文化大革命"结束、改革开放初期，他指出，中国的真正危险不是"资本主义复辟"而是封建主义复辟。他认为中国社会应全力去做的首要任务是"还民族以良知和理性"。他主张只承认科学，不承认"圣经"。他指出，目前经济管理体制捆住了企业领导人员的手脚，压制了他们的主动精神和创造精神，呼吁改变政企不分、政社不分和党政不分的管理体制。要发挥市场机制和价值规律的作用，发挥价格、利率和税收等经济杠杆的作用。他认为，科技是决定经济发展的最重要的因素，以科技为杠杆，走内涵型经济发展的道路，是世界经济的共同趋势，也应是我国经济发展的方向。他早在 1984 年就积极支持有关同志向中央建议在北京中关村建立中国的"硅谷"，在多种场合呼吁建设上海经济区新型科学、教育、生产开发基地，搞技术密集和知识密集型工业，呼吁发展以电子计算机、航天为中心的新型技术，并运用新技术逐步改造、革新传统工业。他还提出在中国设立风险基金，帮助科学家开发高风险项目。他建议我应本着独立自主、平等互利的原则，积极争取外国的技术和资金，参与包括环太平洋经济合作在内的国际经济合作。

关于社会科学研究。宦乡同志认为，社会科学研究必须紧密结合实际，发现新问题，解答新问题，这样研究才有针对性，才有力量。社会科学在中国的社会经济、政治理论和实践中也有过失误，因为社会科学在中国的发展是和整个国家发展密切相联结的。社会科学应在现实土壤中生长，才能对社会做出自己的贡献。同时，中国的社会科学研究必须同广大群众密切联系，不能只重视宏观研究，而且要重视微观研究，特别是不能忽视统计和分析。还要积极促进社会科学的国际学术交流的发展，借鉴国外社会科学不断开创的边缘学科、多学科综合研究、数量分析、比较研究等可取之处。要用马克思主义理论和中国实际相结合，指导分析世界形势和国内形势，同时密切注意和积极适应科学的交叉进展和形势发展变化的要求。

宦乡同志涉猎的学术领域很宽，他在许多国际和国内重大政治、经济问题上都有自己独特的看法。限于篇幅，这里不再赘述。相信读者阅读本书时，可以对之充分了解，从中得到启迪和收益的。

宦乡同志忠于党、忠于人民、忠于马克思主义，他心中装着整个国家和世界。他为人正直，心地坦诚，光明磊落，疾恶如仇；生活朴素，廉洁奉公，不搞特殊。他治学严谨，思想敏锐，刻苦钻研，主张独立思考，坚持实事求是，不惟书不惟上，善于发现新问题、提出新见解，学术上始终站在进步的前列。他对新闻工作、外交工作的重要贡献和在学术上的巨大成就，他坚持真理的高尚品格，平易近人、严于律己的优良作风，都是值得我们永远学习的。

本文集主要收录了宦乡同志 20 世纪三四十年代到 1988 年期间，特别是他生命的最后十年的重要文章和讲话。除依据宦乡同志生前出版的著作《纵横世界》以及《纵横世界续编》、《宦乡文集》等内容之外，还收入了《红旗》杂志、〔法〕《外交》季刊等刊登的文章及部分未公开发表过的文章和报告。建国前部分收入了三篇代表性文字。他驻外期间的大量调研报告，基本属于内部性质，因种种原因生前无法公开发表，个人保存的底稿也无从查找。文集收入的他在驻布鲁塞尔期间的一篇文章，是外交部档案馆为此次编辑文集所特别提供的。文章按照发表时间的顺序排列，编者仅对一些文章的个别字句做了技术性的修订。

本文集是在中国社会科学院办公厅的支持下，由我负责组织选编工作。在文集选编过程中，曾得到与宦乡同志共事 40 年的何方同志的指导和帮助。他们两人差不多是同时进的外交部，后来曾一起起草过文件、一起参加"四清"、一起进"五七干校"、一起来社会科学院工作，最后是宦乡任国际问题研究中心总干事，何方任副总干事。由于他们相交很久和相知很深，所以何方同志的指导对本文集的选编和出版至关重要。宦乡同志的亲属对本文集的编辑也做了大量工作。至于我自己，虽然一直敬佩宦乡同志的学识和为人，并在社科院国际片他的直接领导下工作过，但终因水平有限，担任具体选编工作深感吃力。因此，除向社科院办公厅领导、何方同志和宦乡同志亲属表示感谢外，还希望宦乡同志的生前友好和广大读者对本文集的编辑给予批评指正。

宦乡同志留给我们的精神财富是多方面的。朱镕基同志在悼念宦乡同志的文章中说，宦乡同志在我国报界、外交界、学术界，都有着不可磨灭的地位。他时时心系国家的前途和命运，是带着对祖国和人民的深深眷恋和殷切期望离开人世的。因此，本文集的出版，正是他留给后人的一份弥足珍贵的遗产。

林　昶

2002 年 1 月 3 日

国际形势与
世界经济

德苏战争与世界大势

——对目前国际形势的一个研究提纲

一 德国攻苏的原因

德苏战争是历史的必然 稍稍熟悉一点国际形势的人，都知道德苏战争是不可避免的历史悲剧。

第一，从政治立场上说，德国纳粹主义之诞生，就是要挽救资本主义，对付本国革命危机；而苏联却建立了取代资本主义社会的社会主义社会，又负有策动世界革命的任务，因此两者处于严重对立的地位。

第二，从战略形势上说，德国的终极目的在于独霸欧洲，进而独霸世界，因此卧榻之旁不容他人鼾睡。希特勒在《我的奋斗》中说得很清楚："德国决难容忍欧洲大陆上有两大强国并存，如有，德国有权利打倒它。"在这一意义下，西欧的法国和东欧的苏联都成了希特勒的眼中钉，必欲拔之而后快。

第三，从经济权益上说，德国纳粹的经济国策是要以自己为盟主，造成一个泛欧经济集团，而其第一步则为求得本身的自给自足。希特勒对苏联丰富的资源早已垂涎欲滴。他在国社党大会中曾不止一次地公开表示要攫取乌拉尔矿产、乌克兰谷仓和高加索油田。要达到这个目的，非用武力解决不可。

德国决定和苏攻法的原因　综上所述，可知德苏战争事实上是绝对不可避免的。但苏联并不是德国的惟一大敌，因为除了苏联之外，还有一个法兰西也是德国的仇人。在解决这两个敌人时，德国不能不分别先后，以免重蹈威廉二世两面作战的覆辙。有三种理由使希特勒在 1939 年 8 月选择了"东和苏联，西战英法"的策略。

第一，德国受着英法领导下的凡尔赛体系的压迫，饱尝战败国的痛苦。苏联受着一切资本主义国家的歧视，感到孤立和被围攻的悲哀。两国虽然有着基本的矛盾，但在处境上却有相似之处。因此，在共同的威胁（英法）面前，两国反而找到了合作（实际是相互利用）的根据。尤其重要的是，德苏两国在经济上发展了相当深切的依存关系。苏联需要技术和机械，德国则需要原料和粮食，两国正可彼此相通。"暂时合作"更有了坚定的基础。

第二，在德国军人中，对于两线作战的重点问题，一向有着两大派别之分。一派（如舒里芬及福根汉恩）主张先击溃法国，取得西欧霸权，再回头解决东欧。另一派（如兴登堡及鲁登道夫）主张先击溃俄国，解除后顾之忧，使西欧自动慑服。在纳粹德国，这两派的争执仍然存在。大体言之，国防军属前者，而国社党许多干部属后者。至于希特勒本人，则倾向于"西进东守"派，因为在 1939 年时，苏联的实力虽甚强大，然而还不足引起德国的恐惧。

第三，在 1938—1939 年世界战机即将酝酿成熟的时候，苏联在外交路线上也有两派主张。一派（如李维诺夫）主张放弃世界革命计划，与英美联合，制裁德国，这就是所谓集体安全之路。另一派（如日丹诺夫）则力主对资本主义国家个别寻求妥协,如果资本主义国家间发生战争,则苏联应孤立于这项战争之外。在慕尼黑会议以前,李维诺夫派确占上风。可是自慕尼黑会议以后,英法的外交政策使得苏联惴惴不安,李维诺夫被挤下台,由斯大林的亲信莫洛托夫执掌外交,于是苏联的外交路线就倾向于对德妥协。这时的斯大林已经决定以政治(互不侵犯)与经济(商务协定)的让步,解除德国的后顾之忧,将德国的侵略箭头转向西欧,而自己则一面埋头建设以加强实力,一面利用战争投机以求疆域的扩张与国防地位的改善。

就在这两下凑合的情势下,德苏两国在1939年8月订立互不侵犯条约。这一条约使两国处于暂时的休战状态,使德国放心大胆地进兵波兰,终于引起了英、法、德之间的战争。由"西进东守"到"东进西守",德国的"西进东守"政策维持了22个月,现在忽然来一个急转,改为东进攻苏了。这原因又在哪里呢?

第一,两国虽暂时和好,但相互间的基本矛盾并未泯除,因而相互猜忌依然存在,而且这种猜忌更随着德国在西欧意外迅速的胜利和苏联战争准备(第三个五年计划和西线国防工程的构筑)的逐渐完成,而愈益深刻尖锐。德国怕苏联扯它的后腿,并为了准备攻苏的军事,不断地对苏采取战略包围的形势。在波罗的海,在北冰洋,在黑海,苏联的出海口都被德国所控制封锁。在苏联边境,德国驻有重兵。在太平洋,德国又利用德、意、日三国同盟控制了海参崴。现在苏联的五个通海孔道中,只剩下一个波斯湾还没有被德国势力所笼罩。苏联方面对德国在西线过于迅速的胜利和德国转过头来东进的可能性的加大,深感不安。所以德波之战一开始,苏联就以最大的努力布置其从芬兰湾起经波罗的海东岸以迄多瑙河口的防御地带,并以外交的声援支持巴尔干诸国,希望能借这些国家阻住或缓和纳粹侵略的凶锋。两国的关系在去年 10 月罗马尼亚问题发生以后，已经非常恶化，莫洛托夫甚至不能不亲自访德，欲以外交手段来弥缝裂痕。到了今年 1 月，德苏签订三项协定（调整贸易，勘定边界，撤退在爱沙尼亚、拉脱维亚和立陶宛三国之日耳曼人），表面上看来关系似已缓和，实际上德对苏的怨恨却更深入骨髓。因为日耳曼人在这三国总人口中占 1/10 以上，投资占三国资本总额 1/5 以上，一旦叫它全部撤退，问心如何能甘？这以后，德苏在保加利亚问题上、南斯拉夫问题上、土耳其问题上几乎无处不发现无可调和的冲突。再加上苏联这一年多来为适应自己国防需要之故，在经济上未能按照协定数额供给德国以原料和汽油，在外交上对英美亦不时有卖弄风情之处。这种种原因便逼得希特勒忍无可忍而决定以武力解决了。

第二，以纯军事的眼光观察，目前攻苏是最适当的时机。(1) 欧洲霸权乃至世界霸权的最后解决，固然是在英伦之战，但万一在德军进攻英伦之际，或已在英伦登陆而遭遇坚强抵抗之际，苏联突然以大军南下，同时策动波、捷、南、希、法、比等国反抗德国，那德国岂不危险到极点？故在攻英之先，必须先击破苏联的主力，使无乘隙袭击的力量。(2) 苏联的西境国防工事尚未布置妥帖，其第三个五年计划尚需一年以上的时间始能完成。(3) 苏联占领区中政治基础尚未巩固，同时芬罗两国对苏联怨恨犹新。(4) 德国对英之战已变为海洋对大陆的长期战。现在欧洲大陆的整个海岸几乎全为纳粹强力控制，而以英国现有的陆、空军而论，即令加上美国的援助，在短期内亦无实行敌前登陆、在大陆上获得立足点的可能。因此，这时对苏作战，尚无两面作战的危险。(5) 苏芬战争的经过，使德国轻视苏联的实力，自以为对苏速战速决有相当把握，所以希望在 7、8 月乌克兰收获季节以前，抢掠粮食，同时在 9、10 月天寒地冻以前占领莫斯科。

第三，纳粹内部的矛盾，逼得希特勒不能不发动德苏战争。这所谓内部矛盾，可分三方面来说。首先是德国人民因战争负担过重和物资缺乏而起的反战思想和革命危机。其次是纳粹统治下欧洲被征服国家对德国的不满与密谋伺机复国的运动。最后是纳粹干部中反苏东进势力的急剧抬头。（赫斯奔英可以解释为反苏势力对希特勒及亲苏派不满的一种示威，也可以解释为希特勒特派赴英接洽组织反苏阵线的神秘使者。究竟真相如何，恐须战争结束之后才能大白。但无论如何，赫斯奔英之举证明纳粹内部对于反苏问题的争执已到了最尖锐的阶段。）希特勒这次发动德苏战争，一部分原因可说是为了（1）发动新冒险来提高德国人民的战争情绪；（2）利用欧洲一部分人民厌恶苏联的心理，把被征服各国人民的眼光转移到所谓反苏的圣战上来，间接巩固其统治，加强其剥削；（3）抚慰国社党及陆军中的反苏人士，使勿对希特勒本人发生离心倾向。

第四，希特勒发动反苏战争，还有一个一厢情愿的想法，就是希望变英德战争为国际反苏战争。我们不要忘记，到今天为止，德国没有占过英国一寸土地，希特勒历次宣言都说无意征服英国，他的欧洲新秩序也并没有将英国包括在内。同时，他虽然挑动了伊拉克、叙利亚的攻英战争，但他却始终坐视英军席卷伊叙、逼近苏联边疆而不以援手。可以说自从希特勒征服整个欧陆、将英国驱回海里之后，希特勒已经暂时放弃了攻英的企图。可惜的是，英德之间找不到和平的条件。希特勒固然不肯吐出他嘴里的肥肉；而以"保持欧洲均势、不容欧洲被一国所独霸"为基本国策的英国，又何尝愿意接受这样的和平？希特勒在无可奈何之余，只好利用英美两国人民仇视苏联的心理，发动反苏战争，希望英国（甚至美国）能参加反苏，使英德两国在苏联的尸体上找到和平的根据和条件。当然，美德关系近来非常紧张，德国想以反苏战争来加强美国孤立派的势力，缓和美德之间的尖锐情势，也是这次德国攻苏的深刻考虑之一。

二 德苏战争的展望

德苏战争已经进行十天了。要明白战争的情况，不能不对苏联的西线有一简单的认识。

苏联的西线 苏联过去的国境线，大体上是由科拉半岛起，经列宁格勒南下，沿倍哥斯湖到普斯科夫，再南下经威特比斯克、明斯克、什托密尔，沿聂斯德河直到敖德萨。为了预防所谓"帝国主义联合进攻"，苏联在这一条线上修筑了相当坚固的防御工事，尤以列宁格勒的南北两端和乌克兰外围的工事最为强固。虽然是这样，苏联的国防形势仍然是非常不利的。因为列宁格勒、明斯克和乌克兰首府基辅太暴露了，不易坚守。

前年德波战争起后，苏联利用德国无暇东顾的机会，将整个国境线向西推进了150—300公里不等，如将芬兰的卡累利阿地峡，爱、拉、立三个小国，波兰的东部和北布科维纳及比萨拉比亚控制在它的军力之下，并租借了芬兰湾中的几个半岛，使上述三个据点得到了坚强的外围掩护。这次德苏战争爆发时，苏联的新国境线是起自科拉半岛，经卡累利阿地峡西向汉科半岛，再南进塔林、里加、考那斯、格罗得诺、布勒斯特里多夫斯克、卢夫、北布科维纳、比萨拉比亚，直到多瑙河流域，全长约2500英里。这样一来，列宁格勒、明斯克和基辅都变成了苏联的内地，不易受到敌人的攻击了。不过，因为占领这些地带的时间太短，国防工事（主要是靠美国工程师，与过去靠德国工程师建筑斯大林防线的情形不同）还未能修好，而占领区的政治基础也没有打定，容易授人以可乘之隙。

德国进攻的箭头　德国攻苏路线，照连日的新闻电看来，有七八路之多，但其战略目标则很简单，只有三个：（1）列宁格勒；（2）明斯克；（3）基辅。最后目的地则在莫斯科。现在将进攻的路线说明如下。

北线以攻列宁格勒为目标———一路由芬兰经加勒里亚地峡北夺默曼斯克、南窥列宁格勒。这一带大半是原始的密林地带，军事行动相当困难。一路在里加湾的南（里加）北（塔林）两端登陆，夹攻苏联与爱、拉两国边境的普斯科夫，企图与由芬兰南下的德芬联军会攻列宁格勒。这一带地形平坦，颇宜于德军的活动。现在苏军已退守德维纳河两岸了。这一方面的德军没有动作，因为汉科半岛和克朗斯达德海军基地还在苏联手中。抢夺这两个地方的任务主要是放在德芬联军（以芬军为主力）身上。德国海军只负责将红海军封锁在波的尼亚湾及芬兰湾以内，不许其四出活动而已。

中央线以白俄罗斯首府明斯克为目标———一路由东普鲁士攻考那斯及维尔纽斯，沿铁路线直趋明斯克。这一带的地形有利于德军活动。一路由波兰的格罗德诺沿普列倍河南北的沼泽地带，经巴拉诺维兹隙口，进犯明斯克及斯摩棱斯克。这是拿破仑昔日攻莫斯科的旧路。这一带的地形除普列倍特沼泽以外，数百里一片平原，是苏联最危险的地带。事实上，现在明斯克苏军已经转移阵地了。

南线以攻乌克兰首府基辅为目标———一路由波兰的克拉科夫及卢布林，两边夹攻罗夫、平斯克及什托密尔，掌握基辅的门户。这一带山岭不多，天然屏障甚少，苏军不易发挥有效的抵抗，现在已经退出平斯克和罗夫了。一路沿喀尔巴阡山脉渡普鲁特河及聂斯德河窥敖德萨，响应攻基辅的德军。这一带地形复杂，山林绵密，德、罗、匈联军行动似较困难。但目前天气晴朗，且聂斯德河西岸高于东岸，苏军扼守也是非常吃力的。这一路战况现在是沉寂。

综合十天来的战报观察，苏联中部国门之战，可说已告一段落。因为苏军已由占领地带全部撤退到原来的国境线（北起威特比斯克，南到基辅）上作战，而德军在中线已突入苏境将近100公里。估计今后战局重心当暂时移至北线和南线，尤其是对列宁格勒的争夺。恐怕红海军与德国海军在不久的将来会在波罗的海中发生一场大血战（因为列宁格勒有克朗斯达德军港掩护着）。苏联军队虽曾在匈罗边境发动一次反攻，想牵制德国军力使之分兵南下，但结果似乎未见成效。

苏德双方实力的粗疏比较 要展望今后德苏战局的前途，我们不能不研究一下德苏两国的实力。由于军事秘密的缘故，我们无法提供可靠的数字，只能根据一些比较客观的材料，作一粗疏的研究。

首先我们来看看双方人力可能的最高动员额：

表1　　　　　　　　　苏德人力最高动员额

国别	现　役	第一预备役	第二预备役	总　计
苏联	200万	1200万	2600万	4000万
德国	100万	220万	1500万	1820万

在这里，我们必须将已经对苏宣战的或与苏绝交的德国同盟国的人力加入计算才算正确：

表2 **德国同盟国最高动员额**

国 别	平时兵力	战时兵力	已派义勇军
芬 兰	2.8万	31万	
罗马尼亚	21.7万	160万	
匈牙利	8万	35万	
斯洛伐克	7万	24万	
意大利			10个师（约25万）
西班牙			不详
丹 麦			不详
维希法国			不详

以上除芬、罗、匈、斯共计可动员250万外，意大利已派了8个师团约25万人参战，其余的西、丹、法三国也在派遣义勇队中，数目尚难知悉。将这些人力同德国本身所有的人力合起来计算，大概德国可能利用的人力共为2100余万（如果西、丹、法也对苏宣战，那德国的人力还要增加），仍然比苏联少得多。不过，苏联的幅员实在太大了，恐怕不容易迅速、完全地进行动员工作。

其次再来看双方的军事力量：

表3 **机械化的程度**

国别	坦 克	轻重炮	军用牵引车	军用载重车
苏联	1.2万	1万	15万	20万
德国	1.1万	无正确数字可资稽考		40万

表4　　　　　　　　　　　空军比较

国别	第一线机数	第二线机数	每月补充能力
苏联	5000架	2500架	1000架
德国	6000架	3000架	2500架

表5　　　　　　　　　　　海军比较

国别	战列舰	航空母舰	巡洋舰	驱逐舰	潜艇
苏联	4	2	8	59	100（?）
德国	3	0	7（?）	44	110（?）

前列五表的数字是根据麦克斯·沃纳的《列强军力论》和D.H.霍珀的《战争手册》所作的一个粗疏估计，其正确度究竟如何，无法说明，不过提出来供大家参考而已。

就从这些数字表中，我们可得如下的结论：（1）苏联的人力比德国多得多；（2）陆军实力（装备和运动性）大致相等；（3）空军实力苏联较弱；（4）海军方面，苏联在量上占优势，但德国却在质上占优势，因为德国军舰都是新造，苏联军舰则是陈旧的居多（只有潜艇应该别论）。苏联红军有一个特点，就是政治的警觉性极高；苏联红军也有一个大弱点，就是各级指挥官及参谋人才的缺乏，其战略战术的运用也不如德国优秀；同时在军队组织和武器配备方面，没有德国来得科学化、合理化。

最后，从经济力量来看，苏联又比德国强得多了。根据前述《列强军力论》所载，两国重要军需原料的生产率如下：

表6

	苏联（对德国而言）	德国
石油	100	30
铁	100	28
铜	0	11
锰	100	0
铁磷土	100	7
锌	100	48
铬	100	1
人造橡胶	56	31
棉花	100	0

由本表可知德国在军需原料上样样匮乏；而苏联则几乎样样都能取之不尽，用之不竭。如果说"战争的最后胜败是决定于经济"的话，那德国显然非失败不可。

不过，苏联也不是没有缺点的。据同书所载，苏联的经济有三大缺点：（1）德国的工业极度集中，苏联的工业则分散得太厉害。（2）德国的整个经济机构配合得非常科学化、合理化，而苏联的则因有些部门发展得太快，有些部门又太慢的缘故，整个经济机构常有脱节的现象。譬如交通非常落后，军需工业特别发达而作为军需工业基础的重工业及煤炭工业反而落后等等。（3）不断的清党使得工业发展多少受到些阻碍。在这次苏共十八大中，重工业人民委员卡冈诺维奇受到弹劾，证实前说为不诬。

总结起来，我们可以说，无论是在军事或经济方面，在数字上苏联的力量几可与德国相伯仲，潜力都比德国强大得多，但在组织、技术和运用等方面，则较德国为弱。

德苏战争的速决与持久　大体上说，如前所述，德苏两国可称是棋逢敌手，胜败是难分的，但精密一点分析，则德苏战争的前途，不外朝三个方向演化：第一个方向是德国迅速击败苏联；第二个前途是苏联迅速击溃德国；第三个前途是战争长期相持。

第一个前途的可能性比较小：（1）苏联兵员太多，积存的军火也不少，再加以地域辽阔，战线漫长，决定全局的歼灭战实在不容易造成。退一步言之，即令德国能造成一两次伟大的歼灭战，也并不一定就能解决战局。（2）苏联的国民性素以坚韧著称，决不会轻易屈服（如第一次大战时，帝俄吃了那许多败仗，可是战斗仍然继续进行，一直等到国内政治发生变化才停战）。所以即令莫斯科失陷，苏联的战斗意志也不会消沉。至于其党内部虽也有许多派别，但斯大林的地位却是很巩固的。德国要拾第二次布列斯特—里托夫斯克的便宜，恐怕很少可能。（3）德国在苏联边境的前进阵地太远，再加缺乏第五纵队，德军进攻很是吃力。所以即令希特勒真能到莫斯科的话，他的兵力也必折耗过半，况且也不能不保留一点力量对付英国，因此恐怕无力再继续深入，无力再继续扩张战果。

第二个前途的可能性也比较小：（1）如前所述，苏联在军事和经济两方面都有相当缺点，加之新占领各地反苏情绪仍未消减，要击溃德国事实上也确有困难。（2）这次苏联是应战而不是求战，是挨打而不是打人，是内线作战而不是外线作战，是防御而不是攻击，所以处处都处于被动的不利形势中。德军可以集中主力突破一点，而苏军则须死守一条2500英里长的防线，时感顾此失彼之虞。由于这两种情形，苏联在初期作战之必受挫折，原是不必惊异的，一下子就要击溃德国自然更谈不上了。

德苏互相击溃对方的可能性既然都很小，那么战争长期相持的可能性自然就最大。战争长期化之后，苏联只要能获得喘息的机会，必然会彻底改正其经济上的弱点，动员其无穷尽的资源，发动其广大的人力，来同德国作最后的决战。这时倘若德国不能补充其消耗，那就非败不可了。斯大林最近曾经说过："德国也许能打100次胜仗，但决不能在这次战争中得胜。"这句话表示苏联已经有长期作战的决心与准备，我们相信最后胜利是必然属于苏联的。

三 德苏战争与英、美、日

德苏战争的爆发，对于正在作反侵略战的英美，与正在作侵略战的日寇，都有莫大的影响。

英美对于德苏战争的态度 从英美方面说，德苏战争是它们所最欢迎的。因为苏联被逼加入战争，一方面使英美增加了新的战友，使德国多了一个可怕的敌人；另一方面又暂时解除了英伦的危机，给予英国以喘息的机会。

假定德国能迅速击溃苏联，那对英美是异常不利的。德国攻苏，事实上是争夺欧洲乃至全世界霸权的最重要步骤，所以（1）德如迅获全胜，则欧洲大陆上将更无一国可以与德国抗衡，即现在中立的西班牙和土耳其也必然全部被卷入轴心。（2）德国如能掌握乌克兰的仓库，控制亚速海岸的工业区和外高加索的油田，利用全欧的资源与生产，必将以其高度的工业技术和纳粹的经济体制，造成一种不易克服的经济集团，一面与英、美作经济的斗争，一面修息整补，再图大举击败英美。（3）据中立观察家估计，英陆、空军之彻底加强与战时经济体制之彻底编成，至少尚需一年以上的时间。如果在德苏战争中德国能获得迅速的胜利，则当德国回头攻英美时，英美将无法对付。

正因为这些战略上的原因，所以在苏联初期呈现失败的时候，英美（主要的是英国为领导）不能不尽力以道义的和物质的援助给予苏联。丘吉尔6月23日的援苏演说和英国军事经济代表团的莫斯科之行，以及美国允许苏轮从马尼拉装运物资赴苏的举动，其意义固在援苏抗德，但更主要的意义，是在向苏联明白表示决不参加德国所领导的反苏阵线，使苏联安心抗战，鼓舞其士气，争取德苏战争的长期化。

德苏战争的长期化对英美最为有利。老实说，德国统一欧洲固然非英美所愿，但假定苏联能击溃德国而统一欧洲，那无论从思想立场上看，或从均势外交上看，也未必为英美所欢迎。只有战争长期化，英美才可以乘这机会强化自身的力量；等到实力强大了，最后再用自己的力量参加战局、解决战局，维持欧陆的均势，同时遏阻纳粹主义或共产主义的威胁。照目前大势观察，苏联似非经过长期苦战，不能获得最后胜利。战争持久，则苏联对英美技术与经济的援助，自必乐于接受。这一点将使英、美、苏之间的种种猜忌与怀疑迅速消减，最后更将易于英、美、苏反侵略阵线的组成。

日寇的歧路彷徨　如果德苏战争的爆发在英美看来是"得其所哉"，那么在日寇看来却又是一剂苦药。看这10天来日寇手忙脚乱地不断开会的情形，以及宣布所谓"已定国策"时那种吞吞吐吐、欲言又止的窘状，可知日寇现在正陷于无所适从的极度苦闷中。

是的，它一方面对于德苏战争的前途无法作精确的判断，因而不知道向哪一方面投机才好；另一方面因中日战争拖住了它的两条兽蹄，消耗过甚，因而也不敢随便冒险。同时德国对它不断加压，它内部反苏的右派分子又拼命鼓噪，使它感到焦躁不安。因为这三种原因，它动既不可（且亦不知怎样动才好），不动又不行，所以只好挖空心思，想尽了方法敷衍各方。看它这两天的动态，松冈说"国策已定"，这是敷衍德国的；不宣布"国策"

内容，这是安慰英、美和苏联的。那副卑鄙的姿态叫人看来真要作三日呕。

我们敢断言，在苏军未被德军击败以前，在英美争取德苏战争长期化的时候，日本绝对不敢北进。假如它北进了，不仅要受到苏联独立远东红军的痛击，而且也非英美所能允许。同样，在现在德国大部海、空军调往波罗的海作战而在大西洋上对英美攻击松弛下去的时候，它也绝对不敢南进。假如它南进了，它那仅有的一点资本——海军，将为英美所消灭。它目前只能坐在那里静观，以准备随时参战的姿态来投机。一面对英美作外交买卖，一面逼苏联在经济上让步。至于将来它究竟是南进或北进，那必须等待苏德战争的发展。如果德胜苏败，那日寇南北并进是非常可能的。如果经过长期战争后德败苏胜，那日寇将视英、美、苏关系的变化而决定其政策。如果经过长期战争后德败而英、美、苏胜，那日寇就只有"束手待毙"了。

日寇或将以全力解决中日战争　由于中日战争已经日益成为日寇的沉重负担，所以在日寇静观的时候，它可能会集中全力解决中日战争，对此我们不能不特别警惕。依我们估计，在不久的将来，日寇或许会对我们发动一次空前大规模的、由政治、军事、外交各方面配合起来的新攻势，企图作"结束事变"的尝试。这个攻势的内容或许以下列的态势出现：

政治上——加强伪组织，使伪组织有早日确保占领区的军事力量，达成真正相持的状态，好让日寇尽量抽调兵力在国际舞台上作军事投机。

外交上——敌国外交向来一切以对我为中心，它必然会利用德苏战争后国际形势的新波动，企图不利于我，即孤立我国。

军事上——敌人或将抽调若干可能的兵力，对我作一次全面的军事攻势，而其重点则放在西北，原因是，这一攻势如果成功,可能截断中苏的国际路线,可能完成对苏外线大包围的有利形势,可能断绝我们北中国战场与大后方的联络。

我们敢断言,日寇这些阴谋绝无成功的希望。根据两年来敌人日趋衰竭的军事力量观察,敌人如不增加新的生力军,它的军事攻势是必然会被我们粉碎的。至于外交方面,目前中日战争与欧洲战争虽然远没有合流,但欧战中心之日渐东移,则是铁一般的事实与必然的趋势。反侵略势力打成一片,是今后世界政治的主流所趋,其实现应该只是时间问题。作为远东反侵略重镇并已充分表现了反侵略力量的我们,当然只有一天比一天更加受到英、美、苏等反侵略国家的重视,日寇孤立我国的外交阴谋,在这反侵略主流的面前,是注定了非失败不可的。至于汪逆的扩军梦,必永无实现之日,试问谁愿为汪逆及日本主子作炮灰,来杀自己的同胞?试问日寇对汪逆的武力,如何真放心容许它强大起来?这种政治阴谋到头来还是要失败的。

四 结论——中国应取的方针

虽然日寇是非失败不可的,但我们却决不能因此而松懈了我们本身的努力。

第一,在外交方面:(1)我们应该使日寇无机可乘,粉碎其欲利用这次德苏战争来不利于我的企图;(2)我们应该以促进中、英、美、苏反侵略阵线的组成为外交政策的最大目标,来打破日寇诱胁英、美、苏的阴谋,使英、美、苏对我援助不变,而且加强;(3)我们应该更加紧与美、苏的合作,尤其是美国,因为今天只有美国一个国家还未参战,它的地位今后将日趋重要。

第二,在军事和政治方面:我们只一句话,就是更加努力抗战,更加努力建设。国际上的结合完全是以利害和实力为基础的。有一个口号是再正确也没有了，"抗战即外交"。只有不断的军事胜利，才能向国际表现出我们的实力；只有表现了充足的实力，才能叫人家在考虑到利害关系时不能不拉拢我们。但是要坚持抗战，就必须要努力进行政治、经济建设。如果在这两方面能够自强，能够进步，那国际形势对我们将无往不利。

总之，德苏战争的爆发，对我们有利的是国际阵线更加明朗，外交运用更加容易；对我们不利的是日寇可能对我发动新的阴谋。我们应该充分利用与我有利之点，设法消除与我不利之点，以"不变应万变"，奋斗到底，抗战到底。

（原载 1941 年 7 月 16 日《前线日报》）

打不得! 打不得!

目前的国内时局真是阴郁沉闷到了极点：边谈边打，边打边谈，大谈小打，大打小谈；两三个月来始终是拖在一个不死不活、要打不打、要谈不谈的僵局中，直到今天还看不出丝毫开朗的征候。为了打开这个局势，马歇尔将军从 4 月 18 日回到中国的一天起，到本月 3 日离开重庆到南京时止，在半个月内曾经先后与蒋主席会商过 6 次，与周恩来会商过 5 次，与第三方面（民主同盟）人士会商过 3 次，由此可以想像得到这位老将军已尽了最大的努力。

同样，为了打开这个局势，第三方面的人士也曾经尽了最大的努力，甚至中共也作了很大的让步。在长春未被中共军占领之前，第三方面曾经提出建议，主张由政府接收沈哈铁路线而由共军占有内地各区。这一点中共接受了，然而政府却拒绝了。长春既占之后，第三方面再提出建议，主张双方立即无条件停战。改组东北政治机构，中共退出长春，但双方均不得在长春驻兵。这一点中共又接受了，然而政府又拒绝了。由第三方面两次提案的内容来看，可说都很公平，都对现实和政府所谓"法统"、"法纪"处处顾到，不失为一个合理的解决问题的方案。而由伪"满洲国"军队姜逆鹏飞尚且可以作为国军去接收长春主权这一点来看，则抗日八年的中共军自然更有充分的政治权利可以去接收主权。但是中共却宁愿在占领了长春之后又应允自动退出，这可以证明中共决不是胡作非为，不顾大局。

不幸得很，马歇尔和第三方面的努力都没有得到应有的酬报，他们失败了。失败的原因，依许多外国通讯社的报道，是由于蒋主席坚决主张一定要先用武力收复了长春，然后再谈其他问题。如5月1日合众社南京所说："此间权威方面认为蒋主席拒绝接受马氏所提和平方案，厥因无条件停战一节，如加以接受，足以使政府丧失极大之声望，且势难继续维持也。谈判之拖延，使政府获一机会，能以全力收复长春，此殆系极能挽回面子之举。"

其实，政府对政治解决采取拖延政策，倒并不单纯是为了夺回长春的面子问题，而实在另有更深刻的用心。合众社的报道只暴露了这种用心的一个方面。

如所周知，国共两党的仇恨是历史的，其存在已达20年之久。这次抗战当中，中共政治、军事力量的空前膨胀，使得国民党的人士大为惊愤忌妒，必欲消灭中共而后快。同时，由于国民党本身的不争气和阶级基础的消失（国民党应该是建基于中等阶级和民族产业资本阶级之上的，但是现在国民党却自动地抛弃了这个阶级基础，而成为代表官僚资本、买办资本、封建地主的利益的政治集团），使其近年来在广大人民当中的声望和地位日益低落，甚至引起了人民大众对国民党的失望乃至绝望，使得某些群众不知不觉地把希望寄托在有力量、有资格与国民党对抗的中共方面。于是国民党为了保持自己的政权，为了维系自己的政治生命，就要想及早把中共消灭。他们认为抗战结束之日，正是消灭中共最适当之时。因为第一，国民党领导抗战成功，在国内的声威此时正是如日中天，只须蒋主席登高一呼剿共，在他们的如意算盘中，应该是万流莫不翕然以从的。其次，此刻正是国共两军实力对比上国军占绝对优势的时候。美国的租借法案尚未停止，新式的武器弹药正可取之不尽，用之不竭。而共军只有一些烂枪旧炮，不打则已，一打还不是摧枯拉朽。第三，在政治力量上，中共虽然掌握了很多地方，但除陕北根据地外，其他都立脚未稳，根基不固，此刻如不加以消灭，则积时累日之后，就更难打击消灭了。最后，就世界大局而论，此时正是世界大战之后必经的一个迷惘混乱时期的高潮，尤其是美、英、苏之间战时同盟关系趋于松懈破裂的可能性最大的时候。但这个迷惘混乱的时期是不会持续得很长久的。战争的残酷以及人类爱好和平、厌恶战争的本性终究必然会使人类走向互谅互助的维系世界和平的大路上去。而美、英、苏的利害冲突也终于会调和相安起来。所以在中国发动剿共内战最好是趁这个迷惘混乱的高潮。这高潮一消失，内战就不能顺利进行了，客观条件是不容许在全世界和平的状态下独独在中国有战争的。

基于这些根本的原因和估计，所以在这次抗战甫一结束之际，国民党就已经在准备同共产党来一个总清算。但不幸的是，美国迫使绝对支持国民党的赫尔利大使辞了职，而换了一个德高望重的马歇尔老将军，半软半硬地出来调停。在年初的时候，国民党看在美国 20 亿美元大借款及帮助中国军事现代化的面上，勉强接受了停战协商的方案。我们说"勉强"，是因为如马氏回国一个月以来的事实所昭示，停战协定和基本方案很受到政府方面许多高级军人的反对和憎恶，而政协决议则为国民党的顽固分子所指斥、所推翻。事实上，这一个月来的种种叫嚣和军事部署，目的就在趁马将军不在中国的时候，造成许多既成事实，把问题仍然还原到武力解决中共这一不变的原则上去。

　　照今天的整个大局观察，国民党的企图是成功了的。老实说，目前的形势确实已经还原到了今年1月间停战协定未签订前的样子，而且比那个时候更严重、更危险、更紧急。因为在今年1月间政府的军事准备还不曾完成，还不利于全面内战的发动，但如今全面内战的作战态势大体上可说已经形成。今天可说刀已出鞘，箭已上弦，战士已进入阵地，但等一声号令，比抗战规模更大的内战就要爆发。

　　但这声号令迄今未下。为什么拖延着不下呢？

　　第一，政府还对美国有所期待。4月20日《申报》有一条南京专电是很值得注意的："此次马帅归来，所携之华府新训令，似对共党有加强压力之征兆。其最显著之一点，即马帅返国后向国务院呼吁洽商之对华巨额贷款，原定系畀我依政治协商会议决议案改组后之中央政府者，现则决定立即予我国民政府……由此而窥全豹，则今日马帅二次来华，所抱见解显与上次稍有不同。过敏之观察家甚至已忆及赫尔利大使矣。"弦外之音，很显然是在期待马氏做赫尔利第二。这种期待自然是毫无根据的所谓一厢情愿，因为在《申报》南京专电发表的前三天（4月17日），美国众院外交委员会远东小组主席李却兹曾经有过这么一段谈话："马帅之主要任务，厥为协助中国步入正轨，俾得成立一代表民意之政府。美国政府对日前冲突事件，当以完全公正之立场赴之；倘中国国内摩擦不幸扩大为大规模内战，美国自应'立即退出'，或至少限制其活动，仅用以维护该处美国之剩余财产。"如果美国真照此严格做去，国民党及其政府在内战中将完全得不到美国的援助。得不到美国的援助就在军事上没有绝对必胜的把握。所以不得不一面打着，一面谈着，在这种半打半谈的姿态下还可以得到一点美国的援助。再说，国民党深知美国的对华政策在美苏关系流动未定的现阶段上，也决不是一成不变的。在援助国民党这一点上，美国的国务院与现地军人之间、现地陆军军人之间、现地陆海军之间，似乎都不一定能完全一致。政府的用心显然是希望用拖延中所造成的严重形势来扩大美国内部的这些矛盾，最后希望逼迫马歇尔重走赫尔利的旧路。美国担心中国的长期内战于己不利，而国民党及其政府就是想用内战的长期性和痛苦来争取美国更大更多的帮助，其意若曰："剿共的战事是非进行不可的，只要你美国肯帮忙，战事可以结束得快些；如果你不帮忙，那战事长期化的结果对美国也是不利的。"

第二，政府还要再争取一点时间来把自己的军事部署和军事准备弄得更完全些。这种准备和部署，事实上在今年2月间的南京复员整军会议中就已经计划好了，3月开始已经在着着实施中。自3月下旬至今，许多高级将领如何应钦、陈诚、白崇禧之流，南北飞行，到处巡察，即在整备剿共军事，监督作战部署。他们花费这样长的时间来准备，足见他们已看到了这一战是两党的生死问题，预想到内战可能长期化的危机，并且也生怕内战万一长期化后所引起的严重后果或许可能把国民党及其政府的整个基础动摇，所以希望速战速决，一举把全国各地的共军主力击溃。这种谨慎行事的态度，自然而然地就使得非维系谈判的局面不可。依据近来的报纸消息推断，对东北的军事还在等待援军，而对关内的各个包围圈则大体上已近完成，只有鲁苏边区还有一些缺口尚待堵塞。看政府的军事部署，东北之战将是主力决战，因为那里集中的美械军已达8个军（此外还有两军待运），占全国所有15个美械军的2/3，另加机械化部队和空降部队，可以说政府军的精华已经大部集结在东北了。这一主力战的目的，初看似在争夺长春、哈尔滨，占领东北，更深刻些看则知还有与西北未调动的大军配合，对陕、绥、热、察中共总基地作钳形大包围的远大战略目的，以及尽量把共军主力向关外吸引，以集中歼灭，并削弱其关内军力的深刻作用。在关内，政府军是着眼于三个包围的布置。一是中原区。政府军以平汉铁路为中心，调集30万大军把铁路东西两侧地区的共军切成两半，再用碉堡战术来深入中共军区，逐步缩小中共军区，准备时机一到就加以完全歼灭。二是鲁苏边区。政府军以徐海为中心，以南进靖江、扬州、泰州各据点为呼应，想把中共军分割成几块而加以包围，再由陇海方面、长江北岸方面和津浦方面，会合夹攻，砍掉中共突出在苏北的一只脚，把豫东、皖东和中原各区孤立起来，个别击灭。三是山西区。这里的真实情况还不大清楚，只从一鳞半爪透露出来的零碎消息中，看出当地的状况也非常严重尖锐，而冲突尤其频繁。

根据上面的分析，可知目前拖延的局面到头来是否能化干戈为玉帛，以及全面内战爆发的迟早，主要取决于两大因素的发展。一是客观环境的推移，即美苏关系的变化与美国国内对华政策两派主张的势力的消长；二是主观力量对比的变化，即政府军的战略部署与作战态势何时始能完成，或者说，到了什么时候、什么程度，才在政府的军事统帅部心目中认为是全面发动的时机已告成熟，认为打起来胜利的公算大于失败或相持不决的公算。这两大因素之中，第一个尤其具有决定性，因为美国的援助或对政府军的"善意的中立"是政府军冒险的根本前提。在这一意义上，我们对于胡佛和艾森豪威尔将军的来华，不能不表示深切关注。但这绝对不是说这两位伟大人物就是来挑拨内战的，而是说，在今天战机一触即发的危急关头，他们两位一句不经心的话，也许就被"言者无心，听者有意"地曲解了。也是在这一意义上，我们对于艾帅所发表的"美国帮助一个自助的中国"和希望中国和平繁荣的公正谈话，感到万分的欣慰。

至于说到军事力量的对比，笔者个人认为政府军统帅部方面犯了两个错误：一是把自己的力量估计得太高了；二是只从纯军事方面着眼，而没有把军事以外的因素考虑进去，这是危险的，因为战争是力的比赛，而"力"这个东西是军事、政治、经济、社会各种因素的综合表现，只看一面不看全体，结果将蹈德、日对英、美、中、苏估计错误的覆辙。

何以说把自己的力量估计得太高了呢？当然政府军拥有飞机、坦克和美式枪械，占有着点和线，在装备上和战略态势上都较中共占优势。可是政府军忽略了一点，那就是人的问题，也就是士气的问题。八年多的抗日艰苦战斗已经使得大家筋疲力乏，困倦不堪了，谁还有心思去打内战？再说，政府军的士兵，生活之苦仍然不堪设想。穿的吃的，不如日本战俘；受的待遇，不如一个富贵人家的猫犬。过去八年，他们挨饿受冻，流血卖命，还可说是为了国家，为了民族。现在抗战胜利结束了，他们满望复员回乡，享几天清福。不料现在生活既无改善，仍要卖命，而且还是同自己的弟兄互相残杀，这叫他们如何甘心？在另一方面，政府军的军官，大多因靠抗战期内吃饷、走私、囤积、敲诈，发了大财，生活腐化，穷奢极欲，有了钱，谁还肯为打共产党而不惜自己的宝贵性命？官兵的士气如此，疲乏之外再加腐化，这内战如何能有把握？这一点是政府军的统帅部所应该警惕觉悟的。

何以说政府军统帅部的估计是单纯着眼于军事而忽略了其他呢？我们先论政治。今日的政治是贪污遍地，特务横行。一般人民早已怨声载道，积愤未宣。近几个月来，连江南素称富庶文弱之邦的农民都不时有暴动发生，这就可以反映出民众对政府失望绝望、悲愤不满之深，以及铤而走险的可能性的增加。在这种情形之下发动内战，政治势必更要弄糟，民众的反感势必更要加深。再说，幸而屡战屡胜，那或者还不要紧，万一打两三个败仗，政府的军事声威一落千丈，纸老虎戳破，那到处的民众都有揭竿而起的可能，局面将闹到无法收拾的程度。

再论财政经济。今日政府的财政经济已到了山穷水尽的地步，全靠滥发纸币来维持。据熟悉金融情势者的报告，政府每月所发通货至少在2000亿元以上，财政危机已可概见。现在百业凋敝，而增发通货支持内战的行为仍不停止，如何能叫财政经济不总崩溃？何况今年全国各处都闹饥荒，饿殍遍地，社会秩序已很难维持。如果再打内战，把今年春耕秋收的农时再浪费牺牲，那到今年下半年就会酿成不得了的危险状态。

如果把这些政治、经济、社会和民众心理的种种因素估计进去，政府军还敢发动内战的话，那简直就等于自掘坟墓了。其实，政府自掘坟墓，并没有人可惜它，只是中国人民又要受几年不是人受的罪，却是可怕得很啊！

谈到内战的严重后果，就不能不提到苏联。如所周知，苏军已于4月30日完全撤离东北，其铁路人员及外交人员也于本月初一齐撤离，仅大连及若干边境城市除外。苏联这一举动可能有四个作用。其一，过去中国政府每每公开宣称东北问题是一个内政外交糅杂在一起的棘手问题，苏军在东北的存在使中国政府感到很大困难。因此，苏联撤兵就是直接答复中国政府的责难，使东北问题的本质单纯化。其二，过去驻东北苏军的迟撤曾经引起了美国对苏联的深刻猜忌与不安。现在的撤兵说明苏联力求避免刺激美苏关系。其三，我们还记得当苏联马林诺夫斯基元帅还在沈阳的时候，曾经在公开谈话中对美国参与中国内战表示猜疑。这次苏联撤兵也可能是对美国的一种暗示，希望美国也不要干预中国的内政，撤退支持中国政府的军事力量。最后，中外人士每每易为某种宣传所麻醉，统把中共和苏联纠缠在一起。现在苏联把自己完全置身于东北的是非圈外，这就直接攻破了各种对于中共的恶意中伤，间接增加了中共对美及对政府的发言力量。

当然，苏方此举决不就是说，苏联对中国的东北已经知难而退，毫无兴趣。不，恰恰相反。事实上，苏军此举正使苏联在中苏外交上处于一个有利的攻势地位。譬如，现在长沈铁路的无法通车以及旅顺、大连周遭情势的不安定，无疑将给予苏联以依据中苏条约随时向中国提出交涉甚至采取行动的借口。再说，假如美国继续卷在中国内战的漩涡当中，苏联也很有可能随时重新再与美国作争取战略基地的竞赛，其结果将使中国变成过去内战时期的西班牙。这对中国人民固然是一个极其可怕的噩梦，就是对美苏人民也决不是什么可喜的事情。

就美苏两国眼前在中国的情形而论，两国似乎都在避免相互刺激对方的感情。在美苏这种态度能维持的情形下，东北问题是单纯的。但倘若全面内战爆发，东北战事又无法解决，即夜长梦多，谁也不能担保已经单纯化了的问题不再复杂起来。到那个时候，就悔之晚矣！

从政治到外交，从经济到军事，内战都打不得！打不得！政府为人民着想固然应该弭战息兵，就是替自身打算也同样应尽快弭战息兵。火是玩不得的，现在悬崖勒马还不太迟！

（原载 1946 年 5 月 18 日《周报》）

内 战 论

一

　　杨人楩先生在《观察》周刊四卷四期上，写了一篇题目叫做《内战论》的大文，内容概括起来可说包含三个要点：第一，杨先生认为内战是最不道德的"犯罪行为"，因为它会产生下面这些可怕的后果："（1）生命的伤害，（2）物质的毁灭，（3）经济的崩溃，（4）人权的遭受蹂躏，（5）外力的干涉，（6）文化的衰落，（7）道德的堕落"，从而"往往会断送一个民族的政治生命，至少也会使此民族停留在落伍阶段里"。第二，杨先生认为"所有今日文明前进的国家，没有一个不是因终止内战而开始进步的"，所以"防止将起的或中止已起的内战"就成为非常重大迫切的任务。可是，如何才能达到这个目的呢？那就要一面"靠当事者（的政治家）能够自制（其野心）"，一面也要靠"人民发挥力量，强迫政治家运用其自制力以限制其野心"。第三，杨先生认为中国"今天这样的内战实在不能再打下去了"，"现在已经到了结束内战的时候"。怎样结束呢？杨先生认为"中共具有中止或缩短内战的权力"，"现在已到了中共运用这一权力的时机"，中共既然在战场上是主动者，那又何妨采取主动来争取和平？杨先生同时也希望"国民党觉悟"，并且大声疾呼，要中国的"自由主义者鼓起勇气来呼吁和平，争取和平以减少人民的痛苦"。

杨先生的这许多宏论，完全是根据一种常识的、表面的、肤浅的不正确看法，缺乏科学的、坚实的、深刻的理论根据。所以，虽然杨先生说来好像忧国忧民、娓娓动听似的，可是，究其实际，不仅是歪曲了历史，歪曲了现实，并且还叫人不能不怀疑杨先生那篇文章的动机和作用。

二

杨先生就内战所可能发生的种种不良后果，来说明内战是最不道德的"集体犯罪行为"，会使一个民族长期停留在落伍的阶段里。这在某种场合上讲，是对的；但如果笼而统之地说一切内战都会发生同样的结果，都会使国家长期不能进步，那就大错特错了。

杨先生最基本的谬误，在于不从内战的性质，而单从内战所发生的或伴随而来的一些临时结果，来看内战是否阻碍了国家的进步。这实在是一种不科学的态度，殊不足以供人取法。正因为杨先生的基本出发点不是合理的，所以才会发出"内战是由于个别政治家不能自制其野心"的可笑论调来。病源诊断既然完全错误，无怪乎后来开出的药方也牛头不对马嘴。

历史科学告诉我们，任何战争——不管是对外战争，抑或是对内战争——都决不是出于一两个野心政治家的好大喜功，或一两个政党的争权夺利，而其实是一种社会现象，是一定的社会制度下的社会矛盾的暴露，是消解这个矛盾的手段，同时也是一种催生新社会的手段。

大抵在一个国家的旧有社会组织，用社会科学的术语来说，也就是生产关系，变成了束缚其生产力发展的因素的时候，为了解放生产力，首先必须推翻旧的社会组织，废除那些落后的生产关系。一方面新兴势力要脱颖而出，另一方面旧的既得权益阶级要死命抱住政权不肯松手。在这种情形下，很容易发生武装斗争，这个武装斗争就是所谓内战。

要看一个国家的内战究竟是有助于抑或有害于这个国家的进步，我们第一个应当注意的问题应该是：究竟这个内战是维护既成的腐朽社会组织呢，还是催生新的进步的社会秩序？如果内战的结果是旧社会组织的维护者得到胜利，原有的社会生产关系依然继续束缚着、阻碍着社会生产力的发展，直到更进一步得到加强巩固的实效，那这个内战就是退步的，这个国家就可能长期停留在落伍的阶段里。同时，在战争过程中的人口、物资以及文化成果、道德水准的大量耗费，就是社会无可补救的纯损失。在这一意义上，西班牙的内战（1936—1939）是最典型的例子。像这样的内战便是应该诅咒的。

幸而历史上像西班牙内战这样的例子并不十分多。恰恰相反，历史上像是充满了无数新兴势力经过长期内战终于推翻旧的腐朽社会组织的例子。英国、法国、美国乃至苏联，都经历过这样的阶段。这些国家的社会生产力都因内战的胜利而被从旧社会生产关系中解放出来，内战成了新社会的催生手段。像这样的内战就是进步的，是应该歌颂的，不可与西班牙内战同等看待。

在英、法、美、苏革命战争的过程中，没有一个国家不曾受到人口、物质、文化、道德上的重大损害。可是，拿这些损害来与它们社会生产力解放所能作出的成果和进步来比较，那实在是渺不足道了。在新兴势力取得主导地位、内战胜利结束之后，也就是说，在旧的社会组织被推翻、新的社会秩序确立之后，不消十几年功夫，一切内战中生命财产的损失都很迅速地弥补起来了，而且整个社会也进步提高到了一个新的阶段。

杨先生认为"所有今日文明前进的国家，没有一个不是因终止内战而开始进步的"。这如果不是杨先生没有读过历史，就是杨先生有意隐瞒了一些极重要、极基本的历史事实。因为历史告诉我们，"所有今日文明前进的国家"，没有一个不是在新兴资产阶级用革命和内战的手段推翻了旧封建社会组织，胜利地结束了武装斗争之后"而开始进步的"。杨先生故意把这新兴势力胜利结束内战的一点隐瞒不提，不知何意？

正因为内战是一种社会矛盾的暴露，是解除这个社会矛盾的手段，所以不是"当事者发挥自制力以限制其政治野心"所能终止的。人民在这样的内战当中，事实上必须选择一边，要么为维护旧社会组织而战，要么为催生新社会而战，这当中很少有中立的余地，更无袖手旁观的可能。真正的人民只会发挥力量来加速新社会的诞生，断没有希望新旧两种势力打个平手的道理。所以杨先生所说人民应发挥力量强迫政治家（或政党）运用其自制力以限制其政治野心的希望，根本是一种虚幻的空想。事实上，所谓自制力只应看现在战胜的一方能用宽容态度对待战败者这一点上。当双方正在猛烈决斗、胜败未见分晓的时候，要双方发挥自制力停止战斗，那简直是历史上从来不曾有过的事情，就在今后也不可能有。

至于杨先生所特别加重强调的"道德堕落"一点，我看杨先生尽可放心。当一个旧社会组织已经腐朽到快要完全没落的时候，这个社会的道德、文化必然充满了极腐败的现象。英国在17—18世纪的情形，美国在南北战争时代的情形，俄国在克里米亚战争到第一次世界大战的情形，岂不会予人以"世风日下，道德沦亡"的恶劣印象么？可是，在新的社会秩序确立之后，这些"道德堕落"的征象自然而然地逐渐减少以至完全消失，新的道德观念继之而形成并确立起来。由此可以证明，像道德标准这类的所谓"上层建筑"，是必须建基于一定的社会制度之上的。旧道德的堕落并不足虑，在新社会秩序确立之后，新的足以适应新社会秩序的道德观念自会建立起来。杨先生大可不必用"道德堕落为最足断丧元气的损害"之类的句子来骗人。

三

拿今天中国的局势来说，束缚着、阻碍着中国社会生产力发展的，有两个基本因素：一个是我们传统的社会生产关系（其关键为我们根深蒂固的封建土地所有制），另一个是帝国主义所加于我们的压力（国际资本和不平等条约的压力）。这两个东西结合起来，又产生了一个新的第三因素，就是所谓官僚买办资本。这三样东西也可说是妨害中国进步和近代化的三害。如果三害不除，我们社会生产力的发展，可说是永远无法完成的。

在这次对日抗战前夜，大家都曾喊过反帝反封建的口号，可见大家对于中国革命的具体任务早就有了深刻明确的认识。不过，在这几十年当中，大家都过于强调帝国主义压力的为害，很少触及产业革命所要求的破除原社会封建生产关系的农村社会经济关系变革——土地改革。因为这个缘故，所以一般的知识分子多半具有这样一个想法：只要抗日战争一胜利，外在的压力一除去，中国的社会生产力就可顺利地被解放出来，中国近代化的工作就可毫无阻碍地进行了。这其间，虽然也有不少人提出解除内在束缚（土地改革）的必要，可是一则由于我们的知识分子十之八九是直接或间接依赖原有土地关系生存的缘故；二则由于大家鉴于几十年来中国社会一直处在内忧外患之中，怀着尽可能避免引起社会风波，不妨迂回缓进的幻想，因此许多中国知识分子总希望尽可能在不破坏旧有社会关系的前提下，建设起新的社会关系来。凡此种种，使得中国知识分子对于构成中国进步和近代化的最基本部分的土地改革要求，反而忽视了。

正因如此，所以在这次战后，当一个先知先觉的人士和政治集团公开热烈地倡言土地改革并具体切实地执行的时候，中国的许多知识分子不仅不能加以赞助和拥护，反而产生了畏惧和犹豫。他们一方面明知旧有的社会关系是到了非改革不可的时候了，而另一方面又怕这改革使他们本身的利益受到严重损失，于是没有良心的人便从革命中游移开来，站在旁边以"中间"、"超然"自命；还有一些人则更走向既得权益者的阵营，索性参加反革命。后一种人不必提了。至于前一种"中间"、"超然"的人士，情绪和感想是复杂的，但有一点想法是完全一致的，那就是：对既得权益阶级恨，恨他们的腐败、无能，缺乏眼光和魄力，不能学美国那样用温和方法逐渐使封建势力变质、消亡；同时又对新兴的势力怕，怕他们丝毫不顾情面地变革了整个社会生产关系，使知识分子丧失其地位乃至财产、生命。这两种心理使得他们有意无意地殷切期待斗争能够早点停止，不分胜败地立即停止，因为只有这样才对他们最为有利。杨人楩先生的《内战论》，不过是这种"希望内战不分胜败立即停止论"的一种表现手法而已。他说起来好像忧国忧民，实际却是一种基于知识分子个人主义的感伤和哀鸣。

当然，没有一个人不希望早点和平，爱好和平并不是杨人楩先生所独创，可是爱好和平是爱好永久的、坚实的和平，而不是祈求一种廉价的武装休战。

（原载 1948 年 4 月 2 日《国讯》）

从"欧洲自由贸易区"谈判的破裂说起

　　同英国绅士的愿望相反，西方国家关于在西欧建立"自由贸易区"的谈判，经过两年多的争吵，终于在最近破裂了。这是帝国主义国家之间的矛盾，在资本主义总危机更加深刻化的条件下，日益发展的必然结果，也是西方世界四分五裂的一个显明的标志。

　　没落的大英帝国，在两年以前提出了所谓"欧洲自由贸易区"计划，以此对抗西欧六国的"共同市场"，这是煞费苦心的。因为，"共同市场"是西欧六国（西德、法国、意大利、荷兰、比利时和卢森堡）垄断资本集团所组织的一个国际卡特尔，这个国际卡特尔要在西欧组成一个排他性的贸易和经济集团，以缓和它们之间的矛盾，并扩大它们在西欧市场上的地盘。"共同市场"对于西德在欧洲的经济扩张显然是最有利的。法国某些垄断集团也希望从中捞到一些油水。意大利、荷兰、比利时和卢森堡的垄断资本集团，也都怀着各自的打算来参加这个集团。已经打进西欧垄断集团的美国，当然并不害怕西欧六国同它竞争；相反地，它可以利用"共同市场"来扩张在西欧的经济势力。但是，英国担心以西德为主体的"共同市场",将会把英国的势力从西欧市场上排挤出去。按照英国垄断集团的算盘,如果要搞什么欧洲国家经济上的联合,那就应当由英国来领导。因此,它提出了建立"欧洲自由贸易区"的计划。

英国的这个计划,遭到了许多国家的反对,特别是法国的反对。法国在帝国主义经济竞争中,能力最薄弱,它害怕英国控制了"欧洲自由贸易区",而把法国的利益排挤出去。英国计划中关于"各成员国可以各自规定对外的关税率"和"把农产品排除在自由流通范围外"的规定,都是法国所不能接受的。西德的经济竞争能力较强,它积极组织"共同市场",也想利用"欧洲自由贸易区"来进行经济扩张。它一方面拉法国参加"共同市场",对英国进行竞争;另一方面又怀着扩张自己势力的目的,利用英国来建立"欧洲自由贸易区"。英国、法国和西德的不可调和的矛盾,就是欧洲自由贸易区谈判破裂的根本原因。

近两年来,英国玩弄了许多手腕来兜售它的"自由贸易区"计划,但结果还是失败了。这是第二次世界大战以来,英国在西欧外交方面的一个严重挫折。现在,英国面临着这样的抉择:是断然采取报复措施来破坏西欧共同市场呢?还是重新同西欧垄断资本集团恢复谈判,寻找暂时妥协呢?

据说,英国统治集团下一步的设想是:纠合瑞典、丹麦、挪威、瑞士、奥地利同英国在一起,另组一个六国"欧洲市场",来对抗"共同市场";或者是,把英联邦各国组织在一起,共同对西欧六国进行贸易斗争。但是,英国所设想的办法,是难以行得通的,因为这些国家决不会为了支持英国而牺牲自己对"共同市场"国家进行贸易的利益。很多人说,英国现在只有一条路好走,就是继续寻找和法国、西德妥协的办法。

为了达到这个目的,英国正在乞求美国的支持。虽然美国也想利用目前西欧垄断资本集团之间的矛盾，来排挤英国在西欧的势力；但是美国也担心西欧各国的分裂，会影响北大西洋集团的"团结"。看来，最后的决定因素还在美国。杜勒斯不是正在寻求"团结"吗？在美帝国主义的控制政策之下，法国、西德、意大利同英国之间仍有可能得到某种程度的暂时妥协。当然，在资本主义世界经济危机日益严重的情况下，任何暂时的妥协都不可能消除帝国主义国家争夺市场的尖锐矛盾。相反地，这个矛盾一定会日益尖锐化。帝国主义之间的贸易和经济的竞争，也一定会更加剧烈地发展下去。

西方国家所宣扬的什么"欧洲整体化"、"欧洲统一"、"欧洲经济合作"等等，实际上都是为了掩盖它们的帝国主义扩张。所谓"统一"和"合作"，无非是帝国主义互相倾轧和垄断资本加紧剥削人民的代名词而已。杜勒斯要求资本主义世界"统一"在美国的控制之下；麦克米伦指望西欧变成英国的"自由贸易区"；阿登纳力图把西欧变为西德经济扩张的"共同市场"；戴高乐则又幻想恢复法兰西帝国在西欧大陆的地位。这几年来，围绕着"共同市场"和"自由贸易区"问题的种种喧嚷和争吵，正是帝国主义国家之间争夺销售市场和势力范围的斗争的表现。同帝国主义者关于西方世界"统一合作"和"互相依赖"的吹嘘相反，它们之间的斗争是更加剧烈了，"自由世界"是更加分崩离析了。

英国在建立"欧洲自由贸易区"问题上所遭到的严重失败，说明帝国主义在西欧大陆上的力量对比正在发生有利于西德而不利于英国的变化。英国一方面不满意美国损害它的利益，但又企图依靠美国并通过所谓"英美联盟"来控制北大西洋公约集团，其结果不仅使美国扩张了它在西欧的势力，而且加深了西德、法国乃至其他西欧国家同英国的矛盾。法国已不安于做一个小伙伴的角色，而要求同英美分担北大西洋集团的领导权。西德和意大利也正在力争北大西洋集团内部的"平等地位"。所有这一切，都表明资本主义世界并不是在走向"团结"，而是日益趋向破裂。虽然，破裂的过程是长期的和曲折的。但是，帝国主义之间的任何暂时的联盟和妥协，都不能阻止这种破裂的趋势。

　　总之，四分五裂，这就是西方世界的趋势。目前正在逐步破裂的过程中，还没有最后破裂，这个过程可能相当长，但是正向着最后破裂走去，最后破裂是不可避免的。所谓西方团结是一句空话。杜勒斯正在为他们的"团结"努力，但是要求"团结"在美国的控制之下。在原子弹下面要求他的大小伙伴们向美国靠拢，交纳贡物，磕响头称臣，这就是美国人的所谓团结。这种形势，势必走向所谓团结的反面：四分五裂。同志们，请看今日之域中，竟是谁家之天下！①

（原载《红旗》1958年第14期）

---

　　①　本段文字系毛泽东所加批语。——编者注

关于目前帝国主义矛盾发展的若干问题

在目前资本主义总危机日益加深的情况下，帝国主义阵营的矛盾有了一些新的、重要的发展。这个发展主要有这样几个方面：第一，帝国主义阵营内部的力量对比有了比较重大的变化；第二，由于战后资本主义世界市场问题的愈来愈尖锐化，帝国主义国家相互之间的竞争已经由一个国家同一个国家之间的竞争，进展到一些国家组织的集团同另一些国家组织的集团的竞争的阶段，也就是由国家之间的竞争进展到国家集团之间的竞争；第三，尽管帝国主义国家的统治阶级正在用种种办法——首先是用国家垄断资本主义和所谓经济"一体化"的办法——来挽救资本主义的危机，解决资本主义的内在矛盾，但是整个资本主义制度的不稳定性仍在增长；第四，西欧各国工农群众争取民主、反对垄断资产阶级统治的阶级斗争，现在比过去有了更大的发展；第五，帝国主义国家争夺所谓"不发达国家地带"的斗争愈来愈激烈，同时，它们对这一地带的剥削和掠夺达到了历史上未有的高度。

这五个方面的新发展，给我们提出了一系列的新问题。这里，提出下列五个问题，作为研究帝国主义问题的参考。

一　美帝国主义仍然是全世界人民的最凶恶的敌人

　　由于资本主义发展不平衡的进一步加剧，近年来帝国主义阵营内部力量对比发生了十分深刻的、重大的变化。美国和英国的地位相对地削弱了，西欧国家特别是"共同市场"六国（西德、法国、意大利、荷兰、比利时、卢森堡）的力量相对地加强了。1961 年"共同市场"六国的工业生产在资本主义世界工业生产中的比重是 20.9%，相当于美国的一半，比英国大 1.3 倍。六国的钢产量达 7330 万吨，相当于美国钢产量的 82.4%，大于英国 2.26 倍；汽车产量达 411 万辆，相当于美国的 61.5%，大于英国 1.8 倍。在出口贸易方面，六国占资本主义世界出口贸易总额的 27.2%，比美国多 54.5%，比英国大 2 倍左右；它们的进口贸易占资本主义世界进口贸易总额的 25.8%，比美国大 1 倍，比英国大 1.6 倍。六国的黄金外汇储备，高达 166 亿美元，而美国黄金储备到现在已经不到 160 亿美元，西德、法国和意大利的储备数字都比英国大。从国际收支方面来讲，六国在 1960 年盈余 80 亿美元以上，而美、英则都有亏损。从各方面看，六国的经济实力合在一起，已使英国瞠乎其后，而几与美国旗鼓相当。

　　上述六国不仅在力量上大有增强，而且已经组成了一个排他性的经济集团，因而它们现在已经不像过去那样对美国绝对依赖和惟命是从；反过来，美国现在有些地方还需求助于六国，而六国对美国的反抗态度也日益强烈。前者的最显著的例子是，1960 年末开始的美国同西德进行的财政谈判，美国要求西德对它承担长期财政援助的义务，为西德所拒绝；从 1961 年 9 月开始的增加国际货币基金组织的贷款能力的谈判，以及经过几次谈判所缔结的设立额外储备基金的协定，实际上是美元和英镑要求法郎、西德马克及其他西欧货币的支持，否则美元和英镑就站不住。后者的最突出的例子是，不久前六国为了反击美国对它们的某些商品的歧视，竟提高了五种美国商品的进口税。从各种经济意义上说，目前"共同市场"六国集团已经开始形成一支堪与美、英相抗衡的力量。

1962 年 3 月 5 日的美国《新闻周刊》在指出美国和西欧力量对比的重要变化时写道："现在欧洲人觉得他们的大陆在许多方面几乎同美国并驾齐驱，因此他们要在西方同盟中要求更大的发言权"，要求在参与"西方的全球政策"和在解决最重要的经济、军事战略和政治问题上同美国完全平等。英国力谋保持自己的核大国地位，法国专心于建立自己的"独立核打击力量"，西德千方百计地企图取得核武器。法国与西德结成轴心，并在这个基础上筹组西欧"政治联盟"，作为对美、英争夺西欧领导权的资本。英、法、西德谋求摆脱美国政治、军事控制以取得与其经济实力相适应的地位的做法，大大动摇了美国在资本主义世界的领导地位。美国报刊已在公开批评其西欧盟国的"叛变"行为。

美国在帝国主义阵营内部的经济优势的确有了相对的削弱，它在经济上的困难的确是一天比一天严重，但是，是否可以说美国除了在军事上政治上之外，在经济上已经不再是资本主义世界的领导或中心了呢？

事实很清楚，在一个可以预见到的相当时间之内，美国在西方国家（及日本）中，毕竟还是具有最强大的经济实力的帝国主义国家。例如，根据美国《幸福》杂志 1962 年 8 月号的估计，在资本主义世界中，每年营业额在 3 亿美元以上的大工矿企业，美国有 167 家，英国有 30 家，西德有 22 家，法国有 11 家。又如，美国目前还控制着资本主义世界重要矿产资源的 60％以上，使资本主义世界矿产原料市场受着美国的操纵。

资本输出的能力是衡量帝国主义力量的最主要标志之一。美国现在还是帝国主义国家中资本输出能力最大的国家。战后美国对外投资总额曾经超过了其他帝国主义国家对外投资的总和，现在仍然远远超过其他任何一个帝国主义国家。1960年底，美国政府和私人对外投资总额达714亿美元，1956—1960年美国私人资本每年平均向世界各地输出达42亿美元以上，而英国则每年平均不到10亿美元。美国在过去十几年当中，不断地在英国、在西欧其他国家和在日本等国投资设厂，就地制造商品，1959年美国私人直接投资控制的国外企业的商品销售总额达350亿美元，超过了美国商品输出总值的1倍多。特别在"共同市场"成立后的四年期间，在西欧开设的美国公司就有1200多家。到1960年，美国在英国的私人直接投资达31.94亿美元，在法国达7.41亿美元，在西德达10.06亿美元，在日本达2.54亿美元。

美国在战后建立起的一套维护其资本主义世界霸权的军事、政治、经济机构，如北大西洋公约组织、关税及贸易总协定、国际货币基金组织、世界银行等等，分崩离析的情况虽然越来越显著，但是目前还能够继续存在一个时期，并且仍然在美国的操纵和控制之下。这些机构在控制资本主义世界方面的作用虽已大大削弱，而且还会继续削弱，但是在目前还是有一定程度的效力的。

现在，西欧六国合在一起虽然可以与美国抗衡，但它们相互之间也有不少经济上的利害冲突，可供美国利用来削弱它们对美国的抵抗。这些国家虽然力图摆脱美国的经济控制，但在实际上一时还不能完全彻底地摆脱。

在政治上，美国的指挥棒虽然目前在西欧已不如过去那样灵敏，但是，美国对许多西欧国家的内政外交仍然有重大的影响。

西德因为是战败国，在政治、军事上需要美国的支持；美国也在大力扶植西德军国主义，正如同它在远东大力扶植日本军国主义一样。美国还在经常利用西欧国家互相之间的矛盾与斗争，来达到它企图继续控制的目的。美国正在策划将西欧"共同市场"纳入它的轨道。美国对英国的控制也在加紧。在1962年10月的古巴事件后，美帝国主义更加趾高气扬，不仅更加不愿与其西欧盟国平起平坐，而且更加凶恶地压迫它们屈服于自己的指挥棒之下。同年12月，美英拿骚会谈的结果，以及后来美国在"北大西洋公约组织多边核力量"问题上对法国所施加的压力，就充分证明了这一点。这个压力已经遭到了法国公开而坚决的抵抗，法国不仅断然拒绝了美国的"多边核力量"计划，而且破坏了关于英国参加"共同市场"的布鲁塞尔谈判，从而狠狠地打击了美国和英国。现在美国还不死心，它还在加紧施展外交手腕，图谋分化法国和"共同市场"其他五国——特别是法国和西德——的关系，孤立和打击法国，压逼戴高乐屈服。

美国还是目前世界上最大的新殖民帝国。第二次世界大战结束以来，美国采取各种方法，进行了新殖民主义的侵略和扩张。在军事上，通过提供"军事援助"，签订军事条约，设立军事基地，组织军事集团，对别国进行军事占领或半军事占领；在经济上，以"援助"方式，大量输出资本，租借和开发资源，从而控制和剥削那些受"援"国家；在政治上，诱胁一些国家签订各种奴役协定，并在一些国家中收买反动势力，建立傀儡政权，进行颠覆和干涉活动，排挤原来在这些国家的旧殖民主义者（例如，在刚果，在非洲许多国家中），使它们变成美国实际上的附庸。

由此可见，近年来美帝国主义对西欧的力量对比虽然相对削弱，但它迄今仍是资本主义世界的领导或中心，仍是现代最大国际剥削者和现代最大新殖民帝国。美帝国主义为了保护它对资本主义世界各国人民的掠夺，保护它的新殖民主义的利益，采取经济、政治和军事等各种办法，粗暴地干涉许多国家的内政，阻止这些国家的人民革命斗争和民族解决运动。因此，它仍然是全世界人民的最凶恶的敌人。它的帝国主义本性并没有改变，也绝不会改变。低估美帝国主义的力量及其危险作用是不正确的。为了保卫世界和平，就必须不断地、彻底地揭露美帝国主义的侵略扩张政策和妄图奴役世界人民的计划，使全世界人民保持高度的警惕。全世界人民的当前任务就是建立反对美帝国主义侵略政策和战争政策的广泛统一战线，同美帝国主义及其走狗进行针锋相对的斗争。只有这样，才有可能维护世界和平，防止新的世界战争。

二　帝国主义阵营四分五裂的趋势正在加强

帝国主义阵营内部力量对比的上述变化，提出了帝国主义国家间重新组合的问题。

今天在帝国主义阵营里面，已经从个别国家之间的对立竞争发展到国家集团之间的对立竞争。这是资本主义总危机愈来愈深刻的一个主要标志。

目前，西方资本主义世界已经分裂成为三种不同形式的国家集团。第一种形式是西欧"共同市场"。这是一个以法国同西德为首的六个西欧国家政府之间组织起来的经济、政治集团。它有着相当严密的一套超国家机构，并且有一个明确的经济、政治目标——统一欧洲经济、政治，乃至军事、外交。在资本主义世界历史上，我们看到过不少国际卡特尔和国际托拉斯。但是那些都是私人垄断资本之间的组合，最多是受到政府的支持，政府本身从来没有正式介入。而这次"共同市场"却是六国政府之间的组合。这六个国家都是国家垄断资本主义发达的国家。这六个国家的国家垄断组织又互相勾结，达成了许多国际协议，特别是法国和西德的垄断资本互相渗透，互相交织，构成了以巴黎—波恩轴心为核心的"共同市场"的基础。因此，可以说，"共同市场"是六个国家的国家垄断资本的国际组合和同盟，是在国家垄断资本发展的基础上形成的国家集团。在资本主义世界的历史上，这种情况的出现还是第一次。

自从"共同市场"于1958年成立以来，六国已经根据"罗马条约"在降低内部关税、取消内部贸易限额、建立对外共同关税等经济方面采取了一系列措施，提前完成了第一阶段的目标，去年开始进入第二阶段。现在正在酝酿成立所谓"欧洲政治联盟"。其排他性与日俱增。这对于六国以外的国家——首先是美国和英国，显然是非常不利的。

第二种形式是欧洲小自由贸易区。小自由贸易区是以英国为首的七个欧洲国家（英国、瑞典、丹麦、挪威、瑞士、奥地利、葡萄牙）政府之间组成的集团，但是，它只是七国暂时联合在一起同"共同市场"六国进行讨价还价的一个集团。因为英国早先提出成立由"欧洲经济合作局"17个成员国组成所谓"自由贸易区"计划来同"共同市场"抗衡的手法已经失败了；瑞典、丹麦、奥地利、瑞士这些小国个别地同"共同市场"竞争也会处于明显的不利地位。所以它们几个国家就联合在一起，组成小自由贸易区，来同"共同市场"斗争。但是，它同"共同市场"是有区别的。七国只是分阶段地取消相互间工业品的关税，农产品并不包括在内，而"共同市场"是把农产品也包括在内的。小自由贸易区对外不采取共同关税，而"共同市场"的对外关税却是共同的。小自由贸易区没有一套超国家性质的组织机构，不像"共同市场"那样有法院、议会、部长级的理事会等机关。它也没有打算搞什么"政治联盟"（当然，七国中的某些国家，特别是英国，创议成立小自由贸易区，也是有一定的政治打算的）。此外，在政治上，英国、挪威、丹麦、葡萄牙是北大西洋集团的成员国，瑞士、瑞典、奥地利则是中立国，而"共同市场"六国却都是北大西洋集团的成员国。总之，小自由贸易区是一个拼凑起来的，有着极为有限的目的的临时组合。

第三种形式是美国集团（如美洲"争取进步联盟"等）。英联邦也基本上属于这类形式。这种集团实际上是建立在宗主国同附庸国那样的关系之上的。它们的作用是通过各种政治的经济的手段把一些地区垄断起来，不让别人挤进去。

我们应当怎样认识战后出现的像"共同市场"之类的国家集团呢？这里，需要弄清三个问题。第一，这类国家集团的出现，是说明帝国主义国家间的联合趋势加强了，还是矛盾趋势加强了？第二，"共同市场"是不是符合所谓现代科学技术进步和生产力发展要求经济生活日益国际化的趋势？第三，"共同市场"的矛头在现阶段上究竟针对着谁？

关于第一个问题，我们认为，上述三种集团的形式虽然不同，但有一点相同：它们都是帝国主义矛盾尖锐化的产物。列宁讲过，帝国主义之间的协议和联盟都是强盗的协议、强盗的联盟，他们没有一种使他们团结起来的真正的、长远的利益。列宁还说，帝国主义的大国集团，不管看来多么巩固，只要神圣的私有制利益要求它们闹翻，这些集团在几天之内就可以闹翻。[①] 很显然，帝国主义国家之间的矛盾是不可调和的，它们之间是不可能建立什么"阶级团结"的。

---

① 列宁：《在全俄中央执行委员会和莫斯科苏维埃联席会议上关于对外政策的报告》，《列宁全集》第27卷，人民出版社1958版，第341—342页。

"共同市场"六国相互关系的现状及其今后发展的趋势，正是如此。六国政治、经济的发展很不平衡，它们的力量对比颇为悬殊，因而它们的利益也不一样。它们有暂时需要相互勾结的地方，也有根本利害相互矛盾的地方。

暂时需要相互勾结的地方是：他们都希望通过"共同市场"来解决自己的市场问题。西德希望利用"共同市场"来扩大自己工业品的销售场所，进入非洲的法属殖民地，占领法国工业品市场，利用法国来恢复它的军国主义；法国则想在西德推销它自己的农产品，借助西德的资金来"开发"法属的非洲，同时也可以利用西德的资金和技术来把自己的工业化向前推进一步；法国西德联合起来，还可以在政治上向美国和英国讨价还价；意大利可以输出失业；荷兰、比利时想等到法国、西德、意大利把关税扯平以后向法国、西德扩大商品输出。正是因为这样，六国才都愿意有"共同市场"。

但是，它们利害矛盾的地方也很多。第一，它们的经济结构都差不多，都是重工业发达的国家，因此碰在一起就要尖锐冲突；第二，各国的农业政策都很不一样，因此在农业问题上冲突非常尖锐；第三，在建立"欧洲政治联盟"的问题上矛盾很尖锐，谁都怕对方在这个联盟中称王称霸，小国尤其怕大国控制；第四，在英国申请加入"共同市场"的问题上矛盾很尖锐，小国想把英国拉进来作为一个平衡的力量，大国就想把英国排挤在外（法国现在不准英国进来，西德三心二意，但是荷兰、比利时、卢森堡却拼命地想把英国拖进来，而意大利则两边利用来取得它自己的利益）。

"共同市场"内部的矛盾现在已经很尖锐，今后还会向更尖锐的方向发展。第一，"共同市场"迄今还没有经历一个完整的周期，也就是说还没有碰到过危机的阶段，因此大家还可以分点肥。但是危机是不可避免的。当危机到了，大家没有肥可以分了，矛盾就要更加暴露，更加尖锐。第二，现在"共同市场"还只是开始进入第二阶段，从第一阶段到第二阶段的谈判，已经很困难。将来还要搞什么经济"一体化"，统一金融、财政、货币政策；搞什么政治"一体化"，统一国防、外交。到那个时候，问题就会愈多愈复杂，困难就会更大。第三，布鲁塞尔谈判破裂之后，围绕着英国加入"共同市场"问题的内部斗争将会更加复杂化，可能拖几年不能解决。

对美国集团和英国集团来说，"共同市场"更是六国对它们加强经济、政治斗争的一种工具，特别是加强市场争夺战的一种工具。一个英国经济学者说得好："共同市场"六国的共同想法是，第一步先把六国市场打成一片，并用共同对外高关税壁垒保护起来，不许别人进入，以便六国积蓄力量；借助国家机构，加紧对广大人民的榨取，加紧生产和资本的兼并集中，促进固定资本的更新和技术的改进，从而加强自己的市场竞争能力，为向外扩张市场打下基础；第二步就要逐步争夺整个西欧市场；第三步再向其他工业发达国家地区发展，与美、英、日等国争夺市场，同时也向"不发达地区"扩张。事实上，"共同市场"成立之后，我们首先就看到，六国集团，主要是其中的法国和西德，在经济上、政治上（特别是核大国地位问题上），同美国、英国及其他西欧国家之间的斗争猛烈展开，规模较前更大，程度更激烈。美国除继续利用北大西洋公约组织和它目前拥有的军事、政治优势来对法国和西德施加压力外，还提出"扩大贸易法"和建立什么"大西洋共同体"的方案，企图借此拆掉六国的关税壁垒，并把六国重新置于美国控制之下。英国在"共同市场"成立之前坚决反对；成立之后组织小自由贸易区与之抗衡；在利用小自由贸易区与"共同市场"进行谈判失败之后，又单独申请参加"共同市场"，力图挤到里面去"进行领导"和"施加影响"；在布鲁塞尔谈判破裂之后，英国一方面严厉谴责法国，另一方面并未放松设法破坏"共同市场"的种种策划。美英的这些企图已经并且还在继续遭到法国和西德的顽强抵抗。

"共同市场"等国家集团出现后，美、英、法、西德之间以及六国相互之间，争夺殖民地和所谓"不发达地区"的斗争也有了更加剧烈的发展。这个问题，我们在后面还要专门谈到。

上述种种情况说明，"共同市场"的出现，实际上已使西方世界分裂成为上述三类国家集团。所以，"共同市场"的成立，不是表明帝国主义国家之间的联合趋势的加强，而恰恰是标志着帝国主义阵营的四分五裂以及北大西洋集团的分崩离析的空前严重危机。

关于第二个问题，马克思列宁主义者只能用阶级的观点来看待现代科学技术的进步以及经济生活国际化的问题。

首先，在帝国主义条件下，生产资料的资本主义私有制和追求高额利润的目的，决定了垄断资本一方面要限制现代科学技术的大规模运用和生产力的无限制发展，另一方面又要利用现代科学技术的进步来促进生产力的一定程度的发展。战后十几年来，美国及西欧帝国主义国家的垄断资本，由于运用现代科学技术的新成就，实行自动化，采用大规模生产方法，改组工农业的结构，使生产力有了一定的发展。但是，这些国家的垄断资本所以这样做，完全是为了加强竞争能力和攫取更高的利润。

其次，在帝国主义条件下，生产力发展愈大，产品愈多，销路问题就愈严重，市场问题就愈紧张，生产力与生产关系的矛盾就愈尖锐。"共同市场"之类的所谓"一体化"的措施，从经济上说，是为进行争夺市场的斗争服务的，它不能真正解决生产力与生产关系的矛盾。因此，"共同市场"并不是符合现代科学技术进步和生产力发展要求经济生活国际化的客观趋势的产物，而是六国垄断资本勾结起来、重新瓜分内部市场和争夺外部市场的产物。

关于第三个问题，应当指出，"共同市场"这样的帝国主义国家集团，正如美国集团、英国集团一样，确实具有反动的、侵略的性质。它的确有对付社会主义阵营的一面，因为帝国主义阵营同社会主义阵营的矛盾，是根本性的，对抗性的，不可调和的，而且现在也在尖锐地发展着。但是，正如马克思列宁主义者所一再指出的，帝国主义彼此之间的矛盾比起它们同社会主义之间的矛盾，更为迫切，更为直接，更为突出。在现阶段，"共同市场"面对着的最迫切、最现实的矛盾，不是同社会主义国家的矛盾，而是在一个一天比一天缩小的资本主义世界市场上同美国、英国竞争的矛盾，是在帝国主义阵营内同美国、英国争取平等地位的矛盾。今天"共同市场"的头子们在反共和所谓"欧洲人的欧洲"的旗帜下，实际进行着反对美国控制、排挤美英在西欧的政治经济地位的斗争。

有些人认为，在今天社会主义的力量大大超过帝国主义的力量的时代，帝国主义国家为了对付社会主义的力量，正在日益"团结"、"联合"起来。这种说法显然是只看到一些表面现象并为它所迷惑，而没有看清问题的本质。问题的本质是，第二次世界大战以后，在两大阵营之间发生的力量对比的变化，并没有消除资本主义世界的各种固有矛盾，并没有改变也不可能改变资本主义社会那种"弱肉强食"的生存竞争的规律，也并没有排除帝国主义国家为争夺自己的利益，分裂成不同集团，进行各种冲突的可能性。

事实上，自1958年"共同市场"成立迄今，真正急着要对付"共同市场"的，首先是美英帝国主义。肯尼迪公开承认"共同市场"是对于美国的一个"最大的挑战"。麦克米伦也一直在煞费苦心地企图找到对付"共同市场"的最好的方法；在布鲁塞尔谈判破裂之后，英国统治阶级正在为如何才能找到最有效的破坏"共同市场"的办法而焦思苦虑，意见纷纭。

1963年1月10日法国《世界报》上有一篇文章，暴露了法国统治集团对于"共同市场"的看法和希望，大意说：(1) 面对美国，欧洲已经不再是靠人施舍的乞丐，而是一个强大的竞争者；(2) 法国有人担心英国加入"共同市场"之后，会变成美国在"共同市场"内部的特洛伊木马；(3) 美国希望"共同市场"是走向"大西洋共同体"的第一阶段，但是，恰恰与美国的希望相反，统一六国的一切机构都是走向相反的方向；(4) "共同市场"应该导向一个有广泛的独立自主的欧洲整体，而不是导向一个由美国控制的"大西洋整体"。布鲁塞尔谈判的破裂，证明这些话基本上反映了戴高乐和他所代表的法国大垄断资本集团的想法。

由此可见，"共同市场"的成立，在现阶段，首先是为了同美、英争夺经济、政治霸权，同时也是为了反对工人阶级，破坏民族独立运动，反对社会主义国家，而不是专门为了反对社会主义国家才组织的。

根据以上几个方面的分析，我们可以看出，无论就"共同市场"对第三国的关系而言，或者就"共同市场"内部的关系而言，都是矛盾的趋势在增强。"共同市场"的产生是帝国主义矛盾和分裂的结果，它的成立又更进一步加剧了矛盾的发展，使矛盾和分裂更加剧烈起来。它不仅没有改变反而更加加深了帝国主义阵营四分五裂的状况。那种认为"共同市场"的成立，意味着帝国主义之间联合趋势增强的观点，是完全错误的。这种观点，正是考茨基"超帝国主义理论"的翻版。列宁在驳斥考茨基的这种论调时曾经指出："毫无疑问，现时正在朝着一个惟一的、世界性的、囊括一切企业、一切国家的托拉斯的方向发展。但是，这种发展是在这样的条件，这样的速度，这样的矛盾、冲突和动荡——决不只是经济的，还有政治、民族的等等——之下进行的，在还没有出现一个世界托拉斯，即各民族财政资本的'超帝国主义的'世界联盟以前，帝国主义必然要崩溃，资本主义一定会变成自己的对立物。"① 列宁的这一论断，对于我们认识战后出现的各种帝国主义国家集团，具有很重要的指导意义。

三　国家垄断资本主义挽救不了资本主义一天天烂下去的趋势

第二次世界大战以后，在西方的主要国家中，国家垄断资本主义都有了空前高度的发展。这些国家的大垄断资本集团对于国家机器的控制比过去更加直接，更加全面。很多大垄断资本家亲自担任政府的重职，亲自——而不是像过去那样通过代理人——掌握和制定国家的经济政策，并通过国家机器控制了国家的全部经济生活。它们对内干预、调节资本主义的经济，提倡什么"有计划地预先控制生产和循环"，企图以此消灭国内经济的矛盾，从而造成"没有危机的高涨"；对外实行所谓经济"一体化"，打破国界，扩大市场和资本活动的领域，企图以此解决帝国主义国家之间的矛盾，从而造成一个新的"美妙的"帝国主义的新世界。

---

① 列宁：《给布哈林的小册子〈世界经济和帝国主义〉写的序言》，《列宁全集》第 22 卷，人民出版社 1958 年版，第 97—98 页。

　　西方主要国家的这些做法，是否像那些资产阶级经济学者和右翼社会民主党人所吹嘘的那样，能够阻止资本主义经济烂下去，并证明资本主义制度还具有强大的生命力呢？

　　我们认为，第二次世界大战以后，西方主要资本主义国家其所以这样积极地发展国家垄断资本主义，主要是由于：战后形成了强大的社会主义阵营，帝国主义的殖民体系日益瓦解，资本主义经济危机的袭击越来越频繁，资本主义国家内无产阶级与资产阶级的斗争日趋尖锐，各个帝国主义国家间在政治、经济、军事等各个方面争夺霸权的斗争日趋激化——这一系列的新情况，使得资本主义世界的各种矛盾都发展到了空前尖锐、深刻的程度，资本主义的总危机有了进一步的巨大的发展。为了加强对本国劳动人民的剥削，加紧本国经济的军事化，以暂时缓和经济危机，同时对外进行侵略扩张，镇压和瓦解民族解放运动，以及提高同其他资本主义国家的竞争能力，这些国家的大垄断集团就更加全面地控制国家机器，使之更有效地为垄断资本的利益服务。这是战后国家垄断资本主义发展的客观原因，是垄断资本主义垂死挣扎的反映。

　　西方各国垄断资本集团通过国家机构所采取的控制经济生活的办法，主要有以下几种。第一种办法是实行所谓调节性措施，就是由政府通过预算或税收来重新分配国民收入，或调整银行利率、信贷条件来适应经济上的需要。第二种办法是建立国有企业，由国家把私人企业收买为国家所有或由国家直接投资来办厂。第三种办法是用国家津贴、订货、采购、信贷等来控制生产。第四种办法是国家经济的军事化。第五种办法是从各个方面来鼓励企业的集中和兼并，来加速资金积累，刺激投资，促进技术革新，提高劳动生产率，减低成本，加强商品的竞争能力。它们想利用这些办法来调节经济，解决经济困难，使资本主义经济维持一定的繁荣，使危机不发生，使资本主义经济不要烂下去。但是，它们的这些办法是徒劳的。因为：

第一，这些办法在一定情况下虽然起过一定程度的作用，能把危机推迟一点，或者把危机袭击的范围和它的幅度稍为缩小一点（例如英国在过去十几年中，就屡次通过交替提高或减低银行利率和膨胀或紧缩信用的办法来调节经济的发展，减少经济危机袭击的程度。又如，美国战后在很大程度上靠扩军备战来维持经济。西欧许多国家都采取政府投资的办法来建立自己的新工业部门），但是，这些办法所起的作用，只能是暂时的。它们不能缓和资本主义经济的根本矛盾——私有制同生产社会化的根本矛盾，因而也不能缓和市场购买力缩小同生产力扩张的矛盾，反而使这些矛盾愈来愈深化，从而为新的更大的危机准备条件。

第二，在资本主义制度下，不可能有统一的、为整个国民经济所遵循的计划。所谓资本主义的计划性，不过是表现为资本家"有计划地"攫取利润而已。国家干预的结果，经济军事化的结果，只能使帝国主义国家的经济一天一天地畸形发展，使许多非生产性的、与军事有关的工业部门片面地发展，而许多与军事无关的但较重要的工业部门陷于停滞以至衰落。同时，把大量资财投入军事生产，结果只是使这部分国民财富不能再回到再生产领域中来，这个情况正如同饮鸩止渴一样。国家垄断资本的发展也加剧了各垄断资本集团相互间在更大规模上进行尖锐的竞争，它们都要求参加政府去分赃，争夺有分配权力的席位。

第三，到现在为止，资本主义国家所实行的国有化，实际上是增加劳动人民的负担，来替资本家谋求更大更多的利润。英、法、西德、意大利战后实行国有化的例子都说明，这种措施的目的只是要国家利用国家资金（人民所交纳的税款），来高价收购那些不能给垄断资本带来适当利润的企业，由国库承担资本家的亏损；来维持那些经常赔钱、却对垄断组织有需要的各种企业（如动力、交通运输）；来承担设立新工业部门的主要费用和一切风险。这种办法实际上是把国民收入作有利于垄断资本的重新分配的有力工具，结果只能更加加深资本主义的固有矛盾，而不可能和缓它。

第四，国有垄断资本主义发展的结果，使阶级矛盾更加尖锐化。由于经济的畸形发展，中小企业的大量破产，成千上万农民的被迫离开土地，市场问题空前严重，经济情况就越来越不稳定，垄断资本集团就必然千方百计地用加重赋税、高涨物价等办法把所有的经济负担转嫁到广大人民头上；同时，为了加强对劳动人民的剥削，垄断资本集团也就要加紧向人民的民主权利进攻。这一切，必然引起绝大多数人民的反对。

战后西方主要国家经济发展的实际情况，有力地证明了国家垄断资本主义的措施并不能够使资本主义经济逃脱危机的规律。例如，美国尽管在战后十几年来一直实行国家调节经济的办法，一直在实行着经济军事化的办法，但是它并不能逃脱五次危机的发生，而每一次危机同下一次危机的间隔愈来愈短。美国的企业设备经常开工不足，利用率只在80％左右。工业生产增长率大为减缓。失业的人数经常在四五百万之间。经济经常处于不稳定状态，股票市场不断发生风暴，股票价格曾多次暴跌。许多经济学家都在推测美国在1963年又会发生战后第六次的衰退，也就是第六次的危机。英国也是在战后积极实行凯恩斯主义，通过国家机构调节经济最突出的国家之一，可是，英国经济基本上一直是处在停滞的状态，战后已经发生过七次国际支付的危机，几乎每两年要发生一次。英国的工业遭遇到严重的困难，失业增加到战后从来没有到过的高度（93万人）。西欧大陆各国也是采取国家垄断资本主义措施的地方，西欧虽然直到现在还没有发生什么大规模的危机，但是在每一次美国危机的影响下，都免不了要发生一系列局部性的、不同程度的危机。去年西欧一些主要资本主义国家的经济情况都不妙。"共同市场"六国经济增长速度都减慢了；有些企业不但没有出现生产的增长，反而还出现了生产的绝对下降。小自由贸易区七国的经济增长平均停留在1%左右，基本上也是停滞的状态。从1962年的西欧经济情况来看，有几个共同点：第一，工业生产增长的速度已经减慢了，开工不足比以前严重；第二，对外贸易的逆差比过去扩大；第三，私人投资已经开始下降；第四，金融市场很不稳定，股票暴跌。这几条都证明危机的影子已经开始在笼罩着西欧了。这些情况证明，国家垄断资本主义并不能够排除经济危机，并不能够扭转资本主义一天天烂下去的趋势。

西欧主要资本主义国家的统治集团和一些经济学者寄希望于所谓经济"一体化"，认为实行了这种"一体化"就可以刺激生产和贸易的不断发展。他们吹嘘"共同市场"六国过去几年的经济发展，就是由于"共同市场"这个"一体化"措施所致。这种说法是没有什么科学根据的。

事实上，过去几年"共同市场"六国经济发展之所以比较快，主要的原因是：第一，恢复战争创伤的过程比较长。第二，垄断资本利用新生产技术的发展进行了工业的改组。第三，战后开始进行、迄今尚未完成的农业的大改组。第四，除美、英以外的一些西欧资本主义国家在战后一个相当长的时期里没有进行大规模的扩军备战，而集中精力于国内工业投资。第五，美国第二次大战后对西欧的投资比战前要多得多。第六，各国还有一些各自特有的具体的原因，例如意大利的大批廉价的劳动力流入西德，有助于西德经济的发展；两次法郎的贬值加强了法国输出贸易的能力，在法国境内和阿尔及利亚石油和天然气的大量发现，使法国工业有了较廉价的动力；意大利工资低、劳动力多，增加了它的商品竞争能力，等等。

至于说"共同市场"成立以后，六国经济发展大大提高了，这也不是事实。根据西方公布的统计数字，拿"共同市场"成立前的1953—1957年，同成立后的1957—1961年两段时间来比较，在前一段时间六国工业增长了40％，而在后一段只增长了30％。以出口贸易来说，前一段时间增长57.2％，后一段只增长43.8％。即以增长最大的六国内部贸易来说，前一段时间的增长率为79.2％，也比后一段时间的66.2％大一些。这里还必须指出，六国的经济发展速度，在1962年是更加下降了。

我们并不否认，"共同市场"的成立，经济"一体化"的实行，对于六国经济的发展也起了一定的刺激作用，但并不是主要的作用，而且这种刺激作用也只是暂时的。六国在一定程度上打破了相互之间的国界限制，对内相互撤除了关税壁垒，对外开始建筑共同关税壁垒，当然，相互之间的贸易就会扩大一些，这在一定期间对于刺激生产发展也有一定的作用。同时，为了加强竞争能力，就不能不合并企业，淘汰效率较低的厂家，扩大效率较高的企业，并增加投资，特别是第一部类的投资，以革新设备，提高劳动生产率。这样一来，就可带动第二部类产品的暂时增加，增加就业，增加社会购买力，从而促进市场的暂时扩大。

但是，"一体化"的刺激作用究竟只能是暂时的、有一定限度的，它不能解决资本主义制度的内在矛盾，不能取消追求最高利润的资本主义制度的最高法则，不能打破生产资料私有制的框框，不能够消除生产能力无限扩大的倾向和有支付能力的消费相对缩小的矛盾，所以过了一段时间之后，这个矛盾又会以更尖锐的形式爆发出来。因为过了一段时间之后，生产力越发扩大了，市场越发容纳不了那么多的产品了，严重的生产过剩的危机又会出现。到了那个时候，为了保障最高利润，这个所谓"一体化"的"共同市场"，就将被迫更进一步加强对国内人民的超额剥削，更进一步加强六国内部相互之间的争夺，更进一步加强同其他帝国主义者争夺市场的斗争，更进一步加强对殖民地半殖民地的掠夺和剥削；甚至不能排除在这一系列疯狂的争夺战基础上发生军事冲突的可能性。

事实上，"共同市场"各国目前已经在开始发生生产过剩的情况了。开工不足的情况已经出现。西德已经感到生产设备的能力过剩，不少企业部门的生产已经开始下降；六国钢铁工业的生产已经下降；法国和西德汽车工业的设备利用率也开始降低。同时，大量解雇工人的现象也已发生。"共同市场"领导人之一马若兰就公开承认：六国经济"已达'繁荣'的末期"。

总之，国家垄断资本主义和所谓经济"一体化"的办法，并不是资本主义制度的续命汤，而是它垂死挣扎的表现。历史的发展已经、并将继续证明毛泽东同志关于帝国主义在一天天烂下去的英明论断的完全正确。

四　经济"一体化"实施的结果是加剧了而不是缓和了阶级矛盾

许多资产阶级经济学者公然宣扬说，"共同市场"成立、六国经济"一体化"之后，西欧工人阶级的生活和处境有所改善，因此，它不单只对资本家有好处，而且对工人阶级也有利。他们还公然宣称，西欧的阶级矛盾可以通过"一体化"而得到缓和。这些说法显然不符合事实。

表面看来，现在西欧国家（包括"共同市场"六国和英国）的工人阶级状况，在某些方面好像比过去有了一些改进。人们之所以得出这样的表面印象，主要是由于：（1）战后在这些国家中存在着比较充分的就业状态（其原因已在上面第三节中作了说明），许多妇女和儿童也参加了工作，同时工人经常加班加点；（2）赊购办法的普遍推行，工人大量预支了购买力；（3）垄断资本集团通过国家机器，采取了一系列的社会福利措施，来软化和收买工人阶级，缓和阶级斗争的形势。

实际上，西欧各国工人阶级贫困化的程度正在日益加深。这表现在下面一些情况上。

第一，生活费用不断上涨。据初步计算，自"共同市场"成立以来，西德物价上涨了14%，法国上涨了38%，意大利上涨了18%，荷兰上涨了23%。

第二，捐税负担奇重。据英国的材料，"共同市场"国家制造业工人一年缴纳的捐税占其工资的份额，西德为15.2%，荷兰为10.4%，比利时为6.9%；至于间接税还要更重。

第三，在"共同市场"成立之后，六国工人的实际工资提高得很少，而且远远落后于劳动生产率的增长；有的国家（如法国）不仅没有增加，反而还有下降。现在西德、英国、法国都借口对外贸易上的竞争太剧烈，都在提倡冻结工资，减低成本，对工人阶级的进攻不仅没有停止，反而有加强的趋势。根据罗马条约，"共同市场"各国还要统一工资和社会福利待遇，统一的结果，当然是高标准向低标准看齐。所以今后工资和社会福利还有减低的趋势。

第四，垄断资本集团为了减低成本，加强竞争能力，还通过生产合理化、自动化等方式大大地加强了对工人阶级的超额剥削。据最近材料，"共同市场"六国一般工业中，每个工人每年生产率的指数，如以1958年为100，则1961年西德增加到115，法国122，意大利128。垄断资本集团实行的"赶快制"大大提高了工人们的劳动强度。工人们的劳动日也是长的。

第五，劳动强度的大大提高使得职业病和未老先衰的情况在西欧工人中相当严重，现在资本主义国家工人超过 50 岁的就很难找到雇主。工伤事故空前增加，1959 年，法国的工伤事故有 200 多万起，西德 1961 年工伤事故达 300 万起，每天平均有 16 个工人因工伤事故死亡，意大利仅 1961 年上半年工伤事故便达 58 万起。

第六，"共同市场"各国的失业问题，这两年来已经开始转趋严重。原因是：一些工业部门因生产过剩而大量解雇工人；成千上万的中小企业倒闭；根据"共同市场"委员会副主席曼舒尔特的估计，在今后几年内，由于农业改组的结果，六国还将有 800 万中、小农民要破产。

第七，为了加强剥削，六国政府已在加紧向工人阶级和广大劳动人民的民主权利进攻，企图加强对他们的政治控制。例如，戴高乐在 1958 年上台后不久，就颁布了几百条各种各样的法令，来限制人民的权利；阿登纳政府正在准备通过所谓"紧急状态法"，进一步剥夺劳动人民的政治权利。

根据这些情况可以看出，西欧经济"一体化"的结果是加强了对工人阶级的剥削，而绝不是改善了工人阶级的生活状况。所谓经济"一体化"并没有能推翻马克思列宁主义关于无产阶级贫困化的理论，相反地，却更加证实了这个理论的生命力。那些拼命攻击马克思列宁主义这个理论为"庸俗"、为"宿命论"的人，是完全没有道理的。

正因为如此，"共同市场"六国以及西欧各国的阶级斗争正在加剧，它具有如下的几个特点。

第一，工人罢工的规模比以前扩大，次数比以前频繁。1959 年六国罢工人数已达 800 万人次，1960 年增加到 2080 万人次，

1961年又增加到3560万人次。连西德这样过去罢工比较沉寂的国家，现在也开始有了罢工。在六国之外，罢工运动现在还席卷了佛朗哥统治下的西班牙，这是值得注意的。

第二，农民群众的斗争也有很显著的发展。法国和意大利1961年曾经爆发了规模相当大的农民示威运动。

第三，广大群众斗争的政治性有了增强。有的是为了反对法西斯威胁，有的是为了反对垄断资本政权，有的是为了支持反对氢弹运动。不少非无产阶级的自由职业者、知识分子，乃至政府公务员都参加了罢工。这些现象充分说明，所谓西欧经济"一体化"，是为广泛地团结所有反垄断资本的力量共同斗争创造着条件。西欧的阶级斗争并没有因所谓"一体化"的实行而趋于衰退，恰恰相反，斗争是更加激烈了。

为了取得斗争的胜利，工人阶级应该利用有利的形势，坚决支持农民、其他劳动人民以及城市中、小资产阶级的正义要求，同他们团结起来，组成最广泛的统一战线，共同进行政治和经济斗争，不断揭露和打击垄断资本，为推翻垄断资本的统治创造条件。工人阶级在斗争中特别需要大力支持农民运动、结成巩固的工农联盟。马克思列宁主义者从来就把资本主义国家内的农民斗争看作是资本主义国家无产阶级革命的伟大的直接同盟军。马克思在谈到农民同盟军问题对德国无产阶级解放的重要性的时候，曾经在1856年提出这样的希望："德国的全部问题将取决于是否有可能由某种再版的农民战争来支持无产阶级革命。"[①]列宁也一再强调农民同盟军对无产阶级解放的重要性。毛泽东同志在中国革命的实践中具体地、成功地解决了农民问题，因而保证了伟大

---

① 《马克思致恩格斯》，《马克思恩格斯选集》第四卷，人民出版社1972年版，第334页。

的中国革命的胜利。那些看不起农民运动，认为农民落后，"容易被小资产阶级政党和法西斯政党利用"，因而不在农民群众中开展工作，不主张无产阶级政党应该积极支持和领导农民斗争的看法和做法，都是违背马克思列宁主义的。

在当前阶级斗争日益剧烈地进行着的时候，必须警惕和揭露各种麻痹工人阶级思想的阴谋和所谓"阶级合作"的政策。现在，国际垄断资产阶级吹嘘什么"人民资本主义"，提倡什么"劳资共同管理"，鼓吹什么"和平转变到社会主义"等等，企图使各国工人阶级接受改良主义。同时，在国际工人运动中也出现了一些论调，说什么在帝国主义国家内，无须粉碎资产阶级的国家机器、从根本上改变政权的性质，只要工人阶级及其组织（工会等）参与制定垄断资本的所谓"经济计划"，就有可能改变这种"计划"的发展方向，使它有利于工人阶级，从而达到限制垄断组织权利、实现深刻社会经济改革的目的。这些散布阶级合作的幻想的论调显然是错误的、有害的，是适合垄断资产阶级的要求的。凡是真正站在工人阶级立场上、坚决维护工人阶级利益的人，都应该反对这些观点，坚决同这些危害革命利益的观点进行斗争。

五　被压迫民族和被压迫人民反对新老殖民主义的斗争正在走向新的高涨

资产阶级的代言人胡说什么现代帝国主义的新现象是：绝大部分的殖民地都独立了，因而世界上已经没有多少殖民主义好反了。他们说，帝国主义现在所希望获得的是能够接受大量制成品的发达的工业国家的大市场，已经不像过去那样需要殖民地了，因而它们也用不着进行争夺殖民地和"不发达地区"的斗争了。

这些都是睁着眼睛说瞎话，完全不顾事实。事实是，第二次世界大战后帝国主义对殖民地和"不发达地区"的压榨和剥削比过去更加厉害，它们之间在这一地带争夺势力范围的斗争已经达到战后以来空前激烈的程度。事实证明，帝国主义是既要抢夺工业发达国家的市场，也要抢夺殖民地国家的市场的。这两个市场，对于帝国主义来说，都是必要的。

战后殖民主义的第一个值得注意的现象是，由于殖民地人民争取民族解放的斗争的高涨，帝国主义被迫在继续使用旧殖民主义手法（直接的政治经济控制与残酷的军事镇压）以维持其统治的同时，更多地使用所谓新殖民主义的手法，来建立或保持自己在"不发达地区"的旧有势力范围。

所谓新殖民主义手法，就是在形式上给予殖民地以政治独立，而在实际上则加强经济、政治、军事控制。现在，全世界的"不发达"国家和地区，大多数虽然已在战后获得了政治独立，但是，它们的经济仍然受着外国垄断资本的控制，帝国主义正在采取各种各样的办法加紧对这些国家和地区的控制。美国主要是靠组织军事集团、建立军事基地、派出"和平队"、收买当地上层分子、搞什么"粮食用于和平计划"、大量输出资本来维持自己的传统势力范围（如拉丁美洲、菲律宾等），并扩张新的势力范围。英国主要是靠英国训练的大批土著文官、帝国主义特惠关税制度、英镑区机构以及大量资本输出，来巩固自己的联邦和殖民地体系。法国则主要靠建立"法兰西共同体"、同当地民族资产阶级上层人物密切合作以及大规模资本输出，来维系所谓法郎区的稳定；目前更企图通过所谓"共同市场联系国制度"，把"法兰西共同体"进一步束缚得紧些，使参加"共同体"的国家和其他"不发达国家"分离开来，对没有参加"共同市场"的亚洲、非洲及拉丁美洲的一些"不发达国家"则施加压力，进行新的渗透活动。

不论是美国的关税法案也好，英国的"帝国特惠制"也好，法国的"共同市场联系国制度"也好，表面上都好像是为自己势力范围内的"不发达国家"的产品保证销路，但是，实际上得到好处的，还是那些控制着原殖民地种植园、矿山、油井的欧美殖民主义者。而且，这些办法正是为了使"不发达国家"继续片面地保持和发展原有的单一作物经济，使它们永远保持作为欧美殖民主义者原料供应基地和商品销售市场的身份，使它们继续保持对于原来宗主国的依赖。这些都表明，帝国主义对殖民地仍然是继续有着迫切需要的。这就是为什么它们在迫不得已的情况下，可以在政治形式上对殖民地作些让步（例如给予独立或自治），而在实质上却必须确保继续控制的原因。

正因为这样，越来越多的"不发达国家"懂得了新殖民主义的实质，就是以政治、经济、社会、军事或技术手段实行间接而狡猾的统治，并且把它看成是目前威胁它们的最大危险。

列宁很早就曾警告说，殖民统治可以在政治独立这种骗人的形式下存在，因此，"必须向一切国家、特别是落后国家的最广大的劳动群众不断地说明和揭露帝国主义列强一贯实行的欺骗政策，帝国主义列强打着建立政治上独立的国家的幌子，来建立在经济、财政和军事方面都完全依赖于它们的国家"[1]。这段话在今天还是完全适用的。

战后殖民主义的第二个值得注意的现象是，帝国主义对"不发达国家"的剥削越来越沉重。根据一些学者的估计，近年来"不发达国家"每年受帝国主义掠夺和剥削的损失超过了 200 亿

---

[1] 列宁：《民族和殖民地问题提纲初稿》，《列宁全集》第 31 卷，人民出版社 1958 年版，第 130 页。

美元。1958—1961 年之间，每年从"不发达国家"汇回美国的私人投资收益达 15 亿美元左右，而同期美国在这一地区的直接私人投资（包括利润再投资）仅为 7.7 亿美元。这样巨额的经济和财政的剥削，不能不说是惊人的。此外，由于以美国为首的帝国主义国家长期压低初级产品和工业原料的价格，提高工业品价格的结果，"不发达国家"从不等价交换中所受到的剥削大大加重。根据《金融时报》计算的物价指数，原料价格 1961 年底比 1952 年降低了 23%，同时，主要资本主义国家出口的工业成品的世界市场价格却上升了 10%。这个剪刀差还有继续扩大的趋势。与此同时，"不发达国家"每年还要对帝国主义国家的私人投资和政府的经济"援助"、贷款等，付出越来越多的利息、利润和还本。上面这些沉重的剥削大大削弱了"不发达国家"的进口能力，并使得这一地带的广大人民日益贫困化。

战后殖民主义的第三个值得注意的现象是，新老殖民主义者在殖民地和"不发达国家"地区争夺势力范围的斗争达到了白热化的程度。帝国主义国家正在酝酿着重新瓜分殖民地和"不发达国家"的斗争。

战后十几年来，美国垄断资本一直凭借它的经济优势，打着"反殖民主义"的幌子，向亚、澳、非三洲的英、法势力范围渗透。它已经排挤了不少英、法的势力。1950 年美国对英镑区的投资，占英国对该区投资的 13.5%；1960 年即增加到 28.8%。在美帝国主义的排挤下，西欧几个主要资本主义国家对"不发达地区"的出口贸易，自 1959 年以来，即趋缓慢，迄今没有多大的好转。最近美国提出"大西洋共同体"的计划，其目的之一就是想把英联邦和"共同市场"都套进为美国所主宰的经济体系中去，以便于美国垄断资本向英、法的殖民地和势力范围进行更大的扩张活动。它要英国参加"共同市场"的目的之一也就是要瓦解英联邦，以便由美国来接收英国的遗产。

在这种情况下，势必加剧英、法等老殖民主义者同美帝国主义之间的矛盾。它们在东南亚、在西亚、在非洲的斗争十分尖锐。特别是在刚果，已经发展到了公开火并的地步。两年来，以英、法、比等老殖民主义者为后台的加丹加独裁者冲伯，同美国的侵略工具"联合国军"，连续发生了三次武装冲突，斗争激烈的程度可以概见。

除美国之外，目前西德也在利用各种机会，渗入拉丁美洲及亚非地区。西德最近两年计划通过所谓"援助"向殖民地附属国地带输出的资本，3/5 在亚洲，1/5 在非洲，1/7 到 1/6 在拉丁美洲，就是最好的说明。西德垄断资本与美国垄断资本在拉丁美洲地区的矛盾已经开始尖锐起来。法国和西德一方面在"共同市场"的范围内互相利用，来剥削非洲的前法属殖民地；但另一方面，法国对西德过多渗入它的前殖民地的企图却防范得异常严密。近几年来，西德输往这些"共同市场"非洲联系国的货物，只占西德出口总额的 0.5%，而西德从这些国家的进口也只占西德进口总额的 1%。由于这种情况，西德已经表示不愿多摊"共同市场的非洲开发基金"，而想单干。西德已经着手同一些前法属殖民地的"共同市场"联系国签订了经济合作和技术"援助"协定，结果引起了法国垄断资本的深刻不安和不满。

为了对付"共同市场"在殖民地和"不发达国家地带"的活动，其他帝国主义国家都在纷纷策动筹组各自的殖民地附属国经济集团，以与"共同市场"的联系国集团对抗。在美国幕后策动之下，拉丁美洲就出现了两个区域性的经济集团：一个是包括洪都拉斯、萨尔瓦多、尼加拉瓜和危地马拉的中美洲关税同盟；另一个是包括阿根廷、巴西、智利、墨西哥、乌拉圭、巴拉圭、秘鲁、哥伦比亚、厄瓜多尔九国的拉丁美洲自由贸易协会。在英、法默许之下，非洲蒙罗维亚会议成员国（包括尼日利亚、利比里亚、塞内加尔等20国）在1961年7月决定成立关税同盟，建立共同关税，要定出促进贸易、开发经济的统一政策。在亚洲，日本野心勃勃，也想建立太平洋与亚洲经济集团。所有这些，都证明帝国主义者重新瓜分殖民地附属国的问题，现在又提上日程了。这将使帝国主义的矛盾更加尖锐化。

"不发达国家"正在受着帝国主义空前残酷的剥削，同时又是目前帝国主义者在重新分割"不发达国家地带"的残酷斗争中被宰割的对象。它们是不会默默无声地听凭帝国主义者任意宰割的，它们已经起来进行坚决的反抗，力争保卫自己的权利。这就是为什么这些国家对于帝国主义国家所组织的国家集团反感如此之大的原因。这也就是为什么他们当中的某些人也纷纷提出不要任何帝国主义的支持，而要完全由"不发达国家"自己团结合作，组织经济集团来抵抗帝国主义经济集团的原因。

总之，不论是已经取得某种程度独立的民族主义国家，或者是尚未独立的殖民地国家，它们同帝国主义的矛盾仍是主要矛盾。它们同以美国为首的帝国主义集团的矛盾是不可调和的。它们的民族革命任务还远未完成。它们今后的主要任务仍是要继续同新老殖民主义的奴役和统治进行斗争，争取彻底的解放，发展独立的民族经济。

事实上，亚洲、非洲、拉丁美洲被压迫民族和被压迫人民的政治觉悟日益提高。他们把反对帝国主义的扩张和侵略，反对新老殖民主义的斗争，继续当作自己第一位的、最迫切的任务。这几年来，这些地区的民族解放斗争，以雷霆万钧之势，继续高涨。在亚洲，南朝鲜、日本、越南南方和老挝等地，遍燃着反对美帝国主义侵略的烽火，文莱人民掀起了反对英帝国主义的武装起义。亚洲人民要求一切帝国主义的侵略势力从亚洲滚出去。在非洲，反对新老殖民主义、争取民族独立的斗争普遍开展。从1960年到现在，23个国家已经赢得了独立；特别是阿尔及利亚人民，经过七年多的武装斗争，取得了民族解放的伟大胜利。现在，已经获得独立地位的非洲国家和人民，正在为保卫主权、巩固独立而继续斗争；还没有取得独立地位的非洲国家和人民，正在为实现独立而坚决战斗。在拉丁美洲，古巴人民经过武装斗争推翻了美帝国主义及其走狗巴蒂斯塔的反动统治，并且走上了社会主义的道路。整个拉丁美洲广大群众日益革命化，各阶层人民在反对美帝国主义的奴役和反对本国反动统治阶级的剥削和压迫的爱国民主斗争中组成的统一战线和统一行动越来越扩大，斗争的声势比过去更见浩大。这些情况说明，以美国为首的帝国主义加重对这些地区大多数国家的侵略、压迫、剥削和掠夺，只能使它们同这些地区的人民的矛盾更加尖锐化，并且激起这些地区的人民的更大的反抗和斗争。亚洲、非洲和拉丁美洲是目前世界革命风暴的主要源泉，世界上任何反动力量也不能够阻挡这个地区革命斗争的发展。

以上五个问题，都是牵涉到现代帝国主义的根本问题，既是理论问题，也是具有重大意义的实际斗争问题。必须正确地、创造性地运用马克思列宁主义关于阶级斗争和革命的根本原理来研究、认识这些问题，分析帝国主义矛盾发展中的这些最新现象，认清帝国主义的本质。这对于确定对帝国主义斗争的战略和策略，推动世界人民反对帝国主义、争取世界和平、民族独立、民主和社会主义的斗争的进一步发展，有着十分巨大的意义。

（原载《红旗》1963年第5期）

对当前资本主义经济危机的一些初步看法

  自 1973 年 11 月开始的美国第六次经济危机，已经进行了整整一年，目前还在继续深化中。它的影响已经波及整个资本主义世界，使几个资本主义工业大国同时发生了程度不同的经济危机。这种所有资本主义工业大国同时发生经济危机的现象，自 1929—1933 年大危机以来还是第一次出现，因而引起了资本主义世界普遍的惊惶和不安。大家都在问：1929—1933 年那种大恐慌的情况，是否会在今天重新出现？

  实际上，二次大战以后的资本主义经济危机，本质上仍然是马克思所说的周期性地发生的工业生产过剩的危机，仍然是马克思所说的资本主义社会内在基本矛盾，即生产社会化和资本主义私人占有形式之间的矛盾的结果。只是由于许多复杂因素的作用，战后资本主义经济危机表现的形式同战前有很大的不同。1929—1933 年那种形式的经济危机的爆发，看来在今天以及今后似乎不会重现了。原因在于，战前的资本主义经济危机，只是单纯的生产过剩危机，而战后的经济危机则是生产过剩加通货膨胀的并发症的危机。

  这里拟就战后资本主义经济危机的特点、产生这些特点的原因、这次经济危机的情况和它的发展趋势以及现阶段资本主义总危机的深化这几个方面，试作初步分析如后。

战后资本主义经济危机不同于战前的特点

战后迄今，几个资本主义工业大国都发生过好几次经济危机。由于各国内部具体条件的不同，以及采取所谓"反危机措施"的程度（不是内容，内容基本上是一样的）上的不同，这些危机不是同时发生的。这个国家发生下降时，那个国家却在高涨；那个国家繁荣时，这个国家却在衰退。在这里，可以用美国战后几次经济危机的情况为例，来说明整个资本主义世界战后经济危机不同于战前危机的一些特点，因为美国是战后资本主义世界最强大的工业国，而且这一次的世界性经济危机又是从美国开始的。

战后，美国一共发生过六次经济危机（包括这一次在内），其基本情况，可以简述如下表：

次数	危机年份	危机相隔时间	工业生产情况				全失业人数（万）	制造业开工最低记录	消费物价指数（1967年=100）	消费信贷额（亿美元）
			最高点	最低点	下降幅度	下降期月数				
1	1948—1949		1948.10	1949.7	-10.5%	9	410	82%	71.4	173
2	1953—1954	4年6个月	1953.5	1954.3	-10.2%	10	370	82%	81.5	324
3	1957—1958	3年7个月	1956.12	1958.4	-14.3%	16	520	76%	86.6	455
4	1960—1961	3年1个月	1960.1	1961.1	-8.1%	12	571	79%	89.6	571
5	1969—1970	8年6个月	1969.7	1970.11	-8.0%	16	350	72%	116.3	1268
6	1973	2年11个月	1973.7							1732*

* 1973年9月数字。

从这个表可以看出，战后美国经济危机出现的形式，同战前的经济危机（包括 1929—1933 年大危机）比较，是有其本身的特点的。

第一，周期缩短，危机频繁。战前平均每十年发生一次经济危机，战后平均每五年发生一次。但是，从具体情况看，除 1961—1968 年这一期间，由于美国几届政府把美国自己卷入越南战争，形成一次长达八年的、持久的"战争景气"之外，其余几次危机相隔的时间都不到五年，最长的一次是四年六个月，最短的一次还不到三年。

第二，危机表现的形式比较缓和，是一种慢性病的形式，而不是战前那样急性病的形式。表面上看来，战后历次危机，包括到现在为止的这一（第六）次危机的情况在内，工业生产下降的幅度都不太大，最大的是 1957—1958 年的一次，下降也只有 14.3%。失业人数不到危险的边缘，一般只有 500 万人左右，为就业人口的 5%弱（西欧、日本情况更轻，战后历次危机，失业人数从来没有超过就业人口的 3%）。持续的时间不长，一般都在 16 个月以内。这是一方面。另一方面，战后几次危机，特别自 1957—1958 年那次以来，生产最低点过去后，恢复比较慢，危机与萧条阶段比较长，如果不用国家的力量来刺激、支持，特别是发动战争这样的刺激、支持，就很不容易克服。

第三，农业生产过剩的危机是长期慢性的。多少年来，一直需要国家的津贴来支持。这也与战前大不相同。

第四，尤其重要的是危机表现形式的严重歪曲。与战前情况完全相反，危机发生期间，物价不是下跌而是上涨，公私债务不是减少而是增加（消费信贷尤其如此）。这个十分特殊的"滞胀"现象，可以说是战后资本主义经济危机和战前资本主义经济危机（包括 1929—1933 年大危机）在表现形式上的根本不同点。即：

战后资本主义经济危机是在通货膨胀的条件下发生的，现在已经开始走上了生产过剩危机越来越严重、通货膨胀危机越来越恶化，两种病症混合在一起，同时爆发的道路。

美国战后经济危机的这几个主要特点，也就是所有其他资本主义工业大国战后经济危机的几个主要特点。

影响战后资本主义经济危机发展的诸因素

战后资本主义经济危机发展之所以发生上述这些重大变化，是因为战后资本主义工业国家的经济政策有了新的发展。由于害怕战后重新出现 1929—1933 年那样的大危机，特别是害怕危机所引起的政治后果，各资本主义主要工业大国都采取了一套新的经济政策。用最简单的语言来说，这个政策的内容就是，用人为的刺激来扩大再生产。

第一，实行所谓"增长政策"。战后，几个资本主义工业大国采取了一些措施来促进各自工业的增长。

——美国首先实行所谓"折旧加速法"和"新设备投资减免税法"来促进固定资本的更新与扩大，以便进一步扩大再生产。美国垄断集团根据这些"法案"，把固定资本更新的周期缩短为平均五年左右，与马克思时代固定资本更新的周期要十年以上的时间相比，缩短了一半。其他几个资本主义工业大国立即起而效尤。这样做的结果，就使得战后由于固定资本更新与扩大而形成的经济周期中的上升阶段的期限相应缩短，每年需要增加的固定资本投资额（所谓"企业资本支出"）则相应增多。所以，战后的资本主义工业大国只要固定资本的投资稍有减少，生产就会下降，发生周期性的危机。另一方面，由于每年企业要作大量的资本支出，就必然引起通货膨胀速度的增加。

——国家购买物资与劳务支出的比重越来越大，目前已占美国国民生产总值的近 1/4；政府开支在国民总收入中的比重已由 1929 年的 12% 上升到 1973 年的 39%。在其他几个资本主义工业大国中，情况也不相上下，不过形式上却是采取"国有化企业"或"半国有化企业"的形式。这说明在战后资本主义工业大国的再生产过程中，依赖国家财政力量来支持的比重越来越大。这种支持稍有削减，立即就要发生危机。同时，国家的负担过重，就不能不乞灵赤字财政，靠通货膨胀来解决问题。

——美国及北大西洋公约国家实行国民经济军事化，促使同军事生产直接或间接有关的科学、技术和工业部门大大发展起来，从而兴起了一些新工业部门，并在一定程度上带动某些旧工业部门也大大发展。但是，筹措军事预算也需要依靠赤字财政，最后是依靠通货膨胀。

由于以上原因，几个资本主义工业大国战后经济都确实有很大增长，可是，这种增长却是以不断的人为刺激，即日益积聚起来的通货膨胀为代价的。以美国为例，战后美国的财政赤字累计已达 1670 多亿美元，国家发行的公债已达 4280 亿美元，货币流通额 1970 年比 1945 年增加了 165%。拿 1973 年与 1960 年相比，国债增加了 1911 亿美元，货币供应量增加了 1.84 倍，年通货膨胀率达 12.2%。

第二，实行所谓"扩大有效需求政策"。虽然几个资本主义大国战后的生产力有很大的发展，可是人民的购买力却增加得不多，因而就不得不千方百计设法扩大购买力。其主要方法是靠扩大信贷（包括抵押信贷）。美国的消费信贷总额在 1948 年还只有 144 亿美元，仅仅经过了 22 年，到 1970 年就已扩大了近十倍，达到 1300 多亿美元的水平。至于抵押债务，它的累计额已经大大超过了各种消费信贷的总和。这说明，战后美国的扩大再生产过程，在很大程度上依赖于预支社会的未来收入，即所谓"寅吃卯粮"。这种"扩大有效需求"的办法虽然对于消纳工农业产品、缓和过剩危机能起某种作用，但是它也大大地加剧了通货膨胀。这种情况在几个资本主义工业大国里基本上是一样的。

除了这些资本主义经济内部的变化之外，还有一些外部因素也应该指出。

第一，战后资本主义经济危机之所以能呈现较缓和的形式，一个很重要的原因是由于加重了对发展中国家的剥削，部分地转嫁了危机。它们所采取的手段是，加剧原料价格同工业品价格之间的剪刀差，从发展中国家里汇回巨额利润，大量向发展中国家出售军火牟利，利用廉价原料和人力在发展中国家设厂等等。其结果，工业国愈富，发展中国家就愈贫。

第二，战后资本主义世界经济体制也有助于危机表现形式的缓和，但同时也加剧了通货膨胀的世界性发展。这个体制的两大支柱是关税及贸易总协定和世界货币基金。前者规定了贸易的自由化，后者规定了金汇兑本位制，使美元得以泛滥于整个资本主义世界。通过这两者，资本主义世界中经济力量最强大的美国就可以把自己的生产过剩危机和通货膨胀危机输出于整个资本主义世界。

第三，苏联东欧集团的参与。最近十多年来，苏联东欧集团正在越来越多地参与资本主义世界的经济进程，已经日益同资本主义世界打成一片，成为资本主义世界市场的一个组成部分。它们公开表示要搞新的"国际分工"，要使它们的对外经济关系和本国国民经济同资本主义世界经济体系"融合起来"的愿望。整个苏联东欧集团对资本主义世界的贸易总额已经从1954年的2.5亿美元增长到1971年的25亿美元，扩大了十倍。这对缓和资本主义世界的经济危机起了一定的作用，但是同时，也输入了经济危机和通货膨胀。像失业、劳动力出国做工、消费品卖不出去等等现象，在保、波、捷、匈等国都是存在的。只是由于各种因素，危机还没有严重爆发而已。苏联因为实行大规模的扩军备战，国内又有大规模的建筑计划，有剥削经互会成员来养肥自己的特殊条件，有剥削发展中国家原料的种种手段，所以经济危机和通货膨胀危机的表现情况都比较缓和，但是，危机是肯定有的。

人为刺激的效用快到尽头，同时通货膨胀越来越严重

以上这些因素，对于缓和战后资本主义经济危机的下降阶段的表现形式是起了一定作用的。不过，近十年来的情况说明，这种作用已经快到尽头了，与此同时，通货膨胀的危害性却日益严重起来。

人为刺激虽然的确缓和、歪曲了战后资本主义经济危机的表现形式，却无法解决资本主义社会中固有的基本矛盾，即生产社会化和资本主义私人占有形式之间的矛盾，也就是说不能消除产生生产过剩危机的根本原因。恰恰相反，它把这个矛盾弄得更加深刻、更加尖锐。生产力越增长，消费力越跟不上，两者之间的距离也就越来越大。刺激再大、再多，产品销不出去，这个刺激也就起不了作用。尽管花了那么多投资来刺激，但战后美国工业开工率一般仍然只有85%左右，其余的总是闲置，这就说明人为刺激的限度。

扩大消费信贷也是一样。这种扩大也是有限度的。信贷不能超出消费者的收入太多。信贷也不能不偿还。这些都会对消费需求产生抑制的效果。

　　战前发生经济危机时，由于物价暴跌，企业破产倒闭，这对于资本主义社会来说，在客观上还能起一种强制地使社会生产规模与社会消费能力互相适应起来的作用。战后危机中，除了一些中小企业破产之外，大的垄断组织统统运用降低开工率来适应缩小了的社会购买力，同时维持甚至提高产品的垄断价格，以获取最高利润。这样，危机就不能对社会生产力和社会消费力之间的矛盾作暂时的解决，而只是把它推迟、缓和一下。也就是说，几个资本主义工业大国政府，用财政手段把原来可以通过物价下跌、企业倒闭、工人失业等经济危机正常现象使资本主义社会基本矛盾获得"暂时的、暴力的解决"的"泄气口"（马克思语）堵塞了，堵塞的时间越久，未来的灾害也就越大越可怕。

　　20多年来，借助于赤字财政，实行所谓"有计划的通货膨胀"来刺激生产、扩大再生产过程的办法，是充满了危险的。通货膨胀在开始时确实是慢性的、多少受到控制的。在那种情况下，由于加强了对工人和对一般人民的剥削，增加了公司的利润，所以在一定限度内还能对生产的畸形发展起到某些刺激作用。但是，通货膨胀的发展有它自己的规律，就是越膨胀越要膨胀得快、越要膨胀得多，很难刹车，结果必然会从慢性膨胀逐步走上恶性膨胀的道路。以美国为例，仅仅从 1965 年到 1973 年，美国的货币供应量就从 4630 亿美元增长到 9000 亿美元（这还不包括活期存款在内），即其明证。一到恶性膨胀的程度，就必然会破坏生产，破坏人民生活，引起社会不安，产生严重的政治后果。目前美国的通货膨胀率已经发展到两位数，虽然离恶性通货膨胀还有一段距离，也比其他几个资本主义工业国略好（但不如西德），可是，也快临到危险的边缘了，因为，即使像今天这样的通货膨胀速度，也已经对触发和恶化美国第六次经济危机起了相当重大的作用。其他几个资本主义工业大国的情况亦复如此。

战后 20 年来，各资本主义工业大国每次发生经济危机，都向第三世界转嫁。现在这样做的困难越来越大了。继石油输出国组织起来之后，许多原材料生产国也在组织起来，为制止工业大国随便压价而进行了斗争。许多工业先进国对阿拉伯产油国的收支平衡，在一年之中由顺差一变而为巨额逆差。帝国主义再想向发展中国家转嫁危机和输出通货膨胀，就会遇到极大的阻力。

根据二次大战期间建立的资本主义世界货币体系，黄金与美元等价使用。所以 20 多年来，美国一直在直接输出美元，把它的通货膨胀危机转嫁给其他资本主义工业大国。通货膨胀之所以变成世界性的，这是主要原因之一。现在，由于美元信用的大大动摇，它的霸权地位已经破灭，各主要工业大国对美元都已实行了浮动汇率，美国向其他工业大国输出通货膨胀的条件已经不复存在。再加上欧洲各国对所谓"欧洲美元市场"已开始密切监视，所以美国如果还要继续大搞通货膨胀，那就只有自己害自己。至于通过对外贸易输出危机，由于所有的工业先进国家现在都陷于不同程度的衰退之中，都力图减少进口、增加出口，在一个时期之内，国际贸易恐怕不会有什么发展，所以也不容易。

对苏联东欧集团的贸易，虽然还有扩大的宽广余地，但是苏联政治上的要价太高，同时在资本主义工业大国内部也有许多复杂的政治经济因素起着作用，因而一时也不容易扩大多少。

总起来看，战后 20 多年来，资本主义工业大国，特别是美国所实行的一套用通货膨胀来刺激生产、避免危机的办法，就仿佛一个患癌症的人为了止痛而打吗啡针一样，打针后，癌痛是暂时止住了一下，可是癌症仍在继续恶化，同时吗啡针越打就越要增加剂量，到了某个时候，吗啡中毒与癌细胞大扩散同时并发，病人也就完了。

美国第六次危机的情况和发展的趋势

美国当前的这次危机（第六次危机）就是在上述人为刺激的效用已经快到尽头，通货膨胀又越来越严重的情况下发生的。它之所以引起资本主义世界的焦虑，原因即在于此。

1972—1973年，所有的几个资本主义工业大国都大大加强了企业的资本支出和新的投资，结果形成了普遍的"繁荣"。以美国而论，1973年一年美国的企业资本支出就超过1000亿美元，是二次大战以来按现行价格计算，美国企业资本支出增加得最多的一年。可是，即使花了这么多钱来刺激，美国制造业平均开工率在1973年7月生产活动最高峰时仍然仅有87%左右。9月份就开始停滞，10月份开始下降，11月份下降到86%，到1974年第三季度已经下降到82%左右。这说明美国的生产力已经如此过剩，刺激已不起作用，即使再加强刺激，也避免不了开工率的持续普遍下降。美国如此，其他几个资本主义工业大国情况也是这样。

1973年，所有的资本主义大国都出现信贷过度扩大、通货膨胀过多的情况。仍以美国为例，1973年9月，仅消费信贷的总额就已膨胀到1732亿美元，可是商业存货却仍然高达2087亿美元。可见，美国人民欠了那么多的债，也还是买不了那么多的存货。其他资本主义工业大国也有同样的情况。

发展中国家在原材料供应和价格问题上对帝国主义工业大国开展的严肃斗争，特别是阿拉伯国家在石油禁运和价格上的斗争，恰恰在这个时候尖锐爆发，这就大大促进了这些工业大国（包括美国）通货膨胀的加速和生产过剩危机的恶化。

目前包括美国在内的资本主义世界经济危机，越来越明显地呈现出生产过剩和通货膨胀并发症的特征。在战后前几次经济危机中，本来也都具有这种并发症的若干特征，不过都没有这次这么明显、突出。

这次危机虽然性质是很严重的，但就美国的情况而论，根据一些因素来看，似乎还不至于发展到真正危险的地步。这些因素是：

——这次工业部门危机的发展很不平衡。生产过剩危机最严重的是在建筑、汽车、钢铁等支持美国经济的三大工业。而在另一些工业部门，主要如军火工业、宇航工业、塑料工业、燃料工业，却感到生产不足，还需要大量增产。由于这种不平衡情况的存在，就使得美国整个工业生产平均指数的下降幅度不那么大（迄今只下降不到3%—4%），工人失业不那么多（迄今只有550万人左右）。

——目前美国的农业情况值得充分注意。过去，美国农业的基本情况一直是处在慢性的生产过剩危机之中，政府甚至需要为鼓励人们减少耕作面积而发给津贴。可是，这一年来情况有很大变化。由于气候恶劣影响到收成，由于苏联东欧集团历年的大量购买，由于美国多年来尽量使用粮食作为政治武器，最近美国粮食库存已经剩余不多。政府开始鼓励人们多种多收。这对支持工业生产也会起一定程度的有利作用。

——阿拉伯人石油斗争的主要吃亏者是西欧、日本。美国当然也吃了不小的亏，但不如欧洲、日本那么大。特别是美国的石油垄断集团混水摸鱼，从石油提价中捞了大笔油水，这样就使美国现在在国际收支上处于比西欧、日本较为有利的地位，美元的信用也较过去有了较多的改善，这对缓和美国的通货膨胀危机有一定的好处。

——从尼克松到福特，这一年多来一直实行着互相矛盾的政策。他们一方面继续大搞扩军备战，继续支持一些周转不灵的企业（如泛美航空公司），这些措施是促进通货膨胀的；另一方面又实行提高银行利率、抽紧银根、收缩信用和通货的政策。这两种互相矛盾的做法同时进行，显然根本不是为了阻止通货膨胀的发展，而只是为了对通货膨胀的急剧发展多少起一点抑制作用。

总括上述有利和不利两方面的情况，我们认为，美国第六次危机是比前五次更沉重的"沉疴"，就仿佛已经进入第三期肺病的病人，一时还死不了，可是在持续时间上可能要比过去五次拖得更长些，克服起来更困难些。工业生产下降到最低点还需要一个时期，而由最低点再转向复苏也不会快。1975 年肯定是资本主义经济危机年。如果 1975 年搞得好的话，1976 年可能开始慢慢好转；如果搞得不好，可能还得再拖下去。至于是否会发生像 1934—1938 年那样的"特种萧条"，还待继续观察。

美国的发展情况，对其他一些资本主义工业大国将有决定性的影响。它们在 1972—1973 年同美国一道进入"繁荣"阶段，1973—1974 年又同美国一道进入不同程度衰退或停滞的危机阶段。它们同美国是互相影响的关系，而美国对它们的影响却是决定性的。

所有的资本主义工业大国，包括美国在内，正在千方百计地寻找某种有效办法，既要控制住通货膨胀，又要防止经济危机发展。这是很微妙、很难搞的事。因为控制通货膨胀太甚，就会引起生产萎缩，失业增加，导致极严重的政治后果；继续通货膨胀，一旦变成恶性，也要破坏经济，同样导致极严重的后果。因此，迄今为止，还没有看见它们拿出什么好办法来。目前采取的一切办法都只是头痛医头、脚痛医脚的办法。它们目前正处在左右为难、一筹莫展的状态中。

这次危机的后果——资本主义总危机加深

1. 由于经济危机和通货膨胀的发展，各资本主义工业国家内部及各垄断集团之间的利害冲突都在加剧。在争取国家财政支持上，主要是分赃不均的争吵；在应付目前危机的问题上，则是究竟立即采取制止通货膨胀措施为好，还是继续加强人为刺激、加强反危机措施为好的争论。这些争吵有时也能妥协下来，但是，每次妥协之后接着又爆发更猛烈的争吵。这种牵涉到各自切身利益的你死我活的斗争，必然要反映到政治上来，使整个资本主义世界，从美国到日本，从西班牙到澳洲，都呈现政治上极度动荡不安的情况。例如在美国，阿格纽、尼克松的被迫下台，这次国会中期选举中共和党的失势，洛克菲勒副总统提名的极不顺当，《纽约时报》讽刺福特辞职等等，都是国内政治极度动荡的证明。从总的趋势看，今后包括美国在内的资本主义国家的政治，不能排除某种政变（例如领导人被暗杀）的可能性。

2. 几个资本主义工业国家内部的劳资斗争和社会不安，今后将更趋激烈。这些国家的修字号共产党在苏联的鼓励下，将会利用经济危机和通货膨胀所造成的这种情况，更加紧地推行它们的所谓"通过左翼政党联盟、和平夺取政权"的策略。葡萄牙已经出现了葡共参加政府的事例。意大利极有可能出现意共和社会党及其他"左翼政党"合作夺取议会和政府的形势。法共、日共也在积极活动，走同一道路。与此同时，新的法西斯专政可能出现的问题也已经提上了日程。今后资本主义工业大国的阶级斗争形势将会有更大的变化。

3. 资本主义工业国家之间，如前所述，互相转嫁危机的余地已经大大缩小了。可是余地越小，损人利己、互相倾轧的行动就越猛烈。国际贸易将缩小；国际货币制度将更加动荡；美国与其西欧盟国及日本间的全面经济斗争将更加发展。当前斗争的中心，是美国力图利用它从石油斗争中获得的对其余资本主义工业大国的暂时相对优势的地位，重建一个新的有利于继续维持美元霸权和美国经济霸权的新世界经济体系，而西欧和日本则坚决抵抗。今后资本主义世界内部各国重新组合的情况，例如美、日、法、德之间的对立与合作关系的变化，将有新的发展，值得注意。

4. 西欧共同体的进一步推动，如欧洲货币联盟、政治统一，将遇到很大困难。法德在欧洲争夺政治经济领导权的斗争也将激化。法德为了政治和经济的原因，将分别对美继续执行一边对抗、一边对话的政策。

5. 日本由于在原料问题上依赖于发展中国家的程度太大，在同发展中国家进行原料斗争的问题上，不能采取同美国相同的办法。它对美国主张建立原料消费国同盟的建议不会热心。日美之间在贸易、货币等问题上的剧烈冲突，虽有缓和，仍然存在。这些都不能不反映到日美政治关系上来。日本对美国的独立性今后将更加发展。随着经济危机的日趋严重，日本向东南亚、中东的进出口将日益加强。

6. 帝国主义力图继续压低原料价格，以利于它们向发展中国家转嫁危机，而发展中国家则力图独立自主。这种加强控制与反控制的斗争将日趋激烈。美国力图把西欧、日本拉在一起，组成对付发展中国家的共同阵线，把斗争纳入美国霸权政治的轨道。但以西德、法国为首的西欧和日本则自有打算。对于这个矛盾，发展中国家是可以充分利用、各个击破的。目前斗争的焦点主要是中东石油问题。美国正在加紧进行分化阿拉伯国家的阴谋的同时，散播一些可能对阿拉伯油田进行军事解决的流言。这在目前还是一种讹诈的性质，但不能排除在经过若干时日、分化阿拉伯阴谋失败后，美国通过其代理人以色列再一次发动中东战争的可能性。

7. 加紧以苏联为目标的扩军备战，仍然是美国当前摆脱经济危机的迫切需要。为此美国现在正大力改进新型核武器，增编陆军，重备海军，发展战略空军。美苏之间，对抗和军备竞赛仍然是基本的，并没有丝毫缓和。但是，出于策略上的考虑，为了争取充分的时间，为了夺取对对方的战略优势，双方都感到美苏对话还须继续。因此，美苏关于核武器的会谈不会取得什么实质上的重大成果。苏联正力图利用美国经济困难的情况，从美国捞取一些贸易上的好处，以加强自己的经济实力。在这一点上，美国垄断集团内部意见是有分歧的。一部分人为了摆脱经济困难，倾向于同苏联大做生意，另一些人则坚决反对。经过这次经济危机，美国国内政治不稳定形势加剧后，看来美苏之间在贸易上要做成什么较大的交易，例如解决最惠国问题之类，是更加不容易了。

8. 由于苏联、东欧国家已经把自己同资本主义经济体系密切地联系在一起，它们将逃不脱这次以及今后资本主义经济危机的影响，从而也将发生某种程度的经济危机。但是，由于这些国家的经济是一种特殊形态的经济，所以它们的经济危机以什么样的规律出现和发展，是一个需要具体研究的问题。

总之，经过这次资本主义经济危机，大大激化和深化了资本主义总危机发展的进程。今后7—15年的世界局势如何发展，值得密切注意。我们应该利用这一段时间，积极准备，加强实力，以便应付任何局势的到来。

（1974年11月28日）

拉 杂 上 陈[*]

奉命出使西欧一年多来，根据观察所得，对当前国际形势有一些初步看法，对我在某些问题上应采取的政策也有一些粗浅的意见。现将此拉杂上陈，很不成熟，仅供参考。

一 西方经济在 1985 年以前难以摆脱长期萧条局面

西方资本主义经济自 1975 年起进入了长期特种萧条阶段，其特征是低速度增长（可能时有小升小降）、高通货膨胀、高失业三者并存。预计这种局面在 1985 年以前难以改变。

1977 年上半年，号称资本主义世界"经济火车头"的美国、西德、日本经济略有好转。一时曾经引起一些资产阶级经济学者的盲目乐观。但是，根据许多情况分析，这种好转只是暂时的，现在这三国的经济都已出现了不少十分严重的破绽。如美国通货膨胀又开始激化，国际收支平衡严重失调，美元汇价十分不稳；

---

* 这是作者 1977 年 7 月 26 日所写的一份内部报告。编辑时对部分内容做了删节。

西德经济自6月份起转入呆滞，同时失业却增加很大；日本工业生产增长率也已放慢，销售市场因受到美欧抵制而开始缩小，日本政府在美欧强大压力下被迫不得不听任日元浮动升值。许多专家估计，1977年下半年，这三个国家的工业生产增长率可能低于上半年，1977年平均不会超过4%。在80年代中期以前，这种情况会继续下去。

其他资本主义先进工业国比这三国情况更差、问题更多、更严重。战后30多年，各资本主义国家持续地实行国家调节、干预经济的政策，大大歪曲了经济周期性危机的发展进程，现在这些国家正在自食其果。迄今为止，还没有看到任何一个资产阶级经济家、政治家和学者能够提出一种有效药方来解决当前的经济难题，或遏制这种病态的发展。我同不少著名的西方专家谈过话，他们都悲观地认为，在80年代中期以前，当前的特种萧条没有摆脱的可能，除非来一个疾风暴雨式的突变（如大战或大革命），整个资本主义经济在这十年中将会在一种缓慢痛苦的状态中逐步烂下去。

对苏联经济没有作过较系统的研究。我曾同一些西方专家谈过这个问题，他们认为，苏联经济也在相当沉重的病态中，其生产增长率已经放慢，今后十年中经济发展还要显著放慢。他们估计80年代苏联的年平均经济增长率将只能达到3%左右。这种看法是值得参考的。

二　目前看不到立即革命的形势

资本主义世界各国相互间和这些国家的内部政治社会危机正在一天比一天深化、激化。革命的因素确实在增长。但是，目前还看不到有立即革命的迹象，离这样的飞跃还有一个相当长的距离。

就处于美苏两霸争夺重点的西欧来说，阶级阵营的变化呈现一种奇特的状态。以意大利的新法西斯派为代表的西欧极右派几年来不但未得到发展，而且在逐渐消沉下去。西欧的所谓"左派"则逐渐向中间靠拢，同社会党的差别越来越小。马列主义左派党力量小，派系多，联合不易，一时难有大发展。西欧垄断集团搞的中左政府统治，同工会订契约，召开政府、资方、劳方三方会议来避免社会矛盾尖锐化的办法虽已开始不那么"灵"，但仍能起相当作用，是在逐步走向完全失灵的过程中。正因如此，共同市场九国失业人数虽已超过 550 万，但阶级矛盾并没有激化到促使革命形势立即到来的程度，美、日等国也是如此。

尽管有长期的经济萧条，西欧、北美的垄断集团凭借它们对资本、技术、金融、国际贸易的控制，仍能维持其对广大第三世界国家的经济剥削，并以此来缓和国内的阶级矛盾。

西欧共同体九国由于政局不稳和经济危机，在共同体建设上停滞不前，"散"的特点还会继续发展。法国和英国下次大选的结果很可能使得这两个国家以及整个共同体在政治上变得更加"散"和"软"。但是，由于各国在共同体中得到的利益终究超过了搞垮共同体的利益，因而共同体还是垮不了，还会继续维持下去。

三　第三世界争取独立解放的运动也进入了调整队伍的阶段

近几年来，第三世界国家"前门赶狼、后门拒虎"的觉悟有所提高，特别是通过苏策划操纵雇佣军入侵安哥拉和扎伊尔的事件，对苏的面目有了进一步的认识，并出现了在军事上联合反对苏策动的武装入侵的新趋向。这都是当前形势的新发展，应该加以充分肯定。

但是，同时也应看到：

1. 苏联利用新独立的第三世界国家需要建立防务，发展经济和文化的需要，用狡猾的手法，以出售重武器装备、训练军事干部、派出军事顾问和专家，培养代训留学生和技术员等手段，对相当数量的第三世界国家进行不同程度的控制和渗透，使第三世界一些国家难以摆脱对苏的依赖。

2. 由于美苏两霸从政治上、经济上在第三世界国家中挑拨离间，耍弄种种阴谋诡计，使得近几年来第三世界国家之间分歧扩大，矛盾增多，终至影响到不结盟运动、石油输出国组织、非统组织等第三世界国家组织软弱无力，步调凌乱，在团结反霸方面不能如以前那样发挥威力，特别在建立国际经济新秩序等方面的斗争中更显得如此。

看来，第三世界这支反霸主力军目前在一定程度上也处在调整队伍、统一思想的阶段。

四　看不到立即爆发美苏战争的可能性

美苏之间在全球范围内的争夺以及各以对方为目标扩军备战并互相进行意识形态攻击的行动，已经发展到了极其激化的程度。但是，目前还看不到立即发生美苏战争的形势。引起战争的许多条件还未成熟，量变的酝酿还没有发展到质变的阶段。

美国自福特政府后期迄今，都在力谋恢复其已经丧失的原来足以抑制苏扩张的实力优势，而所遇到的国内外阻力甚大。就主观条件说，最主要的困难有二：一是国内和平主义，绥靖思潮相当猖獗；二是以越战失败和水门事件为契机，总统失去威信，国会遇事掣肘，无论内政外交，政府均处于软弱无能状态。就客观条件说，美与其盟国之间的矛盾近年来不是缩小而是扩大，力量不能形成一个拳头。似此情形，不仅不能使美在军事竞争方面恢复压倒苏的优势，甚至连保持现在均势也属困难。这就是说，美国首先必须加强自己的主观条件，出现一个强有力的国内政治体制，才能谈得上对苏认真准备作战的问题。而这一点，在目前还没有看到迹象。

苏自1975年以来，利用美欧经济政治危机竭力在全世界每个角落进行扩张，对美战略核武器谈判采取了极其强硬的态度并以每年增加预算3%的速度积极扩军备战。但仔细观察，不论在欧洲、非洲或其他地区，苏的行动都谨慎而有所克制。它一度接受了1968年在捷克和1975年在安哥拉的某些方面的教训，在进行扩张行动时，每每是试探着前进，一遇阻力立即收缩；等形势稍之安定，又进行第二次试探，如此反复动作。苏在扎伊尔、在红海地区的行动，就具备了上述特点。

苏对待西欧更是万分谨慎，它的战略方针不是直截了当的军事夺取，而是竭尽全力谋求西欧的"芬兰化"，因此，它不愿采取过分"刺激"的办法使美国和西欧、使西欧各国团结起来，而是继续用所谓政治军事"缓和"去麻痹西欧，用"经济合作"的诱饵引诱西欧，孤立美国。

以上情况说明，促使美苏战争的各种因素虽然确实在增长，但是离战争的爆发还远，战争何时爆发须取决于下列条件的发展：

1. 苏的常规兵力已经超过美欧，但核军力方面还同美国有一定的差距，还在加紧弥补。

2. 苏的战略储备，如粮食、能源、战略原料储存，交通运输、工业生产能力等等，还不够应付一场大规模的战争，还在继续加强。

3．苏对东欧诸国的控制和"一体化运动"，还未进行到足以经历一场大战而不致瓦解或发生叛变的程度，因此还待进一步加强。目前卡特政府在人权问题上的大喊大叫，主要目的即在瓦解破坏苏对东欧的统治（在苏内部，人权问题只是在少数知识分子中有影响），以延缓苏挟持东欧发动战争的时间表。

4．在西欧几个关键性大国中，苏党如能单独执政，必然实行"中立政策"，从而抽去北大西洋公约体制的灵魂，这就必然会促使美德建立轴心，从而促使苏加强对美战争的决心。

5．苏害怕万一发生对美战争时，中国抄它后路，又害怕对华发动战争时，美欧搞它的东欧；但是，究竟是和华战美，抑或是和美战华，苏内部意见分歧，游移不定，我们要密切注视它在这个巨大战略歧路上的每一个动向。

美苏战争的时机，要取决于上述五个因素的发展，这是需要相当长的时间的。

五　围绕着中国的大好形势和台湾问题的发展

根据以上分析，1975—1985 年这十年是关键性的十年。在这十年中，国际上各种政治力量都处在从量变到质变的过程中。制止战争发生是有可能的。在目前实力对比变化的趋势不利于西方而有利于苏联的严酷情势下，美国以及西欧国家对于"四人帮"被粉碎以后的新中国，抱有很大期待。西方舆论认为，中国政治如能真正实现稳定团结，大干十年，国力迅速增强，必将成为保卫世界和平安定的决定因素。比利时外长在比议会外交报告中指出："中国照现在这样把四个现代化认真进行下去，十年之后，将成为一个真正强大的国家，在国际政治中起决定性的作用。由于美国在美苏两霸竞争中力量削弱，今后相当时期内难以恢复，一个强大的中国将是平衡两霸、保障世界和平的重大因素。"前西欧共同体外事委员会主席英国人索姆斯不久前对我说："很欣赏中国目前认真搞经济建设的努力，这是中国建立强大经济和强大常规国防力量的基础，有了这样的力量，中国便什么都不怕了。现在认真搞它五年十年吧。"类似这种言论，我已听过许多。这些期待，当然都有他们自己的打算，但是，这也反映当前国际形势中一个具有强大国力的中国的重要地位，更反映出我们周围的环境是好的。

过去"四人帮"刚粉碎时，西方特别是美国舆论对我国的看法主要有三：一是苏联威胁是中国最迫切、最关心的问题，其重要性超过台湾问题，因而中国有求于美者多，而美有求于中国者较少；二是中国人内部既有政治动荡、军事力量又在一个相当时期内无力解放台湾，中国人又善于忍耐，并不急于台湾问题的解决；三是台湾与大陆经济状况和制度完全不同，难以统一，只能慢慢解决。一句话就是美国不急于按照中国所提的"撤军、废约、断交"三原则解决台湾问题，中美关系正常化可以长期拖下去。

1977年6月29日卡特、万斯等人的谈话表明美国调子略有改变，态度似较过去略为积极。这些变化究竟是纯粹纸面文章，抑系多少有些诚意，当然要待伍德科克上任及万斯来华揭开底牌后，才能明白。但是，是否可以这样看呢？即迄今为止，美国一直要求对于中国统一台湾的方式保留干涉权。最近形势有变化，美苏关系越来越紧张，实力对比变化的趋势不利于美，而我国则政治稳定，国家力量肯定会逐步加强，因而为有效地对抗苏联，美国不得不准备对我作出较过去大一点的让步，来拉拢我们。如果这个看法有点道理的话，这次万斯来，就是为在中国统一台湾的方式这个问题上找一个适当的解决办法。这同前年福特和基辛格访华时不准备解决任何问题的情况大不相同了。这回可能要进行较认真严肃的外交谈判。

看来，这个解决办法是不容易找到的。美国由于国内和日本的压力，不会在统一台湾方式这个问题上轻易后退，我们在这个问题上当然也要坚持原则，绝对不能让步。因此，这次谈判可能不解决具体问题，而只是改善一点气氛。

六　为加速四个现代化而引进外国先进技术和设备

当前的国际形势既然对我有利，我们应当充分利用这种形势，加速我国四个现代化的进程。为此，建议更好地引进必要的先进技术和设备，增强我们自力更生的能力，扩大我们经济独立的基础。过去几年由于"四人帮"的破坏，影响了这方面的工作，现在应当毫不犹豫地抓紧进行。在这一点上，我认为可以充分利用西欧共同体。

西欧共同市场不但认为中国在政治上是平衡美苏两霸的力量，而且在经济上对中国期望很大。共同体负责人士和出版物都宣传从长远看中国是个有吸引力的市场。现在九国的经济困难比美日严重，处在两霸欺负、压迫之下，成为两霸争夺的重点，经济上又遇到日本的激烈竞争，正在到处寻找市场。

九国在台湾有些投资，但无论政治、战略、经济上和我矛盾都比美、日和我在台湾问题上的矛盾小得多。

为了政治上支持九国联合，经济上利用九国有求于我，似可考虑采取比较大的步子，增加和九国的经济贸易往来。

西欧经济走出了"黄金时代"*

　　战后西欧变化很大。从 1945 年到 1953 年为西欧的战后恢复时期。1952 年，英国很多物资还是凭票供应，到 1954 年初才全部取消，这就是说，恢复期到这时已经完全过去。从 1954 年到 1974 年，西方称这 20 年为战后"黄金时代"，是资本主义经济大发展、大改组的时期。这中间也有阶段。在西欧，从 1954 年到 1958 年西欧经济共同体成立为一小阶段，开始为经济发展作技术上的准备。美国在 1958 年发生一次比较严重的经济衰退，但很快就过去了，时间不过几个月，没有太多太大地影响西欧；以后美国还陆续发生一些小的衰退，但都不影响大局。可以说，1958 年到 1968 年，为西欧真正的大发展时期，实现了所谓经济的"高度增长"；十年之内，整个西欧共同体各国的国民生产总值增加三倍多（按 1970 年价格和汇率计算，由 2382 亿美元增至 7314 亿美元）。1968 年以后，这种"高度增长"开始出现破绽，例如，法国发生"五月风暴"，第二年意大利又发生"三月革命"，等等。1968 年还发生了美元危机，说明美国经济已经出了

---

* 这是作者 1978 年 4 月 17 日在中国社会科学院所作的一次学术报告。

毛病，其结果不能不使西欧也大蒙不利影响。1969年到1973年，美国和西欧先后从"黄金时代"的全盛时期进入停滞时期。

1973年，终于发生了战后整个资本主义世界最严重的经济危机，至今还没有完全摆脱出来。尽管各国政府正在努力谋求摆脱，可是一般估计，如果拿不出实际有效办法，那么到80年代初期还有再发生一次衰退的极大可能。可以断言，1973年的危机标志着：包括西欧、日本、美国在内的战后资本主义"黄金时代"已经完结了。

一 第三次科技革命对资本主义世界生产力大发展的推动

战后美国的恢复期比较短，从军事经济转到和平经济，只花了五年不到的时间。恢复期过了以后，美国开始把军事上的重大科技发明逐步运用到民用工业方面，形成了第三次科学技术大革命，推动了美国生产力的大发展，使美国经济实现了高度增长，也使科学技术进入了以核子、电子、空间技术为标志的新时代。1954年起，美国把新技术大量广泛地应用到民用工业方面，改造现有的民用工业的机器设备，特别重要的是建立和发展了一系列新兴的工业体系，如核动力工业、宇宙航天工业、航空工业、合成原料工业、电子工业、计算机工业、信息工业，等等。农业的工业化也有很大的新发展，实现了真正的、大规模的科学化、机械化，选种、农药、化肥等先进的农业技术都有新突破。第三次科技革命的成果，推广应用到几乎每一个经济领域，甚至使日常生活也工业化了。例如，食品工业体系的建立，家务劳动的工业化，汽车等交通工具的大量使用，使得人们的衣食住行各方面都建立在工业化上面。仅仅20年工夫，大大改变了人们经济社会生活的面貌，进入了一个崭新的、物资相当丰富、生活相当富裕的时代。

正如同第一次科技革命（蒸汽机发明）和第二次科技革命（内燃机、电机发明）一样，今天的第三次科技革命也引起了生产关系上的巨大变化。

这个"黄金时代"到了1968年，新兴工业的建立和旧工业的更新都已达到了饱和的水平，而新的科技突破又不是立即可以办到的事，如果要有新的科技突破，必须要等一段时间，待科学理论上的新突破。这样，由于科技发展较慢，新兴工业建立很少，短期间又不可能有新的投资刺激，再加上资本主义本身固有的矛盾，就使得生产过剩，资本家的平均利润率开始下降，因而在这20年的最后几年，资本主义逐渐出现"增长"放慢的停滞现象。

由于新兴工业发展很快，就业工人数目很大，要求提高工资的工会斗争也就有了很大发展。1954年到1968年有组织的工人阶级为增加工资而发动的罢工运动发展很快，这使资本家感到头痛。1968年开始，为了抵制工人运动，美国垄断集团竞相采用"合理化"、"自动化"的办法，依靠电子计算机新技术，对工业进行改革，改变资本的有机构成，用死的机器代替活的劳动力，把劳动力大量排除在工业之外，企图借此减少劳资冲突，保持社会稳定和高额利润。这个情况，从1969年继续到1974年。这种搞"自动化"、"合理化"改革的办法，虽然能起一定的作用，但是究竟不能刺激起大规模的新投资（像60年代大量建立新工业体系那样）。到了1974年中期，终于爆发了战后最严重的经济危机。直到今天，美国工业一般设备利用率仅为70%左右，30%以上设备是闲置的。工业增长率1974年起放慢，工业投资增加不起来，工业生产的恢复非常不稳定。一致认为美国的经济前景不妙。当前所有资本主义国家都力求在 80 年代不再发生一次严重经济衰退，但都承认还找不到适当的、有效的解决办法。

西欧比美国发展稍微晚些。1953 年以前是恢复时期。1954年开始，美国形成第三次科技革命时，曾希望西欧能形成一个大的统一的市场，以便向西欧大量输出设备、资本、技术的同时，还大量收买西欧工厂的股票。

1958 年共同市场成立到 1968 年，是西欧的"黄金时代"。这时期，西欧基本上依靠美国的资本和技术，逐渐建立起自己的技术体系和新兴工业体系。这些新工业绝大部分与美国不相上下，只是宇宙航天工业、电子工业等尖端工业仍落后于美国大约10—15 年。在西欧也发生了像在美国出现过的那种就业率扩大、劳资纠纷多的情况。西欧有组织的工人运动一向比美国工人运动强大。1968 年法国爆发"五月风暴"，要求改变经济制度、教育制度；1969 年意大利爆发"三月革命"；其他西欧国家也发生过多次工人的罢工斗争。此后，西欧也开始走美国的道路，用机器代替活的劳动力，用"自动化"、"合理化"等办法来改变资本的有机构成。

到了 1974、1975 年，经过资本主义世界性的经济危机，西欧也开始了长期萧条。一般西方经济学家都认为，包括美国、西欧、日本整个资本主义世界，已经走出了以"高速经济增长"为特点的战后"黄金时代"，但今后将走向何处去，却没有人能够作出答案。

二 资本积累和集中的新现象

这 20 年，混合企业在西欧有很大发展。垄断集团的经营范围由一行业扩展到多行业。如联邦德国一个制造照片的垄断集团，不仅垄断了包括卫星照片的全部照片事业，而且还经营化学食品工业。瑞士来斯尔牛奶制品垄断集团，现在还搞制药，还投资于某些工业生产。它们经营的范围越来越广，离原来的行业越来越远，原因是资本积累很大、资金很多，只要有利可图就钻进去，到处钻，以求获得最大利润。

垄断企业现在也加强了"计划性"。各个垄断集团之间的竞争更激烈，如日本、联邦德国的钢铁垄断集团之间以及它们同美国钢铁业之间的竞争就非常厉害。垄断集团资本多，活动范围大，互相竞争尖锐，所以各自必须加强自己内部的"计划性"。

国家对经济干预的范围越来越大，程度越来越深刻，对垄断集团的关系越来越密切，不仅政府人员与财团人员相互交流，而且国家通过各种办法，如国有化、军事订货、信贷政策、安抚工人阶级，等等，为垄断集团的利益服务。一些资本主义国家的所谓"经济计划"，也是为垄断集团的利益服务的。

科研发达。差不多每个垄断集团、工厂都有自己的科研机构。同样，国家也负担了巨大份额的科研费用。

国民经济军事化。生产军火已变成资本积累的一种重要手段。例如，1962年到1968年中，世界市场上的军火输出达60亿美元之巨，其中美国和苏联占的比例特大。

三　生产的国际化、资本的国际化有很大发展

这方面最突出的体现，是西欧经济共同体的建立。它之所以能够建立，是有许多原因的。

第一，发生第三次科技革命后，生产力有很大发展，现在的生产规模很大——例如，比利时的一个现代化钢厂，二三百万人

口的城市用钢它可以全部包下来而有余。国内市场狭窄有限，不得不向国外扩张，这就需要打破欧洲的国家界限，把欧洲变成一个统一的、自由的，商品资本、劳动力可以自由流通的，而无国界限制的广大市场，这就促成市场的一体化和国际化。

第二，所有的新兴工业，如宇宙航天、超音速飞机、电子计算机等现代化工厂需要投资非常大。一个较小的国家投资有困难，就不能不由几个国家的垄断集团联合投资，这就使得生产和资本国际化。

第三，搞科研的任务特重，一个国家单独搞不行，必须联合几个国家一起搞。

第四，为了应付美国垄断集团以及后来日本垄断集团在世界市场上的强大竞争，西欧垄断集团也需要联合起来。

第五，为对付第三世界在能源、原料、材料等方面的联合行动，西欧也需要联合起来。

当然，还有个联合抵抗苏美政治、军事霸权主义的问题。

资本主义国家间资本的互相渗透，一直限于资本主义工业先进国相互之间，但这几年来也有变化。50年代到60年代初，是美国资本向西欧、日本渗透，现在美国还在继续渗透，但数量已减少，而西欧、日本，特别是日本向美国、西欧渗透很厉害，倒过来了。日本的资本输出，近十年来增加很快。1968年时不过每年约4亿美元，1970年时也不过10亿美元，现在已经增加到接近100亿美元了。

50年代美国资本到西欧时直接投资多，大都用来买下整个工厂。现在，西欧搞保护主义，美国就利用大量欧洲美元在市场捣乱，搞地产投机，搞货币、黄金投机，增加了西欧的市场不稳定和困难。

跨国公司的地位越来越重要。全部周转额达3000亿至4500

亿美元，占整个资本主义世界社会生产总额的 15%—20%。在今后十年还可能发展到 30%—40%。跨国公司不属于哪一个国家，到处乱撞。

四 · 经济周期的新变化

"黄金时代"有没有"周期"？1958 年有过一次比较重大的经济衰退，但时间短，影响不大。1974 年这次经济危机损害的程度虽不如 30 年代，但性质深刻、严重。其特点，一是普遍性，没有一个国家逃脱，所有的先进资本主义工业国固然都在危机之中，甚至苏联、东欧也不能不蒙受其影响，第三世界国家就更不必说了。二是长期性，至今还没有完全解脱其影响，个别国家还没有从危机中爬出来。一般估计，1985 年以前不可能看到周期的繁荣阶段的到来，虽然周期性的较小规模的复苏是会有的。第三个特点是两高（高通货膨胀、高失业）、两低（生产效率低、设备利用率低）同时并存，形成一般人所说的"停滞膨胀"的新现象。周期性变化的根子，还是在于马克思说的生产社会化和资本主义私人占有的矛盾。

首先，为什么失业高？新工业投资减少是一个原因。其次，近几年采用改变资本有机构成，搞合理化、自动化，又排挤出一些工人。两者合在一起，因而失业率高。如比利时的希德玛钢厂，如果自动化完成了而且充分利用，现有 6000 工人中就可解雇 1500—1800 人。第三，现在"毕业即失业"的话在西欧很适用。西欧教育已经普及到高中。高中毕业生和大学文法科毕业生现在当工人，还需要经过一定的职业训练、技术训练，否则掌握不了机器，因而青少年没有就业的很多。第四，还有因农场合并、农业改组而被排挤出来的农业人口也是增加失业大军的因素之一。为了解决失业问题，他们准备采取两个办法：一是让老工人提前退休；一是增加班次，改三班制为四班制。

高通货膨胀也没办法解决。第二次世界大战后，各国竞相实行凯恩斯提出的用人为办法来支持和扩大社会需求的主张，每年一般搞通货膨胀百分之三四左右，称为"爬行"的膨胀。经过20多年的岁月，膨胀不以人的意志为转移，已经无法控制，由"爬行"而"奔腾"了。通货膨胀意大利曾经到过25%，英国曾经到过19%，其他国家最厉害时也都到过百分之十几。1974年的经济危机以后，各国深感这个局面继续下去，将产生可怕的后果。自1976年起，各国把压缩通货膨胀列为经济政策中第一位的任务，经过两年努力，他们原想压缩到一位数，但压到9%以后，就再也压不下来了。再往下压，就会发生工业生产衰退、失业更加扩大的危险，何况国民经济军事化、对外援助等许多因素还在不断推动着通货膨胀。要求回到百分之四至五，实际办不到。目前的严重矛盾是，过分压缩通货膨胀，当前百分之二、三、四左右的"低、中速经济增长"就不能维持，社会稳定就难以保证；限制放松稍一过头，又要引起再一轮的"奔腾性膨胀"，后果也是不堪设想。顾此失彼，左右为难。

五 所谓社会政策问题

50年代之初，垄断资产阶级原来反对用高工资等收买工人的社会政策。50年代后期起，却把这看作是减少危险和社会不稳定，增加资本积累的一个办法。他们的说法是在生产力大发展的基础上，可以"把蛋糕做大些"。比如把三寸蛋糕做成九寸的，尽管资本家和工人仍各拿其应得的部分，但绝对数大了，垄断资本家既可拿到更多的利润，工人拿到的实际工资也还是多少能增加一些的。

"蛋糕做大"的具体体现是两个口号，即实行所谓"消费社会"和"福利国家"。这两个口号又体现在"四高"政策上，即高工资、高物价、高消费、高浪费的政策。

世界工资最高的国家过去是瑞典。现在是比利时最高。在比利时，工资最低的是干最脏最累活（如清理下水道等）的黑人，每月10000比币，合人民币500元。工资最高的比利时工人，他们的最低工资交税前是18000比币，合人民币900元，交税后也还有人民币700元以上。这些国家还实行工资物价指数化，物价涨了，工资也涨。我访问过工人的家庭，生活很不错。实际工资是有所增长的。不过，和垄断资产阶级利润增长比，工人生活相对贫困化还是存在。

资本家搞高物价政策，右手给了高工资，左手又通过高物价拿回一部分。因此，这20年中，垄断集团利润增加的数字是惊人的。

除高工资、高物价外，西欧现在还鼓励高消费、高浪费。社会提倡消费，方便消费，鼓励浪费。消费越多，浪费越大，越能刺激生产，保证高额利润。在这些国家，去饭馆吃一顿简单饭，没有人民币十六七元乃至20元吃不下来。许多消费品，连手纸也包装得很漂亮。广告花钱很多。我们的"永久"牌自行车他们买去后再加上个飞轮什么的，装饰的很花哨，简直认不出是我国出产的了，售价也就大大提高了。

"福利国家"表现在几个方面：一是保障退休老人的生活，一是实行强迫高中教育，不上高中，家长要受罚，甚至坐牢；一是实行公费治疗；一是对小学生实行午膳补助；一是对失业人员补助救济，对失业工人一般只停发部分工资，还可另找零活干，反而收入有增加，所以有些人竟愿意失业。当然失业工人社会地位低，受歧视，一般人还是不愿意失业的。

西方国家用这些办法收买工人很有效。有房子、电视机、小汽车，人们就很容易感到满足，一般工人思想意识小市民化，非政治倾向很浓厚。此外，由于科技发展，现在的工人多半靠按电钮工作，与过去的工人进行的劳动不一样，更接近于白领工人。同时，服务行业发展，搞这一行的人也大大增加。例如，在美国服务行业的雇佣人员在数量上就多于蓝领工人；西欧虽然还未到这种程度，但这几年服务行业的雇员也增加迅速。所有这些，不能不使工人的成分发生变化。这也是西方工人阶级思想发生变化的原因。

这些国家，"黄金时代"是经济实权归垄断资产阶级；政治上由社会民主党单独执政，或由社会民主党和天主教民主党或天主教社会党联合执政，搞所谓"中左政治"。这类政党都有自己的工会组织，拥有一批群众，因而都能够对各自控制的工会施加不同程度的影响。首先实行这办法的是瑞典，社会党执政40年，社会相对稳定了40年，现在垮台了，社会稳定也消失了。"中左政治"的目的在于便利应付有组织的工人运动。在工资、福利问题上对工人作出一定限度的让步，允许工人参加工厂里一定程度的管理。所有的西欧国家现在都还在实行这种"中左政治"，看情况，短期内不可能改变这样的安排。垄断资产阶级需要它，工人阶级也不愿放弃已经争取到的福利。

西方国家采用这些办法，虽然一时有效，但并不能根本解决资本主义的固有矛盾，而且还须付出沉重的代价。如高工资、高福利、高军事开支、高"援外"支出，就助长高物价和通货膨胀，而高通货膨胀、高物价反过来又助长高工资，等等。这就形成了恶性循环，使垄断资本家及其政客也感到这样发展下去，危险得很。又如非政治的倾向严重，也使青年犯罪增多。"黄金时代"经济大改组，排除了一大批不适应现时经济发展的人于社会之外。如农业新技术的发展，就使农业人口失业增多。大量工人被迫让位于少量技术熟练，文化教育水平较高，能掌握现代复杂机器的工人。又如，青年失业，工人被迫提前退休等等。这就使得这些被排除于社会之外的人不能不对现社会不满，甚至反抗。即使是在业的人，也不敢肯定这种富裕的生活是否能永久维持下去，也不知道哪一天，失业会落到他们头上来。一种不安全感笼罩着整个社会。这就是为什么西欧今天颓废荒淫到处可见，过一天算一天的生活成为日常现象，地方民族主义猖獗，以及恐怖主义盛行的原因。

六　对前殖民地的政策的变化

战后初期的新殖民主义，表现在给予前殖民地以名义上的政治独立，而在经济上保持控制。60年代，前殖民地基本上都独立了，以后新殖民主义的主要特点是用不等价交换来进行残酷剥削。60—70年代，主要是用这种办法，用高昂的工业品交换低廉的农产品、原料、能源。这时期能源是非常便宜的，没有这个条件，西欧和美国、日本不能发展到今天。但是，经过十多年的剥削，前殖民地已愈来愈穷，第三世界的国家被迫纷纷提出要建立所谓"国际经济新秩序"。具体说，一是要原料价格跟随着工业品价格变化，即所谓原料价格的"指数化"；二是要减免债务。现在，有些工业国家开明一些，觉得要考虑这些问题，因为工业品价格越来越高，原料价格越来越低，第三世界国家越来越穷，最后不仅自己的工业品卖不出去，而且还有可能引起反抗。为了让第三世界能够活得下去，能够买得起工业品，不要反抗，现在一些工业先进国家想要实行第三阶段的新殖民主义：帮助第三世界国家建立一些工业，或把西欧国内一部分使用劳动力多、使用原料多的老工业转移到第三世界去，而工业发达国家则集中力量搞高精尖的技术和知识很强的新兴工业。这样，有便宜的劳动力、便宜的原料，垄断集团可以保持高额利润，同时也使第三世界有些工业，生活比现在也要好一些，具备购买他们高价工业品的初步能力。这就是说，西欧国家为了推销产品，也要这样帮助第三世界国家发展一点儿经济。最近有些西欧国家已经开始这样向南朝鲜、新加坡等地发展。这个算盘是精明的。但是，这样做，却使前殖民地国家扩大了产业工人队伍和产生了第一代的产业工人。从长远看，这对他们是不利的，他们为自己准备了掘墓人。

七 各国发展不平衡规律的作用越来越显著、突出

这首先是苏联与美国实力的消长。苏美两国在战略核武器方面基本相等，苏联在常规军备方面已经超过美国，经济实力总的还落后于美国，但在某些方面（如钢产量）苏联也已超过美国。其次，资本主义世界内部三大中心力量对比也发生了很大变化。美国在衰退，西欧、日本赶上来了。由于不平衡规律的作用，重新瓜分世界的斗争将更加尖锐。西欧当然是两霸激烈争夺的重点，但当前斗争最尖锐复杂的地区是中东、非洲。苏美都在这里进行着十分激烈的争夺。日本的兴起，对这个地区渗透很大。另外，中东目前崛起了两大新兴的民族主义力量：沙特阿拉伯和伊朗，都有可能成为具有一定军事力量的新地区性强国。这里的各种矛盾错综复杂，彼此交织在一起，天天在紧张。当然最根本的还是苏美两个超级大国的争夺。

结　论

总的说，过去 20 年的西欧"黄金时代"是建立在下面几个基础上的，现在这些基础都在一个一个地被削弱，或者完全消失：

1．美国的霸权使苏联的力量在一个相当长时期内不能向西欧发展，使西欧国家在国际环境方面比较稳定。这是个重大的基础；没有这个基础，西欧的发展就不可能。西欧国家还需要一段时间才能使自己更强大起来。但最近的一系列事态（如战略核武器谈判、中子弹部署等）证明，美国已不能做他们的屏障了。

2．美国的新科技向西欧、日本推广，使其生产力大发展。现在这个基础已丧失了。科技上再发生新的突破，短期内没有可能。因而在一个相当时间之内不会再有重大的刺激新兴工业建设浪潮的发生，除非科学理论上发生新的突破并被很快地运用在新科技发展上。在另一方面，日本和西欧的新技术发展，会回过头来同美国进行激烈的竞争，削弱美国的经济霸权地位。

3．由于实行社会福利政策，西欧社会过去有较长时间的相对稳定。但现在这一点也已快到尽头，靠不住了。如前所述的许多现象充分说明，社会已开始失去稳定，而且还要进一步恶化下去。

4．第三世界的廉价的原料和劳动力，为西欧（及日本、美国）的"黄金时代"提供了十分重要的条件。但第三世界要求建立"国际经济新秩序"的斗争的开展，也使这个基础大为削弱，矛盾加剧。

西欧乃至整个资本主义世界现在已经走出了"黄金时代"。在这种情况下，资本主义向何处去？是"完了"，还是还有余地回旋？这是全世界都在考虑的问题。我们看法是，还会有些回旋的余地的，还是有办法可以使资本主义再挣扎一个时期、甚至一个较长时期的。资本主义还有一定的活力，还能够设想一些办法来延长自己的寿命，有时甚至还能得到一定的发展。说资本主义即将崩溃，是不符合实际情况的。建议同志们从各方面展开对这个问题的研究，根据马列主义、毛泽东思想的观点，从理论上解释当前资本主义世界所发生的新现象，分析今后这些现象所可能产生的各种后果，预见它的发展前途，从而为中国社会主义革命和社会主义建设指出方向，这也是我们对赶超世界先进水平的贡献。

资本主义世界经济在转折点上[*]

当前世界经济形势正处在一个转折点上。

第二次世界大战后到 70 年代初期，是世界经济大发展的时期。西方是大发展；苏联是大发展；第三世界谈不上大发展，但变化很大：有一些国家在发展，大部分国家仍然贫困。到了1974 年和 1975 年，资本主义世界经济到了一个转折点，转入了停滞时期。战后，苏联经济曾经平均每年以 10% 的速度增长；到了 60 年代中期，下降到 7.8%；70 年代中期以后减少到 5%——6%。今年估计，它的第十个五年计划每年平均增长率可能是4.5%。这说明苏联经济也处在转折点上。第三世界的经济在1975 年资本主义世界总危机以后，也有很大的变化：少数国家、地区发展起来，大多数越来越穷，目前正处在"穷则思变"的关头。分析三个世界的经济形势，我们得出一个总概念：三个世界目前都在一个大变化、大转折的关头。我们党中央决定加快我国四个现代化的步伐，加大它的规模，我国的经济也处在一个转变的关头。

---

  * 这是作者 1978 年 10 月在哈尔滨、沈阳作的学术报告。

　　抛开政治因素不谈，单谈纯经济性的问题。联合国有位专家把当前世界分成四大类国家。一类是工业极高度发展的国家，这只有一个，就是美国。再一类是工业高度发达的国家，有苏联、日本、西欧、加拿大。第三类是从农业国向工业国前进的国家，包括中国和一些发展中国家，譬如伊朗和拉丁美洲的巴西、智利。第四类国家基本上属于农业国家。主要指非洲、加勒比海、拉美个别国家。有的现在还处在殖民地、半殖民地的状态中。有的虽然政治上已获得独立了，但国内问题很多。基本上还是封建社会，没有工人阶级，也没有工业化。这四种划分，从当前的经济情况来看，是有一定的道理的，当然这不是政治概念，不是从阶级观点出发，而是从纯粹经济的发展速度来谈问题。虽然不是很科学、很准确的分析法，但是可供我们参考。我们千万不能夜郎自大。我们国家建设 30 年了，按"四人帮"的说法已经是很先进的国家了，事实不是这样。世界还是把我们看成很贫困、很落后的国家。我们自己也应该这样理解。我们要承认落后，但不甘心于落后。我所以把联合国专家的分析讲一下，是为了让大家从外国怎么看中国这方面来照照镜子。这对我们下决心实现四个现代化，可能有些好处。

资本主义世界高度工业化国家的特征

　　从 1945 年结束第二次世界大战到现在，已经 33 年了。全世界除了第三世界以外，第一世界的美苏有很大发展；第二世界西欧和加拿大也有很大发展，究竟这个发展有什么特点？我想拿美国经济作为分析的标准，和西欧合在一起谈谈资本主义世界最先进、最发达的高度工业化国家的特点，作为我们实现四个现代化的参考。

第一，人类对自然的认识有了空前的新突破。

1.人类对宏观世界的认识，特别是对天体的认识比历史上任何时期都深刻。标志是人类第一次登上了月球。如果不是科学工业技术高度发达，这是不可能的。人类登上月球以后，对于地球也有了新的认识。我在欧洲曾经遇到美国的宇航员。前几年美国发射一艘宇宙飞船到月球上。三个人在月球上漫步三天，收集石头标本，研究月球和地球的矿石有些什么不同；还研究月球火山上的灰土，研究月球与地球物理的构成有什么不同（发现月球比地球的年龄要轻）；月亮对地球的潮汐起什么作用，等等。对这些问题都有了新的认识。我问过美国宇航员："你从月球上看地球有什么感想？"他说地球被云雾包着，它既不是很圆很圆的球，也不是椭圆形的球，而是带一点椭圆形的，基本上是圆的。在月球上看，地球上有两个东西特别触目。一个是一条很长的带子连绵起伏，照经纬度计算，就是中国的万里长城。另外一个是在地球靠北部海洋当中有一小方块，从经纬度分析就是荷兰的须德海。荷兰花了几百年时间搞填海造田运动，在北海同须德海中间筑一条坝，计划在100年内把这个海变成淡水湖。这位美国宇航员说："在月球上看到的人类创造的奇迹就是这两个东西。这是你们中国人的骄傲。"我说："这是我们祖先的骄傲，我们祖先是伟大的，我们这一代应该创造更大的奇迹。"现在人类还能够从地球上发射观察卫星，发射到水星、火星、金星上，用飞船上的仪器来探索上面的秘密。通过照相机能拍出几千万里以外的金、火、水星的面貌。就是说人类对银河系逐渐有了了解。这是地球和地球上的人类的光荣。

2.对微观世界的认识，也大大超过了以前任何时代。最重大的发现就是探索原子核内部的秘密。经过战后这些年对微观世界的观察研究，完全证实了毛泽东同志所说的，一切事物都应该、也可能"一分为二"。原子核打破以后，里面有电子，电子打破了，里面又是什么"子"，再打破了，还有什么"子"，不断分裂。没有一种东西是不可分的。这也证实了我们祖先有些朴素的唯物主义者的说法是正确的。他们尽管不是根据科学来分析，而是从哲学上来认识，但他们有许多认识是对的。《庄子》上说：一尺之棰（一尺长的棒槌），日取其半（每天把它分成一半），永世不竭（分它一万年也分不完）。物质不灭，可以永远分下去。毛主席用现代的话来说就叫"一分为二"。只有科学与工业结合起来，才能解决对微观世界的认识问题。在这个方面，中国人的贡献是伟大的。例如美籍中国学者杨振宁、李政道、丁肇中在国外所做的工作，对于微观世界内部的组织和秘密的探索，取得了很大的成就。

3. 人类对生命的认识也大大前进了一步。在这方面我们民族感到自豪。因为第一次人工合成的蛋白质的最原始的结构，是上海王应睐教授研究的。这在当时是对全世界独特的贡献。很不幸的是，由于林彪、"四人帮"的干扰，这项工作完全停顿了。现在外国人在我们研究的基础上，作了进一步的探索，已经取得了很大的成就，并在这个基础上发扬光大了生物化学。我们落后的 10 年和人家进步的 10 年相比，相差 30 年。现在对人类生命的起源的研究已经达到这样的地步：人可以用自己的力量，来改变植物内部细胞的构成。人类可以在试验室里把因子加以改变，使植物的成长听从人的意志。这是人类对自然的改造到了一个很先进的阶段。世界上已经有了第一个试管婴儿。当然，这个婴儿还不是完全人工的，但是人工已开始能用试管来培养初步的胚胎，注射到母体里，由母体培养，使婴儿生长出来，已经有一个例子取得了成功。这是一个伟大的发明。人类将来自己可以选择孩子的性别。人类也正在试验，通过电子计算机使得一个机器人具有两岁到三岁的孩子的智力。当然不是说机器人可以代替人，但是机器人可以听人的指挥，听人的命令，做到三到五岁的孩子所能做的事，这就了不得了。起码它可以代替你扫地、烧饭、买东西。机器人是把人的智力，通过科学技术、工业的方法，移到无机体里，使之在一个瞬间产生一个有机体的作用。

4. 人类对提高社会生活的质量有了新的发展。例如环境保护问题。资本主义发展了400年，搞了几百年工业，对于污染问题没人注意。现在开始提高社会生活的质量，注意了环境保护。开始研究人类社会工业化，对自然界会产生什么结果，对人类本身、对地球气候变化会产生什么样的结果。现在都逐步有了新的认识，因而建立了许多新的学科，譬如应用生物学、应用社会学、新的城市建设学。过去因为不懂得环境保护的重要性，不知有多少人莫名其妙地得了某种病死掉，人类一直不知道它的原因。现在由于科学、工业的发展，人类对于环境控制已经有了新的成就。比如像日本的"水俣病"，现在就懂得了它的来源，人类对于气候的变化、原子弹爆炸引起的变化，也有些认识。这对于保护我们的安全，提高社会生活的质量和生活水平，已经起到巨大作用。

第二，生产手段的现代化：自动化、机械化、电子控制化。

由于这"三化"，劳动生产率的提高达到了空前的地步。简单的劳动大大减少了，复杂的劳动大大增加了。人类的历史约有几十万年，是从简单劳动的历史走到真正复杂劳动开始的历史。人类的农业时代经历的时间最长，进入工业时代后，一切都在飞快地前进。从瓦特发明蒸汽机，不到200年；然后到富兰克林发明电，以至用电动机、内燃机，不过100年；20世纪的30年代发明飞机、发现原子，也不过三四十年。战后的发展更是突飞猛进。所谓简单劳动的减少、复杂劳动的增加，大致有这样几个方面：一是消灭了最简单的体力劳动，譬如说南方的人扛东西，北方的车拉东西，这样最简单又最吃力的劳动，现在西方是看不见了，日本也消灭了。二是机械化的程度越来越高，不但工业上用流水线，用各种机器代替人的手工劳动，复杂一点的、难度大一点的、技术要求高些的，全部机械化了。农业也全部机械化了，把农业工人从最繁重的劳动中解放了出来。例如我们种地除草是个大问题，西方是用除草剂，杂草自然就消灭了，免除了大量的人力消耗。1961年我在英国参观的罗斯沃斯汽车厂，是当时世界有名的汽车厂。但和我们长春汽车厂没有什么两样。车皮车身是用榔头敲出来的，敲得工人满头大汗。隔了20年，我重新去欧洲看看。现在工人已经从榔头中解放出来，变成生产流水线，完全是自动控制。另一方面，电子计算机控制化也在发展，因而使工作更加精密、细致、标准化。我举个很小的例子。我们在国内验血的时候，在医院里要经过好多关，要抽好多次血。要搞十几个管子，隔上半个月或一个月才知道结果。我这次回来前，曾在比利时的医院检查一下身体。他们只抽一次血，比我们的医院抽的血要少一半多。经过电子计算机分析，10天之内就把所有的血沉、血球、血相……都表现出来。而且比化验员看的还要精密得多。在银行里，计算工资不是靠人一笔一笔地算，而是用电子计算机一下子就把几千人的工资给算出来了。在国外，信贷制度十分盛行，例如要买电冰箱，可分20期付款，20年付完，这首先要查你在银行有多少存款，拿多少工资，然后才决定是否赊给你。这如果用人往复地跑，耽误的时间很多。1963年在英国要办赊购手续得用一个礼拜，现在银行在五分钟内就可以把这个人工资多少、现欠款多少、存款多少，用电子计算机报告出来。当然有些特殊情况，电子计算机不一定知道，因为它毕竟是用人的脑子来控制的，是人把搞出的数据放到里边去。人没有叫它做的，它就不会去做。失误也有，但失误不见得比人控制时更多。因为一切事情，"特殊"是比较少的，"一般"是多一些的。电子计算机控制化是一个很重大的变化。现在西方工业除了最陈旧的工业之外，绝大部分都已经"三化"，使人从非常沉重的、艰苦的劳动中解放出来，脑力劳动逐渐加强，体力劳动逐渐减轻。这是人类劳动发展的方向，因为有了这些新的发展，生产手段大大的变化，现在维修工人在工厂中占的重要性大大增强，生产工人的比重下降了。

第三，工业结构现代化。

主要表现是从劳力和机器比较集中的工业过渡到知识、技术"集约化"的工业。所谓"集约化"，就是比较集中。这是个大发展，是个飞跃。

具体说，就是旧的基础工业和消费工业的比重大大下降。旧的基础工业就是煤、钢、电。传统的消费工业就是纺织。这些工业集中的劳动力、机器最多。哪个国家经济发展，都非有这些旧的基础工业不可。英国、德国的发展靠煤、铁，连比利时这样的小国所以能站得住，也主要是由于国内有一条煤铁带。现在这三类工业在国外高度发达的工业化国家的比重下降，当然不是说这类工业就不要了。还是要，而且在技术上还必须要有很大的革新。但它的重要性比从前下降。

另一方面，知识"集约化"的工业在国民经济中的比重、重要性大大上升。例如石油化工。石油是能源，同时又可化解作原料，现在西方把煤看得比以前宝贵得多，采煤主要不是为了燃烧，而是靠石油和煤建立重化学工业，取得它的各种化学成分，作别的用途。还有核能发电，核的聚变、裂变；核能有医学、军工、动力上的用途，它在工农业上的运用，前途无限广大。此外还有宇宙飞行、卫星、洲际导弹、飞机、电子计算机。人工合成原料也大大发展。这一类的工业就是知识技术"集约化"的工业。它用的工人比煤、钢、纺织工业要少。但另一方面，它要求的技术程度、科学知识的程度却高得多。完全是靠脑筋解决的，不是靠手来解决的。譬如在核发电站里，人根本不能接近核棒，放射性太强。人接近不了，全靠用科学的方法来了解它的性能，来保护自己，来利用它。

西方、包括日本都准备集中力量发展这类工业，同时对旧的基础工业即旧的传统工业和基本消费工业进行改革。改革以后，人力不要那么集中，效率发挥得更大。我在欧洲所看到的钢铁工业有了很大的改革。过去是一锹一锹地把原料往炉里送。现在原料都是用电子计算机控制，通过一个生产线，放在炉里去炼，不需要手工劳动了。过去把钢铸成钢锭摆在那里，然后根据需要把它轧成钢片、钢管。现在钢炼出以后，把它运到要做钢管、钢条的工段去，马上就做出成品来。这就需要很高的技术和很多的知识。现在煤还是地下采掘。可是世界上的趋势是在地下把它气化，然后运上来。煤里有的东西气里都有，既可以作为能源，也可以把气经过分析后生产各种东西。这是新的趋势。就是说，旧的传统的基础工业也逐渐地向知识技术"集约化"方向发展。纺织工业也是如此，用的工人不多，全部是自动控制，采取喷射的纺织法。现在我国也正朝着知识技术"集约化"的方向发展。因此，我们的工业结构也必然要有很大的改变。由于工业结构的改变，现在有些西方的资本家为了挽救危机，正在考虑把传统的旧工业的机器拆到第三世界去装起来。因为第三世界劳动力多而便宜，以最低的工资，既可以培养当地的工人，又可以生产他自己所需要的产品。当然搬到第三世界去，阻力还是很大的。将来究竟怎么发展，还需看一看。

第四，社会结构的变化。

现在，西方国家农业人口全部下降；工业人口基本不动；服务性行业人口增加很多。农业人口减少的原因是实现了机械化、自动化。美国农业人口 1950 年占就业人口的 12%，工人占 33%，服务行业占 55%；到 1970 年农业人口下降到 6%，工业人口占 32%，服务行业人口增到 64%。一位美国经济学家估计，美国农业人口还有减少的趋势，到 80 年代中期将减少到 4% 左右。农业人口虽很少，但产量、劳动生产率却很高，粮油产量也要增长。过剩的农业人口被排斥于农业之外，这是工农业发展的总趋势。中国将来也会走这条路。

工业人口的下降很缓慢。1950 年美国工业人口占全国就业人口的 33%，1970 年占 32%，到 80 年代的中期，估计要降到 31% 或 32%，不会有大的变化。美国经济学家估计，到 21 世纪初期也不会有太大的变化，约为 30% 强。

服务性的行业在增加。美国 1950 年服务性行业人口占全国就业人口的 30%，1976 年增加了 9%。据估计，到 80 年代，可能增加到 70% 到 75%。他们对服务行业的理解和我们不同。我们的理解是狭义的，就是"八大员"。他们的服务行业含义比我们广得多。包括银行职员、政府官员乃至部队都属于服务性行业。自由职业者、医生也是服务行业。而我们国家由于林彪、"四人帮"的干扰，服务行业也是官气很大，忘记了为人民服务，这是不好的。到底服务行业里面包括哪些具体业务，每项业务里边又包括哪些东西，还有待我们经济工作者来具体分析。总趋势就是服务行业在社会结构里逐步增长。

社会结构变化第二个方面是工人阶级的概念、成分在变化。马克思写《资本论》时代的工人主要是从事体力劳动的。现在外国工人已经变成一半体力、一半脑力劳动。看仪表，按电钮，登记仪表变化。操作也更加专业化。在西方，有所谓"蓝领工人"，即靠体力劳动吃饭的工人，他们的制服多半是蓝的，领子也是蓝的，因此叫"蓝领工人"。脑力劳动者叫"白领工人"。因为脑力劳动者，如搞科学技术的、搞研究工作的，都是衣冠楚楚，西装笔挺，衣领是白的，所以叫"白领工人"。现在"蓝领工人"已经变得和"白领工人"差不多了。我曾到比利时一个近代化的希德玛钢厂参观。鼓风炉前的工人穿着白大褂看仪表，炉前温度也不像我们的那么高。炉前很干净，不像我们黑黢黢的。农业工人过去的劳动很简单，无非是开拖拉机，因为机械化程度提高，用的人很少，就训练农业工人掌握多种操作技能，操作技术也比从前复杂得多。这就是工人成分的变化。当然工人阶级的本质还没有变化。马克思说的，工人是什么阶级呢？是在大的集体里面生存、工作、生产的工人，这一点没有变化。可是他们的工作方式变化了，脑力劳动逐渐地加强，体力劳动逐渐地减轻，这不能不影响到意识形态、生活方式的变化。现在西方工人工作时间是每星期工作 5 天。过去是 8 小时工作，最近是 7 个多小时。把每周40 小时工作制度都突破了，趋势还要减少。因为自动化以后，不需要这么多的工人。解决这个问题的办法，不能把工人全部解雇。解雇了在社会上会引起很大的问题。因此，西方各国采取了缩短工作时间、加多班次的方法。希德玛钢厂就准备从三班制变成四班制。给闲下来的工人办训练班，预备将来转业。退休的年龄现在也有提早的趋势。原来西方 55 岁是退休年龄，60 岁强迫退休。现在因失业工人太多，想把退休年龄提早到 50 岁。工人也愿意。因为现在每个行业十年八年就有发展、革新，工人得重新受训练，科技发展，操作技术、机器都随之不断发展，有的革新甚至是根本性的。工人过了 50 岁，有个惯性，老搞本行，一旦改变，老觉得不适应；加上现在的劳动多半是成天看仪器，单调，神经又很疲劳；因此，工人也愿意提前退休。

在西方高度发达的先进的工业国，三大差别也在缩小。首先是城乡差别在缩小。因为工业化程度越高，物资越丰富，缩小城乡差别就越有可能。60年代初期，英国的城乡差别还很清楚，现在没什么差别了。这次一些同志到国外访问，曾经到农民家里看看。发现他们住的房子，无论是外观、陈设，都和城里没有什么区别。其次是工农业的差别也在缩小。过去农业是最落后的领域，现在由于科学技术的发展，农业也工业化了。例如采茶，我们是用手工，西方是用机械。当然，西方社会结构中三大差别的变化，不是我们经常说的社会主义与资本主义比较的三大差别的缩小，而是就资本主义本身情况来谈的。它们整个社会贫富悬殊还是很大的。例如美国，富的是亿万富翁，穷的可能只靠工资吃饭，或者靠工资也吃不饱饭。但在发达的资本主义世界，国民生活有标准化的趋势。比如吃饭，富人、穷人吃的都是这些东西，富人不过做得精致些，穷人做得不精致，是在标准化上的悬殊，不是像过去那样"朱门酒肉臭，路有冻死骨"。

第五，经营管理的现代化。

所谓经营管理，就是说对人、财、物这三方面加以最科学、最经济、最合理地组织、管理、使用。这里不包括宏观的政策、方针，那是属于上层建筑、意识形态问题。什么样的制度就决定什么样的经济政策、方针。我们社会主义制度的方针政策和资本主义制度有本质的不同。只是在如何用最科学的、最合理的、最符合客观规律的办法，组织、管理、使用人力、财力、物力方面，资本主义确实有很多值得我们研究和学习的。

譬如我们的工厂，不搞科研，或搞得很少。而西方首先一个进展就是科研结合生产。战前，科研机构一般是在大学里，或是在科学院里。战后所有垄断集团的工厂，几乎都有本身的科研机构，主要是研究机器、产品的改进。不抓这个问题，在高度工业化国家里，就活不下去，技术就会落后，产品质量很难提高。

经营管理的第二方面是资金周转很快。例如折旧一项，战前是十年一次，战后一般是五年。速度加快，因此资金周转就快。积压资金在国外经营管理上等于犯罪，可以在民事上提起诉讼。产品积压也不行。如果资金、产品积压多了，厂长马上就有被撤职的危险。这类方法，具体怎么搞的，我们还很不清楚。但他们经营管理的这一原则，我们是可以参考的。

对于原材料的节约、能源的节约，也是西方经营管理中特别注意的大问题。希德玛钢厂一个车间消耗的电量，只等于我们国内同样产量、产品的工厂用电量的 3/10 或 1/2。他们在 50 年代用电量也很大，大约是现在的五六倍。经过各种改进，现在大大降低了。为什么我们搞了几十年，还用原来那么多的电，人家搞了十几年就降下来了呢？是因为人家抓了这个问题。他们每天脑子里琢磨的就是经营管理问题。而我们不想也不抓，这个问题是很值得注意的。对于机器的改革也是这样。最近我接待一位日本工程师，"文化大革命"前曾在北京帮助我们建设化纤厂，最近他来访问，又去看了这个厂。我问看后作何感想，他说："说老实话，当时建厂的情况是什么样，现在还是什么样。而且把有些设备还用坏了。"他又说："当初帮助你们建这个厂的设备，比我们日本的水平大约落后三年左右。我们现在向前走得很远，和你们现在这个厂相比，已经面目全非了。你们还是老样子，我觉得你们经营管理上很有问题。"确实如此。

再一个特点是企业内部有计划性。资本主义整个说起来是没有计划性的。虽然法国、英国也搞点计划，但与我们不同。恐怕是两个极端。我们统得太死，他们又松得要命。例如，法国所谓计划就是给个指标，约束性太小。但他们的企业却扎扎实实在搞计划。一年生产几百万吨钢，没有计划怎么行呢？！原材料、电力怎么来？工人怎么办？技术改革怎么搞？都要计划。资本主义是自发的、无政府主义的，这个原则还没有变；但企业本身是有计划的，经营管理上的现代化程度，我们是赶不上的。

第六，科学技术知识的普及提高。

社会主义是有意识地发展科学技术，资本主义不是这样，是某种盲目的力量推动，使它不得不这样做。两个制度的比较，社会主义的优越性就在这里。当然，我们没有做到这个样子，那不是社会主义制度的问题，而是我们工作上有缺点错误，使得制度的优越性不能真正发挥的问题。

科学技术的发展在资本主义社会是什么力量推动的呢？是利润追求。为了谋求最高的利润额，不得不进行工业结构的变化。工业结构变化以后，工作的性质和质量的要求也就发生了变化，不得不培养新工人，提出高标准的文化、技术要求。一个工人从开始工作到退休，大约三四十年。这期间机器要经过多次革新，操作方法在不断更新。所以工厂老板不断办训练班，培养工人，使之能适应机器的发展。这就推动了科学技术知识的普及。青年人也要经过比较长期科学技术知识的培养，才能工作。这次回国之前，我在联邦德国碰到一位帮助我们建设"071"工程的工程师。他对中国的一切都感到满意，但是有一条他很不满意（他说的是去年下半年的情况）。他说："我看你们有两大问题。一是一些工人'吊儿郎当'。特别是青年人，早上上班按时到的很少，迟到十来分钟、半个小时。来了后晃晃荡荡，做工间操，跑出去半个小时能回来就不错了。然后磨磨蹭蹭地干一会儿就吃午饭了，饭后就不见了。打扑克风气非常盛行。社会主义国家的工人怎么能是这个样子？第二个问题，你们要搞'071'工程，如果现在对这批青年工人不搞文化训练班、技术训练班，他们就不会用这样新的机器；用了也不会发挥出高的效率，甚至还会把机器搞坏。特别要办文化班，提高他们的数学和理化、机械知识水平。对老年工人只要办个技术班就行了。"科学技术知识的普及和提高，在社会主义国家里，应该当作一件大事来抓，应该主动地、有意识地、有计划地来抓。

国外这些资本家对科学技术的要求是很高的。比利时有位农场主（大约有 400 公顷的土地），想把土地交给儿子经营，写好了遗嘱拿到法院去备案时，法院认为他儿子对农场的经营管理知道的还不多，不能继承遗产。老头子就送儿子到农学院专科读了一年半，得到了一张大田耕作系的毕业证明。法院又说，农场是养大牛群的，还要有畜牧业的证书。农场主的儿子又回到农学院读了一年多的畜牧业，得到一张证明书。拿了两张绿色证明书到法院登记，才准许他有经营权。再说工业上一个例子：联邦德国的克虏伯垄断集团有个厂的老板有三个儿子，大儿子、二儿子是花花公子，老三还有点事业心。老头子想把厂子交给三儿子经营。但在联邦德国是长子有继承权。他就把财产分成三份。给老大、老二各分一份，让他们花天酒地地去生活。叫老三在三年内，到每个车间工作三个月到五个月，然后到管理机关、科、室工作两三个月。三年的教育完成后，才把这个厂交给他经营。一个实业家如果要使他的事业能够发展，不搞技术行吗？

我们解放初期外行领导内行还是可以的。但是不能老是外行啊！外行一定要变成内行，一定要研究问题，一定要掌握科学技术知识，一定要把自己武装起来。资本家、农场主尚且有这么大的决心，我们社会主义国家的干部就没有这个决心？邓副主席前不久指示：希望中国科学院和社会科学院党委成员，逐步做到50%—70%是"双肩挑"的干部。既懂政治，又懂技术和业务。为了实现四个现代化，这个措施是英明的、必要的，应该推广到中国科学院和中国社会科学院以外的单位，各级领导都应该如此。

当然，我们所分析的最高度发达的工业化国家，这个"最"不是已经到顶，因为科学技术是不断发展的，人类的知识也是不断发展的，不会有"最"。今天的"最发达"，到明天又是不发达了。但是在今天的条件下，我们可以有当前的最发达的工业化国家的特点，如刚才说的这六个方面，是不是这样，请大家考虑。当然，我们今天没有谈资本主义的丑恶、腐朽的一面，这个准备到下一次再专门来谈。因为我们的目的是吸取可供参考的方面，加快我们实现四个现代化的步伐。

资本主义"黄金时代"的标志

综上所述，我们可以说，过去的 20 多年在资本主义的历史上，是个"黄金时代"。具体表现是：

第一，工业生产增长了 300% 到 400%，平均计算是 380%。农业生产也有很大的发展。比如法国，在第二次世界大战以前粮食勉强够吃，要稍微进口一点，现在粮食不但够吃，而且能有 40% 出口。再如丹麦，是个农业国，500 万人口。第二次世界大战以前农民占全人口的 20%，粮食不仅够吃，还能有一点输出（只是奶制品和火腿罐头）。现在丹麦出产的农产品，能够养活三个丹麦人口，就是 1500 万。这个发展是惊人的。

第二，每年国民生产总值的增长率超过 8%，接近于 10%。个别的国家更高一些，有 11%、12%。这是相当快的。

第三，人民生活有很大的提高。因为工农业的发展，物资很丰富。市场上的东西非常多。当然物价是高的。

第四，经济实力的增长很快。我们只举一个例子：联邦德国的国民生产总值在 1950 年才 1000 亿马克，合当时的美元 250 亿。

到1977年上升到11900亿马克，合现在的美元5000亿。20多年增加了12倍。这里把联邦德国马克和美元的膨胀因素统统排除，纯增长数字也不下于八九倍。这个增长是惊人的。其他国家都差不多。

第五，国际贸易发展得很快。每年增长速度平均为11％。多的时候可以达到14％—15％，少的时候也可以保持在8％—9％。

上面就是我们对战后二十几年来世界上最发达的工业化国家的经济形势勾画的一个简单的轮廓。

表现当代帝国主义的腐朽的因素

说资本主义在二次大战后经历了20年左右的一个大发展时期，是不是就否定了列宁《帝国主义论》里面所说的资本主义腐朽、停滞的趋势呢？

我想没有否定。当前资本主义经济已经从大发展的阶段又走进了停滞的阶段。这个阶段不会是很短的，而会相当的长。列宁在《帝国主义论》里面说过，在帝国主义阶段，资本主义的发展是两种趋势都有，一种趋势是迅速发展的趋势，一种是停滞腐朽的趋势。这两种趋势，有的时候是这一个占上风，有的时候是那一个占上风。而且在一定的国家、一定的时间、一定的条件下，资本主义的发展还是会很快的。现在资本主义由迅速发展走向停滞的过程，完全证实了列宁的这个论断。

在资本主义还没有进入帝国主义的时期，它还是一个蓬蓬勃勃的上进力量。尽管在这个时期也有起有落，但是总的说来，是向上的，是发展的。进入帝国主义以后，它发展的时间就不能持久了。特别在第二次世界大战以后，除了1946年到1953年战争恢复期以外，其余的时间就是1954年开始，到1973年为止，也就是20年的大发展时间。然后接下来帝国主义又是衰退。所以，它在帝国主义阶段，发展的时期不是很长，不能持续很久，不能够像帝国主义前资本主义发展那样持续。这件事情的本身说明了帝国主义时代资本主义的腐朽是基本的趋势，发展只是当中的一个小的段落，而不是像过去那样的以发展为主要段落的情况。所以列宁说，资本主义到帝国主义阶段以后，腐朽的趋势是总的趋势，但是不排除在一定的时间、一定的条件、一定的国家里面还可能有发展，而且发展还会很快。

那么，当前帝国主义的腐朽表现在什么地方呢？有些什么标志呢？我想有这么几个问题提出来供大家作为研究的参考。

第一个腐朽的标志就是危机已经再起不了真正充分的外科手术的作用。

这一点曾经被斯大林认为是资本主义总危机的重要特征之一。现在的情况比斯大林分析的情况更严重了。同志们都知道，周期性的危机在过去的资本主义的历史上，像对于一个高血压的病人放血一样。一个高血压病人，把他的血放掉一点以后，这个人就轻快了，他的健康就恢复了一些。过去周期性的危机，对于资本主义的病来说，就是这样一个情况：每一次它的矛盾积累到不能解决的时候，就发生危机，危机过了以后就萧条，萧条过了以后，它叫复苏，复苏完了紧接着就是繁荣。每次的周期就是这样。这就等于一个人动了放血手术以后，他可以恢复，又可以前进，又可以发展。这次的危机不行了。这次的周期不能充分起一个放血手术所能起的作用。就是说，人的病体已经积弱到这样一个程度，动手术不能解决他的病的问题。这个病还在那个地方。高血压经放血以后，血压仍然继续增高，而且影响到心脏，心脏也在开始出问题。这个表现，就是表现在当前的回升这个阶段上。1974年到1975年危机以后，1976年就进入了复苏阶段。应该说，1976年到1977年的年初，复苏阶段就过去了。如果是按过去的情况，就是按资本主义还很健康的那个情况，复苏过去以后，应该马上就是繁荣。但是，这一次不是这样。1977年年初复苏阶段（除英国、瑞典等以外）在全世界资本主义国家都完成了以后，这些国家头半年还好，但下半年又掉下来，而且掉得很厉害。比如，拿意大利来说，意大利在1976年年底至1977年上半年，确确实实好像到了繁荣阶段，因为它当时增长的年速度比它过去平均增长最快的年速度还要大，约70%左右的年增长速度。但是，到1977年的下半年，突然间又掉下来，掉到百分之三点几，全年平均计算还是比它过去的年平均增长速度要低。美国的情况也是这样，1976年上升了，增长率达到10.2%，但1977年又下来了，降到5.6%。联邦德国、日本也是这样。

总的来说，这次回升有几个特点。一个是它复苏阶段完成以后不能走到繁荣阶段。它出现的第一个特点是不稳定，上去又下来，上得很快，下得也很快。另一个是局部性强。例如，这次美国主要的是靠建筑业和汽车制造业回升上来，但是这两大行业不能够长期支持下去，因为其他的行业都没有动，特别是作为扩大再生产基础的生产资料生产的许多部门，如机器制造等，并没有什么起色。这样，它就变成一个脆弱的、局部的、不稳定的回升。总的原因就是危机没有能够起到真正充分的外科手术的作用。这是一方面。

另外一方面，我们说它心脏也开始发生毛病了。就是说，整个危机是同失业、同通货膨胀交织在一起。一方面是复苏，但是复苏解脱不了失业。现在西方失业的人口已经是1700万，比危机最高峰的1975年10月还高出200万。它的严重性还在于，失业以后再就业就很困难了，因为技术水平、科学知识各方面都不够，用不上去。通货膨胀呢？原来许多国家都是 10% 以上，所谓两位数字，经过 1976 和 1977 两年硬把它压下来，压到了 8%、9%。但是到今年，美国的通货膨胀又到两位数字（10.7%）了。通货膨胀和失业，这都是心腹之患。所以我们说它心脏出了问题。就是说，用周期的危机现在不单是不能起外科手术的作用，而且病人的机体已经衰弱到这个程度，动手术反而引起了心脏的毛病。失业的人数只增加而不能减少，通货膨胀最好是维持 8%、9%，而现在都维持不住。这点只是说明资本主义腐朽的一个方面。

现在先进资本主义国家的设备是大量闲置的，没有用的机器大概在百分之二三十左右，有的行业到百分之三四十，比如说钢铁和造船就是这样。当然我们要具体问题具体分析。美国的钢铁设备之所以百分之二三十没有使用，主要的原因当然是由于钢铁的销路差了，美国也在有意识地用别的东西如塑料来代替钢铁。这样就使得钢铁的产量缩小了，用不着那么多了。

第二个腐朽的标志是国家对经济的调节作用越来越失灵了。还能够起一点作用，但是过去的那一种冲劲失掉了。

国家调节经济在第二次世界大战前已经有了，凯恩斯学说则集其大成。这个办法是为了挽救资本主义，用国家的力量来调节经济，来避免危机或者减轻危机。1933 年罗斯福上台以后直到二次大战爆发，用"新政"开始试验，曾经取得有限的效果。

第二次世界大战以后，国家垄断资本主义有了重大发展，在经济生活中起着重要作用。战后，因为恢复战争的创伤，接下来又是把军事上的科学技术运用到民用工业上来，有了很多的发展，这就刺激了利润率的上升，形成了一个新的投资高潮，进行了大规模的设备更新，还建设了许多新的工业。这个期间也不是没有危机。比如拿美国来讲，在这 30 多年中就有 6 次小的危机，其中一次就是 1958 年那一次还比较严重，但是因为用国家调节经济这个方法，美国把这个危机严重的程度缩小了、减轻了。所以国家调节经济是在普遍使用的。英国政府经常做的事情就是，看市场的情况，不断提高或降低公定利率。经常用调节利率的办法来影响市场，使得经济可以继续发展。所以用国家的力量来调节经济，在第二次世界大战以后已变成国家的一个职能。这是在资本主义的历史上，在第二次世界大战以后实行的最普遍、范围最大的一次。过去也这样搞过，比如说德国、日本等国的资本主义发展也靠国家的干预和支持，但是那时的规模和影响比现在小多了。现在一些国家的政府支出几乎占到该国国民总产值的一半以上（如瑞典），较少的如美国，也占 1/4 左右。国家直接出面，通过国有经济、国民收入再分配、搞公共工程等等，用各种办法来刺激经济的发展。这是第二次世界大战以后才有的。

在 60 年代末期以前，国家调节经济确实是起作用的而且起的作用很大。比如说，日本的工业为什么能够发展这样快呢？原因很多。但是其中一个很重要的原因，就是国家通过银行来支持工业的发展。日本的工厂投资，资本家出钱是不多的，资本家出的钱比德国少得多。在联邦德国建设一个新厂，资本家出钱大概要占到 40% 左右或者 50% 左右，银行贷款再给他剩下的 60% 或者 50%。日本就不是这样。日本资本家出钱建厂最多的，所投资金也只占全厂资本总额的 32%，其余的 68% 靠银行贷款。银行后面是政府。私人银行后面是政府支持。所有日本企业中，这是算好的了，私人能够出到 32% 的资本，就很不错了。一般的情况是，私人只拿百分之十几、二十左右的资金，其余全靠政府通过银行来支持。

用政府的力量来调节经济、发展经济，这在过去 30 年当中确实是对资本主义国家的工业发展起过很大作用的。凯恩斯主义发挥了最大的效力。所以才导致了这一政策的大发展。现在国家调节经济开始逐渐失去作用了。现在许多事情政府都不敢做，原因在于，要实行凯恩斯主义就不能不引起通货膨胀。现在人家说，西方的国家以及日本是靠借债发展起来的国家，财富再分配也是用债务的方法来搞的。现在债已经太多了，政府不敢再大搞，怕引起又一次恶性通货膨胀。现在刺激公共事业的投资，也不敢大做，失业的情况改善不了。在过去几十年当中，国家的购买对促进资本主义经济是一个很重大的因素。据一般统计，国家的加工订货和国家的购买大概要在全国商品周转率里占35%强。现在也不敢太多增加，也是因为顾虑通货膨胀恶化。

再就是压缩福利开支的问题。我们知道，西欧实行所谓中左政权，就是社会民主党同基督教社会党、基督教民主党的左翼或少数的右翼联合起来执政，对工人做了一定的让步，实行所谓"四高"政策。首先是"高工资"，然后是"高物价"，然后是鼓励"高消费"，"高消费"也就鼓励"高浪费"。在这样的政策实行这么多年以后，形成了严重通货膨胀的一个根源。西方政府已经开始准备砍掉一些福利，但是还不敢大砍，因为怕工人斗争会引起社会秩序的动荡。今年英国的卡拉汉政府就在尝试同英国工会取得协议，每年工人增加的工资不同物价挂钩，解除工资和提价的指数化。许多西方国家也试图照办，但是无论在英国或其他西方国家，阻力都很大，不容易完全办到。

另外，为了使得本国人能够有更多的就业机会，现在大量地解雇外籍工人。同志们都知道，在西欧外籍工人最多的时候有七八百万。土耳其人、希腊人、意大利人、南斯拉夫人、阿尔及利亚人、摩洛哥人、埃及人、突尼斯人，还加上一些黑人，等等。这样大的数字在当初是必要的，因为当初它在经济大发展的时候，建立了很多新的工业，要雇用大量的劳动力，劳力不够用，因此就引进外籍的工人。每个国家都在引进。当然意大利不需要引进了，但是意大利也有一些黑人，最粗的工作是黑人做的。他们这些人来了，一方面做工，一方面也扩大了市场，因为这些人有购买力，要买东西，扩大了消费，扩大了社会的需求。现在要减掉。我最近碰到从比利时来的一位友协的朋友，他说现在联邦德国大概只剩下180多万外籍工人，可是三年前的数字是233万多人，三年砍掉了50万。

过去是用各种各样的办法，通过国家调节经济，现在这些办法的冲力都失掉了。因为怕通货膨胀，又怕引起社会动荡，很多办法不敢用或者不能用，这样就使得社会总需求不能扩大而缩小。

在这里就提到一个无产阶级绝对贫困化的问题了。西方的工人在这几十年当中实际工资确有增加。有许多工人失业了五六年，但是生活并不太坏。这是事实，是无法否认的。这些事实同我们所谓无产阶级绝对贫困化的理论怎么合拍呢？我们必须用实际来检验真理，用实际检验绝对贫困化这个问题。我对马克思主义的修养很低，但是，据我很浅薄的知识，似乎马克思没有提过绝对贫困化的问题。列宁所说的绝对贫困化是说，有的时候，在某些国家是存在的。他并没说绝对贫困化是一个普遍的、绝对的规律。我想，对"绝对贫困化"这个词的定义，恐怕需要仔细推敲确定一下，否则各人有各人的解释，就很难统一思想了。

今天，实际工资上升的情况开始有所变化。根据最近我们所得到的数字，从1951年到1969年，在西方社会里个人消费是年年都有增长的、是不断在扩大的。从70年代以后增长率放慢。最近三年，就是1975、1976、1977这三年是固定了，没有什么增加，没有什么很大的变化。最近根据统计，有的国家开始下降。法国、英国、联邦德国、比利时这几个主要的国家都在下降。下降多少呢？大概1%左右。最近西方的统计告诉我们，最近的实际工资、个人消费在某些国家里有些下降。这个情况也就反过来说明国内市场在缩小。

国家对经济的调节开始失灵。通俗一点的话叫做失掉了冲劲，也就是说失掉了它应起的作用。这是它腐朽的另外一面。我们是说它开始在失掉，但还没有到完全没有用的程度。这是第二个问题。

过去帝国主义在没有办法解决矛盾时就要打仗。打仗，放血的程度比周期危机更大。但是，现在由于各种原因，目前是打不起来的。力量对比还在酝酿变化当中，量变还远远没有到质变的时候。

第三个腐朽的标志是国际市场由扩大到缩小。

刚刚说的是国内的市场由扩大而缩小，现在说的是国际的市场由扩大而缩小。在1975年以前，世界贸易是年年增长，当中有一年两年稍微有点衰退但不影响大局，从总的趋势来看是年年增长。1975年世界贸易的增长率是11.5%，但是现在降低了，1977年的增长率下降到6%。1978年数字还没有出来，但是根据联合国和关税及贸易总协定专家们的估计，今年国际贸易的增长率可能下降到4%。就是说，国际贸易的增长率年年在降低，即越来越缩小。首先，这是因为先进工业国之间的斗争太尖锐、太激烈了。美国与西欧之间，美国与日本之间，日本与西欧之间的斗争都是非常尖锐的。美国的农产品有1/3是向西欧出口的，现在西欧自己农业发展起来就不要它的了，所以美国农业向西欧的出口现在就大量地下降，已经下降到百分之二十几了，原来是1/3。美国就压西欧，说如果西欧再继续限制美国的农产品进口，美国就要限制西欧钢铁向美国进口。这样所谓冻鸡战、钢铁战这许多名词都出来了。

另外西欧内部也出现了竞争。例如，法国是出葡萄酒的地方，意大利也是出葡萄酒的国家，联邦德国的白葡萄酒也是很好的。这三个国家在酒的问题上的斗争叫做葡萄酒战。尽管有个共同体在上面管着，但是并不能制止相互之间用各种办法来限制贸易的发展，各有各的利害关系，没有办法制止。有的国家用出口补贴来推进本国对外贸易的发展，但是出口补贴只能在一个时候使出口增加，而由于对方也相应地增加了很多限制，所以出口补贴也不能起作用于久远。保护主义是当前的一个大问题，保护主义盛行。中国的纺织品也受这个保护主义的害。共同体说这是对它们倾销，要中国自我限制。新加坡、南朝鲜、印度、菲律宾以及香港都受这个纺织品保护主义的影响。采取各种各样的办法来限制国际贸易的发展，这也是资本主义腐朽、停滞趋势的另一个证明。

第四个腐朽的标志是第三世界同资本主义世界的关系现在有很多重大的变化。

从两个方面来说，一是第三世界现在已不是过去我们所想像的那个纯粹对资本主义工业国供给原料和矿产品的情况。现在，虽然总的说来，这种向先进工业国输出初级产品的情况并没有改变，但是在有些地方，情况倒过来了，特别是在粮食方面。西方向这些国家输出原料、输出粮食、输出农产品的数量近来大有增加。我们举几个数字。1973 年发达的资本主义国家向第三世界出口的粮食超过第三世界向发达国家的出口 1.4 倍，农业原料的出口超过 1 倍，矿产和金属品的出口超过 3 倍，制造品的出口超过 20 多倍。特别是粮食，现在从西方输出到第三世界的粮食供应年年扩大。据联合国经济刊物的统计，60 年代第三世界从西方进口的粮食（谷类）是 2000 多万吨，1970 年增加到 3500 万吨，1975 年增加到 5000 万吨，据联合国粮农组织专家的估计，到 1985 年西方要输出到第三世界的粮食可能增加到 8000 万吨。

再一个情况就是，最近几年来，第三世界某些国家和地区有一些工业制成品，对西方先进国家形成了一个竞争力量。主要是在纺织品、轻工业品、少量的粗钢、电子产品等方面。至于纺织品，刚刚已经讲了，很多第三世界的国家和地区向西方出口纺织品。轻工业品方面现在也开始在竞争，而且竞争得很厉害。例如，有许多半导体收音机、钟表、电子产品、皮鞋、皮箱等等，第三世界的产品就竞争性很大。以香港为例，它生产的录音机、电子表在欧洲有很大的市场，欧洲竞争不过它。中国台湾省和南朝鲜生产的电视机、录音机、电唱机这类的电子制品，在西欧竞争也很厉害。

从这些方面来看，第三世界国家和地区在最近几年确实也有一些发展，这些发展使得先进工业国感觉到是一种竞争力量。因而它们就不得不限制它。这是前殖民地同前宗主国关系变化的一面，是值得我们注意的。

另外一面，第三世界越来越穷。除少数国家以外，现在总的说是越来越穷。据统计，1976 年人均国民总产值以科威特为最高。科威特地方只有一点点，但石油很多，这是个特殊情况，它平均收入按人口计算每年每人是 1.15 万美元。现在最高的是瑞典，7880 美元，美国是 7060 美元。最低的，亚、非、拉还有 70 美元的，印度是 150 美元，不丹、老挝等是 70 美元。中国是中流，按人口平均计算，是 300 美元，同世界水平来比，那是差得很远。1950 年，就世界贸易来讲，发展中国家在世界贸易总额中占 32%，1964 年就减少了，减少到只占 20%。1970 年更加减少了，只占 17%。最近我们得到 1974 年的数字，第三世界发展中国家在世界贸易的比重，只占 11%。这就说明，除了富的产油国以外，这些国家越来越穷，在世界贸易的比重越来越少，债务越来越多，除产油国以外，有 86 个发展中国家，它们的长期债务超过了 2500 亿美元，短期的私人债务大概是 500 亿美元，总数是 3100 亿美元。而且失业特别多，整个非洲 2 亿多人口就有 6000 万人是失业的，总起来说失业的人口有 1/3 以上。这些都是第三世界越来越穷的证明。

第三世界的变化，特别是贫困的加剧，也说明整个资本主义世界腐朽停滞的趋势。这十几年来，西方先进工业国对于第三世界的廉价原料的获得，不等价交换的加剧，直接剥削和间接剥削的加深，是先进工业国"黄金时代"形成的重要因素之一，也是第三世界更加贫困的主要原因。

第五个腐朽的标志是资本主义发展的不平衡更见加剧。列宁说过，资本主义不平衡的发展特别表现在资力最雄厚的国家的衰落上。列宁说这个话的时候，资本主义国家资力最雄厚的是英国。今天是美国。现在美国的经济确实是在衰落当中，在世界经济里面的地位是在衰落当中。欧洲、日本逐渐地赶上来了。不平衡规律的本身，表现在美国这样一个资力最雄厚的资本主义国家的衰落上面，就充分说明了整个资本主义的腐朽的一面。今天在资本主义世界，美元体系已经瓦解，货币竞争日益激烈，很有可能分裂成为三个货币集团，形成世界金融的大动荡。这三个集团是美元集团、欧洲货币集团、日元集团（另外还要加一个卢布集团。卢布集团是苏联控制的货币集团）。这三个货币集团互相斗争，互相排挤，形成了当前资本主义世界国际金融货币体系的大混乱，使得整个资本主义世界经济处于一个无法前进的境地。这和第二次世界大战刚结束时的情况完全不同了。当时，资本主义金融体系是一个完整的、有活力的体系。当时根据布雷顿森林会议的协定，美元变成了资本主义世界的统治货币，一切货币都跟美元挂钩，美元又跟黄金挂钩，所有外币的汇价都向美元看齐。

在这个时候，整个资本主义世界贸易经济的发展是与这个有关系的。如果没有一个稳定的国际货币体系，那么，资本主义世界的经济就不可能发展，资本主义的世界贸易就不可能发展。正是因为有了这么一个体系，所以才促成了二三十年的大发展。不论是西欧，还是日本，它们的发展都是同美元货币体系的稳定有关系的。但是，现在这样一个体系崩溃了。1968 年开始的美元危机，然后 1971 年到 1973 年美元的贬值，黄金同美元的脱钩，使得资本主义世界货币体系崩溃了；到今天资本主义世界货币分裂成为三个集团的趋势已经相当显露，这三个集团互相竞争，互相冲突。在这种情况下，资本主义世界经济就不可能再发展，而只能停滞。这也是腐朽的一面。

第六个腐朽的标志是国际的调节经济的体系很难形成。

我们刚刚讲国内的调节经济——一个国家用它自己的力量调节本国经济——已经失掉了冲劲。虽然还能够多少起些作用，但是冲劲没有了。现在我们讲的是资本主义工业先进国在它们之间也想搞一个用国际力量来调节经济的体系。但这个体系到现在为止还没有能够形成。这也是资本主义停滞、腐朽的另外一面。

为什么要国际来调节经济呢？主要的原因就是经过战后二十几年的大发展以后，生产社会化和国际化的程度越来越高，各国间相互依赖越来越深，一个国家仅仅依靠国内条件解决不了问题，必须大家共同来执行一个国际的经济调节的政策，才有办法。这个当前的需要是迫切的。比如，大家怎么样一起走出当前经济长期的、慢增长速度的局面是一个大问题。这个大问题靠一个国家解决不了。以西欧共同体而论，成员国间经济互相依赖很深，每个国家调节各自的经济，就只能互相抵消力量。最好能够大家一起来共同制定如何走出这个长期慢性的低速度的战略与策略。

　　第二个就是共同对付第三世界。因为现在第三世界搞了很多的原料输出国组织，比如说石油有一个石油输出国的组织，其他的矿产品有矿产品的输出国组织，连咖啡都有咖啡的输出国的组织，变成一个集体讨价还价的力量。西方如果单独对付它，感觉不放心，它们希望互相防止单独地对这些输出国组织做让步的任何可能性，希望西方工业发达国也结合在一起共同对付第三世界的这些原料组织。

　　第三个是当前对苏联的做法上的分歧。有的人觉得应该多向苏联出口一些技术、资金、商品。有的人又不赞成这样做，反对对它绥靖。实际利害需要想办法对苏联的经济斗争进行国际调节。

　　在这三者中，当然最重要的是第一个，即如何用国际力量来调节本身的经济政策，从而走出慢性的、长期的、低速度的萧条。但是，在这一点上，现在遇到很大的困难，形成不起来。因为各个国家的利害不同。比如说，现在经济弱一点的国家要求美国、联邦德国、日本这三个最强的国家来当所谓推动世界经济发展的"火车头"。而这三个国家呢？美国叫联邦德国、日本当，联邦德国要美国、日本当，日本不但不愿意当这个"火车头"，反而在这里面利用机会去挖人家的东西。三个都互相"谦让"，这就使得国际调节经济这样一个体系无法建立。从1976年开始到现在已经三年了。三年来，七个所谓资本主义世界经济的领导国家开了多次首脑会议，最后还是形不成一个国际调节经济的体系。这次7月间的波恩首脑会议看情况好像有一点点结果。美国答应在石油问题上采取行动，欧洲答应在通货膨胀、稳定货币上起一点作用，日本也答应进口一点欧洲货同美国货，少输出一点日本货，以减少一点贸易顺差。看起来好像都有一些字面上的诺言，但是实际上却满不是这回事。日本现在在搞它的日元集团，以东盟五国为中心，拉拢东南亚的国家以及其他国家，搞所谓东南亚经济共荣圈。欧洲现在是想把地中海区变成欧洲的内湖，把美国势力排出去，形成一个贸易集团。比如说《洛美协定》后年就要满期了，现在正在协商怎么办（《洛美协定》牵涉的是非洲、加勒比和太平洋的一批小国，统称非加太，一共是 54 个国家），把《洛美协定》的这些国家联合起来，逐渐地把美国的力量排出去，把日本的力量排出去。美国现在要把拉美巩固起来，特别是它想要把中东稳定下来，抓到手里。这样有它对苏联的战略目的，另外一方面也有经济上对欧洲的目的在内。当然，主要是对苏，把战略稳定下来。

在这样的情况下，互相勾心斗角，要想形成一个国际的调节经济体系是很困难的。不要说美、欧、日这样大范围，就是欧洲内部要形成一个国际性的调节欧洲内部经济政策的体系，也很困难。比如，这回德斯坦同联邦德国的施密特所提出来的欧洲货币区这样一个建议，对西欧来说当然是有好处的了。西欧各国货币之间的汇价如果能够大致稳定，对于发展西欧内部的贸易是很有好处的。但是现在联邦德国同法国提出这个建议并不同心，法国总想让联邦德国多出点钱，却坚持由自己来统治这个货币区。联邦德国是多出钱就要有权力多说话，双方明争暗斗也很不少。因而要想搞一个国际性的经济体系有困难。这也说明资本主义腐朽的一面。

第七个腐朽的标志是资本主义世界科学技术的发展已经进入了停滞的阶段。

进入 70 年代以后，特别是从 1974—1975 年的危机以后，世界科学技术的研究情况已经出现了停滞的趋势。这是说明资本主义腐朽的一个很重要的标志。有这样几个问题：一是科技上突破的高峰已经过去。美国大部分科技上的突破是在 1960--1966 年，这六七年是美国科学技术上取得很大突破的时期。当然我说的不是战时的发明，战时的发明创造应用到和平工业是在50年代初期开始的，在这样一个大的突破底下，它搞了一些重大的技术上的突破。之后，1960—1966年是一个高峰，过了这个高峰以后，美国的科技发展就走下坡路了。联邦德国科学技术发展的高峰是1971年。1972年开始以后，联邦德国科学技术的发展就没有什么重大突破了。日本科学技术发展的高峰，也是日本的专利进口、技术进口的高峰，是1973年。从1974年开始，日本科研的高峰过去了，日本进口技术的高峰也过去了。美国、联邦德国、日本这三个国家，是资本主义世界最强有力的国家，从这三个国家可以看到其他，有代表性。科研高峰、重大突破没有了，这是一个问题。

二是科学研究费用支出的比例在下降。美国在60年代科研支出的增长速度开始放慢，美国科研费用在国民生产总值里的比例下降。日本60年代对科研、设计和实验的拨款增加3倍，日本在60年代里科研的发展很快，以300％这样的速度增加上去。到了70年代以后下降了。1973年日本科研的支出还在国民总收入里占2.16％，1976年占2％，下降了0.16％。日本的私人企业的科研支出增长能力也在下降，而且下降很快，在1955—1969年这15年当中平均每年的增长率是19％，70年代以后平均增长率下降到2％，私人企业科研的增长率大大下降。就是说，从科学研究支出的比例来看，是一个停滞的、下降的趋势。

三是科研的方向在改变。基础科研支出下降，另一方面产品研究的费用增加。基础科学的研究是很重要的。没有基础科学研究，就没有下一步的科学技术上的突破。但是，基础科学的研究需要很长的时间，才能使新发明进入具体应用，一般地讲，大概需要30多年的时间。比如，1850年发明了电，但是把电应用到实际的电灯、电话上来，过了30年，到1880年才真正开始大规模地实用起来。原子的理论是20年代中期就发明了的，但是用到实际上搞第一个原子弹是1945年，当中经过了20年，还是由于战争的刺激；而原子能真正为人类造福，用于和平事业却是1953年英国哈威尔的第一个原子发电的试验站，也快30年了。到现在，由于资本主义经济的停滞、腐朽，对于原子能和平应用的研究，最近在能源问题发生以后，才受到认真的重视。原子能发电在目前阶段还普遍不了，主要是由于费用太大，不很安全，资本家不愿意大搞，怕风险，政治的和经济的风险。基础科学的研究是很重要的，但是花钱多而见效不快，因而资本家不那么感兴趣。现在对基础科学研究的投资也减少了。以日本为例，日本的基础科研支出在整个科研支出里所占的比例，从1965年的11%降到现在的5%，降得很大。

另一方面，产品研究的费用在增加。这是因为平均利润率下降了以后，怎样把产品做得更漂亮一些，销路更大一些，材料用少一些，成本更低一些，搞当前实用的东西，同时搞小型化。当然这些也是必要的，也是很重要的，但是从发展上来说，对于基础科研来说，究竟是次要一些。

四是科研投资方向在变化。70年代以来，资本主义工业先进国家的垄断资本不愿意向新的技术部门作大规模的投资。因为怕冒风险。搞一个新的技术部门，要经过从设计、试验到投产的过程。这当中，时间很长而且还不一定成功，也许要多次失败以后才能成功，钱花得很多，而今天的经济是一个长期不稳定的低速度增长的情况，它不愿意搞了。再说，现在大量生产设备是闲置着的，资本家怕更多的生产过剩、设备过剩。当前投资的倾向是在原有的基础之上搞自动化，这并不能促进整个经济的发展。

科学技术的停滞表现在劳动生产率的增长速度在下降。以美国为例（美国是科学技术发展最快的国家），美国劳动生产率增长的年率在 1957—1966 年这 10 年，每年平均增长 3%，在 1967—1976 年这 10 年只增长了 1.6%。

我们从科技的这几个方面来看资本主义发展的情况，应该说资本主义的发展是处于停滞的、腐朽的状态中。

第八个腐朽的标志是资本主义世界现在的社会危机是非常严重的。

这里面很大的一个原因就是马克思主义哲学里面说的资本主义社会里人的异化的问题。一个人在一个职业上做得很久，他的职业又同别的职业不一样，很单调的。看仪表，按电钮，或者在一个自动线上按照所谓"泰罗制"工作，但比以前可能还要紧张一点，不但是体力疲劳，而且是神经疲劳。现在从劳动来讲，体力劳动的强度同 50 年代到 60 年代我们在国外看到的，确实是大大减轻了。这当然是件好事，但是并不证明人就可以更舒服一些。相反，因为老在那里按电钮，看仪表，人感觉单调、重复，自己感觉自己被机械控制而不是人在控制机械。人感觉到自己不是人，而是机器的一部分，自然而然地引起了厌恶社会、反抗社会的思想意识。

另外一个是不安全感。很多人认为今天的生活这样好，能够维持多久？很多人都有这个怀疑。我们同一些人谈的时候，有些工人就讲，我们现在"蛋糕做得很大"，因此分到我们的份上还不错，但是这个"蛋糕"有一天万一缩小了怎么办？对于当前的社会制度到底怎么样，能不能够保证长期维持稳定，一直是有怀疑的，一种不安全感笼罩着整个社会。

再一个是因不适宜于当前的生产情况而被排斥出来的人越来越多。现在生产技术日新月异，每隔几年就有新的改进、新的工作方法。一个老工人必须不断接受新训练才能适应这些新变化，而且神经太紧张，所以现在退休的年龄有提早的趋势，一般的退休的年龄原来是 60 岁，现在有些国家男工人的退休年龄已改为 55 岁了。当然这当中还有其他的社会原因，就是老的早一点退休，好让青年工人上来。这种被排除于工作之外的情况越来越多（当然生活还是有保障的）。又如农业工人离开了农田，是失业了，虽然靠救济金还可以生活，但是在社会上受到歧视，心情很不舒畅。总之，在今天西方社会里，普遍存在着对当前社会的各种各样的不满意。老年人对提前退休不满意，有些人对工作不适应不满意，年轻人对工作挑来挑去不满意。各种各样的情况，对现实这样不满、那样不满的情绪，十分普遍。

　　还有，现在空闲的时间多了，工作的时间一个星期只有五天，说是 40 个小时，实际上呢？做 36—38 个小时左右的样子。一天疲劳过了以后，就想追求一点什么刺激。有两种：一种干脆乱七八糟地搞。现在西方吸毒是个非常严重的问题，许多人从这里面找解放，解疲劳。还有一种就是酗酒，再不然就是鼓励每家装电视，等到晚上的时候在电视前一坐就是半夜，完的时候就睡觉。电视上放映的净是一些乱七八糟的片子，打斗、色情天天演。更造成问题的严重性的是，追求疯狂刺激，杀人、绑票或劫持飞机、火车之类的所谓恐怖行动就不断发生。总之，这个社会是一个不安宁的社会，是一个严重病态的社会。人对于自己的价值采取否定的态度，人对于生活的目的是一片空虚，人对于将来根本没有抱负和理想，人没有奋斗目标，人不知道自己为什么活着，应当怎么活下去。有的对社会持消极反抗的态度，如吸毒、酗酒；有的持凶暴反抗的态度，如杀人、绑票。所有这些，说明资本主义社会尽管有很高度发展的生产力，却不能组成一个健康的富有生命活力的社会。这难道还不足以说明资本主义的腐朽吗？

在政治方面，在西方可以说没有能够产生一个强的、伟大的政治家的背景。像第二次世界大战时的那些可以算得上伟大的反法西斯的资产阶级政治家，如罗斯福、丘吉尔、戴高乐等，有个性、有魄力、有办法，能够领导人民，领导国家走到反法西斯的胜利方向。现在没有！现在的这些政治家都是非常软弱的，反映出这个病态的、腐朽的社会产生不了伟大的、有魄力的、高瞻远瞩的政治家。整个西方丧失了刚毅的精神。欧洲政治上最大的一个特点是党派林立，分歧很大，丑闻很多，政治错误不少。这是一个腐朽的制度产生一个腐朽的社会，腐朽的社会又产生了这样一些腐朽政治的社会现象。

从以上这八个方面，我们说，资本主义世界现在进入腐朽、没落的一个长期阶段。从经济来说，现在是在一个转折点上。高速度发展阶段过去了，今后往哪个方向转？

对这个问题，当前有三种不同的估计。

一种估计是很乐观的，认为大概在1979年世界经济局势就可以好转过来，一进入80年代就可以重新有繁荣。其根据是，经过危机以后，就好像放了血，而且放的时间比较长，能够起外科手术的作用，再加上科学技术的发展，还有余地可以回旋。如激光应用现在是刚刚开始，治理环境污染要做很多的事情，原子能发电也可以朝着核聚变发展，许多这一类的问题可以成为刺激新的投资的力量，因而又可以引起一次经济上新的前进。这种估计是非常乐观的估计，恐怕是不符合今天的实际的。因为今天可以看得出来的科技发展的停滞的趋势是不会一下子改善的。另外照目前的情况来看，要想把投资再刺激上去也不是那么简单的事情。这种估计我看是太乐观了。

另外一种估计是很悲观的估计。就是说，到80年代的初期恐怕还要发生一次比1974年到1975年更大的一个衰退；经过了这一次更大的衰退，资本主义的经济会垮台。特别是看到资本主义的经济现在金融方面的问题很严重，因此他们就说通货膨胀控制不住。到最后可能要发生"金圆券"的前途，由货币崩溃引起整个经济的崩溃。对此，我们的看法是，好像又太悲观了一点。当然，金融危机确实是严重的，刚才说了三个集团的趋势已相当明显；但是，说这三个集团就彼此冲突，一直发展到互相冲垮，恐怕也不可能。因为现在即使互相冲突，也得需要有一定的克制，因为美元要是彻底垮台，对欧洲也很不利。再加上刚刚说了虽然资本主义经济是停滞的状态，但是它还能够有些余地可以活动。因此，它还是能够有一点发展，不过发展的速度不会太高就是了。

我们倾向于第三种估计。这就是，今后的一个时期是一个低速度发展、长期慢性、萧条的时期。垮，垮不下来；上，也上不上去。就是这样子拖着。发展的速度会是很低的。我们同意西方一些经济学者的估计，发展的增长率大概每年2%到3%，现在的4%的增长率恐怕到80年代初都不容易维持下去，但也不能排除个别年份可以达到4%的增长率。在这当中，有时候发展可能比这个2%稍高一点，有的时候又可能低一点，反反复复、起起伏伏地一直延长下去，短期内恐怕是走不出来。估计在80年代的初期可能再来一次周期性的危机，不过这个危机也就同1974年、1975年的情况差不多，最多是衰退的范围稍大一些，衰退的时间稍长一点。

我们认为，到21世纪之初，整个资本主义，西欧、日本、美国统统包括在内，很可能是一个长期萧条、慢速度发展的状况。在这段期间还会有周期，但也会有发展。在低速度底下的那种所谓繁荣，在低速度底下的所谓衰退，这样不断地下去。很可能是这样一个局面，除非有新的因素出现，例如战争或者革命，但这些因素似乎都很不成熟，不大可能出现。

现在资本主义国家有很多"有见识的资本家"，想以改善对第三世界的关系来作为改善他们自己经济的出路，也就是说新殖民主义要进入第三个阶段。美国政府中有不少人有这样的想法，西欧政府首脑人物里面也有不少人有这样的想法。他们想把资本主义国家的某些他们认为是劳动力需要多、原料需要多、操作过程比较简单、劳动强度比较大的工业，搬到第三世界去，而他们自己则集中力量发展科学知识比较集中、技术比较高、设备比较复杂的工业，比如集成电路工业、原子能工业，等等。这样，第三世界有了工业，第三世界的购买力就扩大一些，工业先进国的工业产品就有地方可以销售。实际上就是把工农业品的不等价交换，改变成高、精、尖工业产品同一般工业品的不等价交换。要改变一下剥削方式，使第三世界多一点购买力，使工业先进国经济上有一点出路，企图借此来缓和经济困难。

现在有一个大问题：世界大战打不打得起来？

我们认为，目前确实不容易打起来，美苏双方目前都没有准备好，是双方没有打的主要的原因。另一方面，所谓核均衡在目前是不是也对阻止核战争的爆发暂时还能起一点作用？恩格斯有一段话，很有启发。在《马克思恩格斯全集》第22卷第53页上，恩格斯说："两个阵营都在准备决战，准备一场世界上从未见过的战争，一场将有1000万到1500万武装的士兵互相对峙的战争。只有两个情况至今阻碍着这场可怕的战争爆发：第一，军事技术空前迅速地发展，在这种情况下，每一种新发明的武器甚至还没有来得及在一支军队中使用，就被另外的新发明所超过；第二，绝对没有可能预料胜负，完全不知道究竟谁将在这场大战中获得最后的胜利。"根据这些话来看当前的核恐怖均衡，恐怕对它暂时能起防阻大战的作用，不能完全加以否定吧！我这里要特别强调暂时这两个字，因为战争的推迟归根到底还是要靠人民的力量，而不是核均衡。

用战争来解决经济出路的问题，在可以预见的期间内，看来是不可能的。革命，看来也不是很快可以发生的事。到第三世界去找出路，也不是很短时间可以实现的，阻力还很大。因此，资本主义世界经济的困难局面可能长期地拖下去。拖个 10 年、20 年，我看不是不能想像的。

回答几个理论问题

1. 关于资本主义垂而不死的问题

有的同志问："照你的说法，资本主义还有生命力，而列宁说资本主义是垂死的，怎么现在还不死呀？"我看，资本主义要死还不那么容易。原因是什么？要从生产关系和生产力又适应又不适应上求得解决。马克思在《政治经济学导言》里面说过，在资本主义制度下，生产关系一定会束缚生产力，从长远趋势看，这当然是对的。但把这句话绝对化了，我想是不能解决今天的现实问题的。不能认为在资本主义条件下，在任何时候、任何情况中，生产关系都是桎梏生产力的。我们看问题要从实际出发，而不能从空的东西出发。实践是检验真理的惟一标准嘛。这个问题现在正引起争论。我是赞成这个观点的。要从实际情况出发来解决问题，马克思的每一句话也不是绝对的。我们应该这样理解问题：在资本主义制度下，生产关系从总的长期的趋势来说，是束缚生产力发展的。我们刚才举的许多事实，都说明了这个问题。但是并不排除在某一个时候、某一特定情况下，在某一阶段、某一些人造成的条件下，资本主义的生产关系可能暂时地、局部地、不稳定地适应生产力的发展，甚至促进生产力的发展。在资本主义制度下，因为采取了某些措施，改变了生产关系，使之适合于生产力发展的例子是不少的。罗斯福30年代的"新政"就是一个例子。当时美国经济困难得不得了，是资本主义有史以来最大的危机，几乎是全面崩溃，到处笼罩着悲哀的、不可终日的气氛。罗斯福上台以后，实行了"新政"，在生产关系上作了某些变革。1938年情况有了改变，当然不是根本的改变，有好转。到第二次世界大战以后，整个情况就变了。再如第二次世界大战以后，美国和西欧所采取的把科学技术成就运用于生产上来，也促进了生产力的发展。国家资本主义实行的经济调节政策，对工人阶级的若干让步，用社会民主党和基督教社会党联系起来执政的"中左"政权对工人阶级实行一些让步，确实赢得了社会暂时的安定，使经济有所发展。完全否认让步政策，说资产阶级没有让步政策，地主没有让步政策，我想这也不完全符合实际。一定的让步是有的，历史的事实摆在这个地方。它为了本身的利益让步，这里有个动机问题。凯恩斯的学说，就包括对工人阶级让步，扩大社会总需求，来促进生产，免除危机，曾经得到了十几年的相对稳定，促进了生产力的发展。另一方面，在社会主义制度下，生产应该高速度发展啊！可是为什么中国钢铁十年徘徊？生产关系上的变化，"四人帮"的干扰嘛，林彪的干扰嘛！这说明，在社会主义制度下，由于生产关系上的某些问题，也可以束缚生产力的发展。还是毛主席说得对，生产关系和生产力又适应又不相适应，问题是看你怎么做！所以从资本主义情况来看，目前是垂而不死的阶段。这个阶段可能还要长。资本主义世界在1929年到1933年的危机里，还没有摸到资本主义的规律。后来出了个凯恩斯学说，多少搞了一些办法，接近了这个规律。但这个规律到现在他们毕竟还是没有完全摸到，只是接近了这个规律，因而使生产关系和生产力有短暂适应，但毕竟不能解决资本主义固有的矛盾。当它能够找出办法，使生产关系与生产力适应的时候，它就可以前进；当它发展到已经不能起作用，甚至把病症加深的时候，它就起破坏的作用。总之，今后资本主义垂而不死的阶段还要继续一段较长的时日。这个观点站不站得住？供大家参考。

2. 关于工人阶级绝对贫困化问题

还有的同志写信问我：照你的说法，无产阶级绝对贫困化的规律站不住了！照你的说法，现在西方工人生活得不错嘛！不是那么恶化嘛！把绝对贫困化的规律放在什么地方？我看，我们还是一切从实际出发，实际是什么样子就是什么样子，离开实际不行。从当前西方工人的情况来看，究竟是不是绝对贫困？我看不是。那么置这个理论于何地呢？我翻了一点马列主义著作，在我所看到的文献上，马克思从来没有提过工人阶级绝对贫困化的问题；他讲过工人阶级的贫困化，没有讲过绝对贫困化。列宁讲过绝对贫困化问题，但他是有条件的，是有的时候绝对贫困化，这是站得住的；但并未说绝对贫困化是个随时都存在着的绝对规律。那么绝对贫困化到底从哪里来的呢？就是我们学过的列昂节夫的《政治经济学》里列过一个表，把西方工人阶级哪一年是什么样子，用百分比的数字表现出来，分析了四五十年，看起来是皇皇巨著呵！但我问过一些马列主义学者的意见，他们说这个表并不可靠，有好几年的数字是错的。因此，工人阶级绝对贫困化的规律不是列宁的规律，是列昂节夫的规律。我再声明一句，我对理论不太懂，我是收集各方的意见来谈这个问题。请大家研究、分析一下，究竟列昂节夫的表站得住站不住？从我实际看到的西欧情况来说，工人的实际工资确有增长，而不是绝对下降；工人的生活也有一定的改善，而不是绝对恶化；相对贫困，没有问题，是完全正确的；绝对贫困，我怀疑这是个规律。我大胆地怀疑，提出来作为一个问题共同研究吧。我们对这样一些重大理论问题，需要重新研究、重新认识，要解放思想。首先，应该弄清楚什么叫做"绝对贫困化"。它的具体内容究竟指的是什么。只是指工人生活水平一天不如一天地恶化呢？还是把工人的教育文化程度等等也包括在考虑之中？这是问题的关键所在，首先要弄清楚。

3. 关于社会主义的优越性

我们这样讲是不是否认了社会主义的优越性呢？我想我讲的都是从实际出发的，没有离开事实，不存在否定社会主义的优越性的问题。社会主义制度和资本主义制度相比较，优越性在哪里？我想不外乎这样几点：资本主义制度是人剥削人、人压迫人的制度；社会主义制度不是的。资本主义制度是一个不断向外侵略、扩张的制度；社会主义制度不是的。资本主义制度是必然打世界大战的制度；社会主义制度不是的。资本主义制度对人民的生活是不管的；社会主义制度是有意识地、有计划地、不断地提高人民生活的制度。我想，是不是从这几点来判断社会主义制度的优越性？这是资本主义无法比拟的。那么，为什么现在资本主义制度有了发展，而社会主义制度如苏联却出了毛病，中国也停顿这么多年？我想这根本不是制度本身的问题，而是在这个制度下，我们采取措施有重大缺点，犯了错误的问题。我们不能忘记资本主义制度搞了400多年。社会主义制度就我国来说才29年，就苏联来说也不过60来年，时间也不够。这样一个制度，究竟它的规律是什么？我们还没摸索出来，我们习惯于按照"长官意志"、行政命令来办事，不习惯按客观规律办事。对于社会主义制度的规律，要求二三十年就摸出来，也是不现实的。资本主义已经摸索几百年了。再说过去的中国和过去的俄国都是封建性很强的国家，中国还有帝国主义侵略，共产党、社会主义制度又不是从天上掉下来的，是在旧社会里生长的，背着一个很沉重的几千年历史的包袱，这也不是一天可以甩掉的。拿我国来讲，有国内外的敌人需要对付，要花费很大精力。过去的历史包袱加上今天的困难，使得我们不能够很快地摸索这个规律，这也是可以理解的。犯这样那样的错误，出现林彪、"四人帮"这样祸国殃民的反革命也不稀奇。因此，不能因为这个怀疑我们社会主义制度的优越性。上面说的四点，就是我们社会主义制度的优越性，是我们选择的方向，是我们应该坚持下去、为之奋斗的。

4. 当前的资本主义制度到了社会主义革命的前夜

资本主义世界生产社会化的规模之大、发展范围之广、影响之深，已经达到了历史上空前的程度。用列宁的话来说，国家垄断资本主义发展最高的时候，就到了社会主义革命的前夜。今天的资本主义制度就是发展到了这个程度。只要把所有制、把私人占有这个问题解决了，社会主义革命就可以实现。这就是列宁所说的"垂死阶段"的意义！当然这个转变谈何容易，以西方工人现在的觉悟水平、生活状况来看，这是很不容易的。但总的说，列宁的《帝国主义论》中的论点是全部站得住的。当然我们需要用新的眼光，用新的思想，用新的办法，来解决当前提出来的一些新问题，来看当前的新现象。

关于"帝国主义垂死性"问题的通信

看了蒋学模同志的《按照列宁的原意认识帝国主义的垂死性》一文，我有以下几点想法，现写出来供有兴趣研究这一问题的同志参考。

一、我以为列宁和斯大林关于垂死性的思想并无根本不同，都是认为帝国主义很快就要灭亡。列宁在《帝国主义论》中主要是从经济上论证垂死性，斯大林在《论列宁主义基础》中则主要是从政治上论证垂死性，但结论基本上是一样的。

列宁认为帝国主义这个外壳如不很快打破，就只能在腐烂状态中苟延残喘；认为垄断资本主义特别是国家资本主义已是社会主义的"入口"，可以直接过渡到社会主义。在《帝国主义论》以后的许多文章中，列宁对世界革命寄予迫切希望，并一再指出，一些发达国家如德国等国的革命可望很快胜利。这是从第一次大战和战后初期出现的世界革命形势的历史条件出发的。但是60多年来的历史发展表明情况并非如此，而是要曲折得多。

斯大林在看问题时有点偏重于上层建筑的作用，这点越到后来越明显。这除了思想方法即主观上的因素外，也由于俄国革命是在一个比较落后的国家首先胜利的。而不是如马克思所设想的从先进国家开始，即不是在资本主义生产力已经全部发挥出来了的国家开始。后来的历史和马克思当年的设想不同，社会主义革命全是在比较落后的国家取得成功，而这些国家也都容易忽视经济基础的决定作用，过分强调上层建筑，包括政治、意识形态，甚至个人的作用。这也是值得研究的一个理论问题。

我认为，所有的革命导师，马克思、恩格斯、列宁、斯大林和毛主席（如《论持久战》中对日本革命运动的估计）对革命的估计都过于乐观，都希望革命很快胜利。在这一点上，列宁和斯大林关于帝国主义垂死性的看法基本上是一致的。要从两人的看法不同解释人们所谓的"垂而不死"的问题，是不容易说清楚的。

二、列宁的《帝国主义论》的基本论点，包括帝国主义的垂死性，无疑是完全正确的，现在也并没有过时，仍然是我们研究帝国主义的犀利武器。但是我们也要看到此书的写作时间距今已近 70 年，历史的发展经历了巨大变化，今天的情况同《帝国主义论》所依据和描写、分析的情况有很大不同。因此，现在的问题不是维护和论证《帝国主义论》中每句话的正确性，而是以它为指针，研究新的情况和新的问题，甚至也不能拘泥于列宁根据当时情况所得出的个别结论。

马克思列宁主义是发展的。正像马克思、恩格斯在世时曾不断修改、增订他们的《共产党宣言》一样，列宁如果能活到今天，也会对他的《帝国主义论》进行多次的修订（不是指书，而是指内容和观点）。因此，我以为，研究战后的帝国主义问题和论证它的发展趋势（必然走向灭亡，即垂死性），应该根据新的材料，得出新的结论，而不能只用《帝国主义论》的词句来套。质言之，帝国主义是垂死的，因为它在走向灭亡，一定要由社会主义所代替，但这个走向死亡是一个漫长的过程，其间还会有许多起伏，有各种曲折，而在当前，它还有一定的生命力，不但能生存，还会发展，只是从长远看，从历史角度观察，它已在走着下坡路，是垂死的，而不是向上的。

三、蒋学模同志的文章分析战后帝国主义的某些特点，如生产和资本的更加集中、国际化、国家垄断等，在于说明社会化的空前发展，那么与私人占有间的这一基本矛盾应当是更尖锐了，生产关系的外壳是更不适合生产力的发展了，帝国主义更加腐烂、更加接近灭亡了，突破（即革命）也更快了。然而，实际情况却要复杂得多，帝国主义国家的经济仍然获得了空前的一段发展，稳定性还超过了战前，革命形势在可以预见的将来也不会到来。这就和上述的分析发生了矛盾。因此，只论述剩余价值率的不断上升、社会化的大为加强等这一面，是无法说清战后帝国主义的发展及今后趋势的。

似乎也应分析问题的另一面，即促使帝国主义国家的经济获得发展和保持稳定的因素。例如集中、国际化、国家干预等，从长远看是在加深资本帝国主义的基本矛盾，即社会化和私人占有间的矛盾，但在短期内，在实际上，也有促进发展和延缓矛盾尖锐化的一面。否则既不能解释战后帝国主义发展的实际，在论证垂死性上也就缺乏说服力，解决不了怀疑者的思想问题。

四、在一些具体问题上，蒋学模同志的说明似乎还可以再确切些或周全些。例如作者说，带动战后经济发展的科学技术革命（实际上它不是惟一的因素），促使了新的工业部门的建立和市场的扩大，特别提出航天技术和激光技术等。这并不符合事实。我认为在战后新兴的重要工业部门中，应当首推化工，特别是石油化工，如三大合成等，其次是电子工业，特别是家用电器工业（如电视机、收录机、空调器等）。至于激光、航天、原子能等技术，在市场开拓上的范围并不大。而且市场的扩大，尤其是国际市场，直接归之于科学技术革命，也不周全。这样就忽略了其他一些重要因素。

　　以上意见，是临时想到的，不一定对。蒋学模同志的文章的优点，这里就不多说了。总的说，我认为，这篇文章第一次对"帝国主义垂死性"的怀疑论者们提出了一个理论上的答复，必然会引起今后更多、更深入的讨论。

（原载《中国社会科学》1981 年第 4 期）

关于中美关系

一

中华人民共和国成立以来，中美关系的发展有起有伏，经历了一个曲折的过程。这种变化与战后整个国际形势的变化密切关联，大体上是以十年为一个阶段。

从40年代末到50年代末，是"两大阵营"对抗的时期。中国一直在被封锁、敌视、包围当中。由于众所周知的原因，中美两国在朝鲜战争中还曾经兵戎相见。

50年代末直到60年代末，是"两大阵营"发生重大变化的时期，也是苏联趁美国深陷越战之机壮大自己的时期。苏联的扩张主义面目已经日益暴露出来。在这个十年中，若干有利于改善中美关系的因素业已开始出现，但是，两国之间对抗的状态还没有发生根本的变化。

70年代，是美苏曾经企图通过"缓和"寻求新的均势、结果却遭到失败的时期。正像毛泽东主席指出的："美国在世界上有利益要保护，苏联要扩张，这个没法子改变。"在这个十年中，人们更加清楚地看到，美苏争夺愈演愈烈，成为当代世界动荡、紧张的根源。但是，在争夺中，双方所处的地位是不同的。当时，苏联的实力、主要是军事力量已经全面膨胀，战略上转入了全球进攻。而美国，则如前总统尼克松 1971 年在堪萨斯城讲话中所说，"已经不再处于十分突出的地位或者完全占支配地位了"。它处处受到苏联的威胁挑战，战略上逐步转入了守势。

美国这时也看到单独依靠自己和盟国的力量对抗苏联已经力不胜任。尼克松在 1972 年 2 月 9 日向国会提出的对外政策报告中，在谈到同中国的关系时表示，美国已经"经不起同世界上 1/4 的人口隔绝开"。中国则认为对自己的主要威胁已经不再是美国，而是来自北方了。中美两国都感到需要改变政策去应付新的挑战。正是在这种背景下，经过两国的共同努力，中美关系逐渐起了变化，终于在 1972 年尼克松总统访华，发表了《上海公报》，结束了两国之间长达 20 多年的对抗。尔后，又经过六年，在 1978 年底卡特政府期间，实现了中美关系正常化。

当前，中美关系已经进入了战后以来的第四个发展时期。如何巩固和进一步发展两国关系，以便在反对战争威胁、维护世界和平和安全中发挥更有效的作用，是中美两国共同面临的历史任务。只要两国能够认清形势和面临的历史任务，珍惜已经取得的成果，善于从以往曲折发展的历史中吸取有益的经验，就不难在动荡不定的 80 年代里找到一条顺利发展中美关系的道路。

二

回顾过去的十年，人们可以清楚地看到，是共同面临日益增长的苏联对世界和平与安全的威胁，使中美两个国家重新接近。这种战略上的共同利害，是中美关系极其重要的基础，人们希望，两国关系今后也还要在这个基础上继续前进。

但是，在考虑 80 年代及其以后的中美关系时，仅仅限于这一点是不够的。像中美这样两个国家之间的关系，还应当有它本身的价值和它自己的逻辑。中美关系的发展对两国的经济、文化等方面的进步都有很大好处。而这种关系的不断巩固和发展，客观上又必将为世界和平与繁荣创造良好的条件。这些正是两国人民的长远利益所在。如果这样去认识问题，就会使两国有可能比较顺利地解决眼前的一些分歧，而把关系继续推向前进。

毋庸讳言，中美两国的社会制度不同，但这并不妨碍它们平等友好地合作。这首先自然是因为，从全局看，两国互不构成主要威胁，相反却受到共同的主要威胁，客观形势使它们需要合作而不是对抗。不仅如此，两国在其他许多方面也存在着广泛的共同利益，特别是它们之间本来就具有发展关系的优越条件。例如，中美两国自然条件都比较好，资源比较丰富，都有一个容量很大的国内市场，而且目前两国发展水平不同、需求各异，因而相对说来，两国在经济上发生矛盾、冲突的机会和程度会比较小，而互相补充、交流的潜力却是巨大的。

伟大的中国人民和伟大的美国人民都是勤劳、智慧、酷爱和平和自由的。美国人民的进取和务实精神一向为中国人民所钦佩，而中国人民的聪明和奋斗精神也一直为美国人民所赞赏。中国人民在历史上曾经为新大陆的建设洒下过自己的血汗，他们的后人今天也仍在美国社会生活的各个方面贡献着自己的力量。美国人民和进步力量对于中国人民抵御外国侵略和进行本国革命的长期斗争，也曾经给予可贵的同情和支援。正是这一切和两个民族间的长期文化交流，在两国人民当中培育起了传统的深厚的友好感情。即使在两国人民互相隔绝的年代里，蕴藏在两国人民之中的深厚情谊也保持了它的生命力。

中、美两个民族历史上都曾在不同时期为人类做出过重大的贡献。今后它们如果能够长期合作下去，也一定能和各国人民一道，为人类创造更加光辉的未来。两国政府应当站得高些，看得远些，以积极的和建设性的态度，去充分挖掘发展关系的各种潜力，让中美关系按照它本身的逻辑，为中美两国人民的长远利益，为亚洲、太平洋和世界的和平和繁荣而稳步、健康地发展下去。这并不是一种奢望。

当然，两国的制度不同，过去又有一段互相隔阂的历史，在双方间存在一些不同看法，甚至在人们头脑中留下种种困扰，这是毫不奇怪的。然而，如果人们不予重视，不去努力加以排除的话，它们也会成为发展两国关系的障碍，甚至会使两国关系出现新的曲折和倒退。

三

在这种种困扰当中，人们首先会遇到的是一些涉及意识形态因素的问题。比方说，有人总觉得"共产主义中国和资本主义美国会势不两立"。

的确，有关这种不同社会制度之间的关系问题，是值得认真探讨和慎重对待的。因为这个问题从列宁领导十月革命在俄国取得胜利之日起就提出来了，今后也还要长期存在下去。这是历史的必然，谁要取消也取消不了。但是，如果人们严肃地研究一下共产主义理论和具体地分析一下战后以来的国际关系变化，就会发现，上述那种看法没有多少根据。

诚然，马克思主义者从不讳言，共产主义必然要代替资本主义。如果没有这种信念，他就不是一个马克思主义者，正像资本主义的信徒如果不认为资本主义将永世长存，他就不成其为资本主义信徒一样。但是，马克思主义者同时还认为，一种社会制度的选择完全是各国人民自己的事，任何外力要想"越俎代庖"都是徒劳的。马克思主义者历来主张不同社会制度国家和平共处，而不主张"革命输出"，更不允许打着"革命"或"支援革命"的旗号去对外进行侵略扩张，使用或企图使用武力来解决不同制度与利益的分歧。

中国是一个由信奉共产主义理想的中国共产党领导的国家，信守马克思主义的各项基本原则。它今天实行的是社会主义，共产主义还是很遥远的事情。在中国实现社会主义，具体的道路也还需要经过长期摸索、试验，中国不可能、也决然无意把自己的意志强加在别人头上。

至于资本主义，今天也并没有谁认为它很快就要灭亡；即使到了将来，也还要取决于各国人民自己的选择。

人们完全可以把这些以后的问题交由历史去解决，而把精力集中于发展中美关系这个现实问题上。经验表明，把意识形态的不同强调得过了头，把它同国家关系的处理混为一谈，是没有好处、只有坏处的。

另外一类困扰涉及中、苏、美三者之间的关系。例如，今天不少人担心"中国难免会有一天同苏联和解"。

其实，人们如果仔细地观察，就不难发现，中苏之间的对立绝不是一时一事之事，而是有其深刻的历史根源和现实根源的。那就是，苏联统治集团继承了老沙皇向世界扩张的衣钵，长期以来一直对中国采取一种霸权主义和大国沙文主义的政策，力图把中国的政治、军事、经济置于它的控制之下。

中苏的分歧远远不止于双边关系。苏联在世界范围内推行扩张主义、侵略别国、破坏和平的各种行径一向受到中国的坚决反对，这也是人所共知的。

苏联把中国视作它在全球推行进攻性战略和攫取世界霸权的重大障碍，变本加厉地反华，把控制中国、至少是不允许一个独立、反霸、强大的中国出现在东方，当作它的既定国策。在这种情况下，中苏关系会不会改变呢？去年11月15日邓小平副主席在会见美国《基督教科学箴言报》记者时作了明确的回答，他说："有人向我提出，中苏关系会不会改变，我多次对国际朋友谈，我问他们，苏联扩张和霸权主义的全球战略会不会改变？它的社会帝国主义政策会不会改变？……苏联要有实际行动表明它改变了全球战略，放弃了霸权主义，要把它的（在中苏边界）100万军队起码减少到赫鲁晓夫时代那样……它必须从阿富汗、蒙古、东南亚地区全部撤走它的军队。当然还有其他地方，而且要放弃它的霸权主义政策。……不然，中苏关系即使十年二十年之后也改变不了。"

还有人害怕发展中美关系会"引火烧身，被卷进中苏冲突中去"，甚至怀疑"中国是在蓄意挑起美苏冲突，而它自己则力图'坐山观虎斗'"。

事实上，苏联霸权主义者在世界范围争夺的主要对手是美国这一点，并不是由于美国发展同中国的关系之后才发生的。对美国的威胁主要来自苏联，这也早已为全世界，包括美国人自己所承认。将来美苏之间是否会发生冲突以至战争，也自然地出之于美苏矛盾的内在逻辑发展，并不是外力所能挑起的。人所共见，中国正致力于使它的占世界人口总数1/4的人民摆脱贫穷与落后这样空前艰巨的事业，它需要的是一个长期的稳定的国际和平环境。无论是中国的社会性质、它本身的条件以及它的对外政策目标，都决定了它爱好和平的性质。而且无可辩驳的事实是，新中国在近代史上并没有从事军事冒险的记录。那种担心发展中美关系会"引火烧身"的忧虑，很可能是反映了一种怕"刺激"苏联的懦夫情绪。其实，对于苏联，"刺激"与否都是一样。在非洲，在阿富汗，并没有谁去刺激它，它还不是照样进去了？

至于美苏打仗，中国从来不想，也不可能从中捞取任何好处。像中、美这样的国家，要想在一场严重的世界性冲突中"坐山观虎斗"，只不过是一种违背历史常识的幻觉。更现实的可能倒是"城门失火，殃及池鱼"。二次大战中，同欧亚战场远隔重洋的美国，尚且未能置身事外，更何况中国。

四

还有一类困扰是涉及对中国力量的看法和估计的。

一种看法是，中国既弱又穷，无论在政治上还是在军事上，都不足以起到在战略上遏制苏联扩张的作用。

诚然，中国今天比起两个超级大国来，在经济等方面还是落后的。但是，因此就以为中国在反对霸权主义和遏制苏联扩张上无足轻重，那就错了。事实是，中国今天不仅是在东亚遏制苏联扩张的主要力量，也是牵制苏联在其他方向采取军事行动的重大因素。对中国力量的任何低估，都是片面的，并且必然要导致在战略上犯错误。

应当看到，中国虽穷，却不懦弱。它是个大国，有丰富的人力、物力资源。它经受过的多次严酷历史考验表明，任何强大的敌人都奈何它不得，相反会被它拖垮。在第二次世界大战中，日本就是如此。更何况中国从来"不信邪"，不管谁打来，它都敢于作出应有的反击，这是人人都看到的。至于武器装备，人民解放军的确同超级大国军队存在质量差距。中国当然要努力解决这方面的缺陷，以减轻未来承受战争苦难的程度和缩短战争的时间。但这决不意味着在此以前中国就不能保卫自己或者有贡献于反霸和维护世界和平的事业。中国历来长于以劣势装备战胜优势装备的敌人。更何况今天中苏军队装备的差距，还不见得有当年在朝鲜战场上同美国装备差距之大。

另有一种看法是，中国非依赖美国不行，无论是军事上还是经济上都"有求于美国"。

国际社会发展到今天，各国之间的关系日益密切。这不仅是出于发展各国经济、文化的需要，而且苏联霸权主义在全球的扩张，已把有关国家的安全利益更紧密地联系到一起了。在这种情况下，还认为谁单方面地依赖谁，显然是片面的。如果一定要讲依赖的话，那就应当说是相互依赖。至于说谁有求于谁多些，如果仔细地分析一下中美两国的需要，人们不难发现，中国有求于美国的并不比美国有求于中国的更多！

自从中国实行对外开放的经济政策以来，外界有一种看法，以为中国过去依赖苏联，今后要依赖美国了，似乎舍此再无第三条路可走。这当然也是一种过高地估计自己、过低地估计别人的缺乏根据而又有点狂妄自大的错觉。中国历来是欢迎来自朋友的一切平等、互利的真诚援助的。过去它之所以对外来往较少，主要是当时的国际条件不允许。但是，中国从来没有依赖外国的习惯，更决不会任人摆布。过去赫鲁晓夫没有认识到中国人的这种脾性，妄图以毁合同、撤专家来施加压力，结果是自食苦果。事实上，中国根据自己长期的亲身体验，走的是一条"自力更生为主、争取外援为辅"的道路。它之所以做出这种选择，是基于对中国的国情和外部的条件的缜密分析之上的。

首先，中国具备实行自力更生为主的方针的一切条件。它人力和资源都很丰富，自给程度较高，而且经过30年的建设，已经有了一定的工业基础。它"块头大"，又有着饱经忧患的历史培育起的英雄气概和宝贵的精神财富，世界上还不曾有过能压倒一个坚强自信的十亿人民的力量，因此，它比较经得起风浪，和平建设较有保障。而且，中国人民有着奋发图强的强烈愿望和不亚于任何民族的聪明才智。"四化"建设，有外援，可能快一些；没有，也可能慢一些，但总是会成功的。

第二，中国人民还没有丧失现实感到这种地步，以至于幻想世界上有哪个国家可以指望"包"得下十亿人口的需要。

第三，国与国之间的合作，牵涉到许多复杂的因素。中国人也看到，即使亲密如美国之与北约盟国，在合作研制坦克这类不算大的问题上，谈了多年也难于实现。

由此看来，中国惟一的合乎逻辑的选择只能是"自力更生"。确切地说，"自力更生为主、争取外援为辅"，乃是中国胜利地走向"四个现代化"的必由之路。

至于美国的情况，与50年代相比也发生了巨大的变化，它已经正确地认识到需要从经济上、科学技术上以及精神上等各方面恢复和改善自己的力量。美国政府已经深感它需要联合欧、日盟国和第三世界其中也包括中国在内，来应付国际上的挑战。事实上，美国和中国是互相需要的。因为在这个充满危机，特别是存在苏联对世界和平与安定的严重威胁的世界上，没有哪一个国家可以单独去对付这些挑战，中国不行，美国也不行。大家共同需要的是，一切反霸力量的联合。

还有些人担心一旦中国强大了，就有可能称霸，搞扩张主义。

这是对中国的情况缺乏了解而引起的一种并无根据的猜测。毛泽东主席和周恩来总理生前就确定，中国永远属于第三世界，永远不称霸，现在是这样，将来成为强大的社会主义国家，也还是这样。这是中国的社会制度和对外政策所决定的。中国不仅在宪法中对此作了明确规定，在国际上也承担了义务。中国并不谋求在任何地区建立任何势力范围。它从不威胁任何国家，相反，近代历史证明它曾经备受侵略和威胁。中国过去长期支持一些国家的民族解放战争，为的是帮助它们争取民族独立，而没有要求任何报偿，这是事实。

1974年邓小平副主席在联合国大会第六届特别会议上就明确宣告："中国现在不是，将来也不做超级大国"；"如果中国有朝一日变了颜色，变成一个超级大国，也在世界上称霸，到处欺侮人家，侵略人家，剥削人家，那么，世界人民就应当给中国戴上一顶社会帝国主义的帽子，就应当揭露它，反对它，并且同中国人民一道，打倒它"。这就是中国向全世界作出的庄严承诺。

五

近年来中美关系的发展，总的来说，是比较快、比较好的。但也决不是没有困难和障碍。其中妨碍两国发展关系的主要关键仍然是台湾问题。

毋庸讳言，50年代以来的历届美国政府在台湾问题上采取"两个中国"的政策，是有连续性的。这在过去倒不足为奇。引人注意的是，在中美正式建交，美国政府确认只有一个中国，台湾是中国领土的一部分，中华人民共和国政府是中国惟一的合法政府以后，又由美国国会通过《与台湾关系法》，把台湾看成是一个"独立的政治实体"，并公然规定美国要继续向台湾提供武器，支持台湾地方当局同中国的中央政府对抗。这种想把一个国家的国内法单方面地强加到国际关系中来，以国内法来片面否定它所承担的国际义务的做法，不仅损害了别国的主权，干涉了别国的内政，就是在国际法上也是讲不通的，它自然也决不可能为中国人民所接受。历史已经证明，今后还将继续证明，形形色色的玩弄"两个中国"，或"一个中国、两个政府"的做法，无论从中美两国人民的短期利益或长期利益看，都不会产生好的影响，而只能播下今后多种悲剧的种子。

对上述不正常的做法，人们也听到过多种解释。但是应当说，这些解释并没有什么说服力，是根本站不住脚的。

一种说法是："美国在台湾有利益要保护。"

人们要问，"要保护"的是什么"利益"？如果是指经济利益，中国政府已经多次明白申明，一旦台湾回归祖国怀抱，外国的投资等合法权益都将继续得到保护与尊重。今天中国在吸收外资中所做的各种立法，就更加明确地表达了中国政府的立场。因此，这种说法不过是一种托辞。

另一种说法是："美国不能丢掉朋友。"

决不无原则地抛弃一个朋友，这是讲信义的表现，谁也不会加以反对。但这并无助于在台湾问题上制造"两个中国"找到合法理由。因为"在台湾海峡两边的所有中国人都认为只有一个中国，台湾是中国的一部分"，台湾回归祖国怀抱，是海峡两边所有中国人的共同愿望。这是美国政府早自 1972 年《上海公报》时就已公开确认了的，又怎样能把这种种有害于中国统一、有违中国人民包括台湾人民愿望的举动说成是"忠于朋友"呢？如果说美国曾经抛弃过什么朋友的话，那就是 1949 年新中国成立以后，美国抛弃了数以亿计的中国人民这个朋友，而死抱住被中国人民唾弃的蒋介石等一小撮。这个历史的错误早就该纠正了。现在许多美国人认为在台湾的中国人是他们的朋友，那么回归祖国怀抱之后的台湾，作为统一的中国的一个部分，那里的中国人为什么就无法再成为美国的朋友了呢？为什么美国只和在台湾的少数阻挠台湾回归祖国怀抱的中国人作朋友，而不和更多得多的大陆上中国人作朋友，甚至宁愿不惜挫伤他们的民族感情、得罪他们呢？

　　还有一种说法是："为了安全的利益，也为了台湾的和平，不能放弃台湾。"

　　这种说法本身为自己提出了一个问题，即：美国安全的战略利益到底是什么？美国已经一再宣称是要和各国共同对付苏联的扩张。那么，美国抓住台湾不放，也是为了对付苏联吗？向台湾当局出售武器（不管是什么武器），又是针对着谁的呢？恰恰相反，这是损害同美国战略利益有重大关系的中美关系的基础。至于对台湾作为中国一个省的和平与安宁，中国的关心是决不会亚于美国的。台湾同胞是中国人民的骨肉兄弟。中国一再讲过不想自相残杀，要力争和平统一，为此还多次提出尊重台湾现实、照顾台湾特点的一系列基本方针政策，并且提出首先实现"通邮、通商、通航"等切实步骤。如果没有外力阻挠，和平统一是完全可以实现的，台湾的和平生活也才真正有了保障。但是，如果美国采取继续向台湾出售武器、在实质上改变它同台湾关系的非官方性质等向中国人民"背后插刀"的做法，将会伤害十亿中国人民的感情，使人们得出美国要继续控制台湾、不惜与中国人民为敌、阻挠中国以和平方式统一台湾的结论，反而会大大增加台湾海峡冲突的危险。这个道理应该是很清楚的。

　　显然，这种种说法都没有道破问题的核心。实际上，在美国的一部分人当中，恐怕有一个根本指导思想，那就是：阻挠中国的统一，继续霸占台湾为美国的势力范围，并且用台湾来牵制中国。这种早已过了时的"势力范围论"是决不可以用来处理中美关系的。至于那种认为，在你的周围设置种种牵制，使你不至于过分强大和独立自主，或者说，使你不至于成为我的"潜在敌人"，而要永远处于我的掌握之中，那是一种赤裸裸的"强权政治"政策，是既不明智，也不现实的。

要知道，一个软弱的、动乱的中国，只有利于苏联推行霸权主义，而一个强大、繁荣的中国将有利于世界的和平与稳定，也才是美国的真正国家利益所在，这是许多美国的有识之士早已共同看到了的，也是不少美国政府领导人一再申明过的。而且，只要稍微回顾一下新中国成长的历史和认真分析一下中国的内外条件，人们就会看到，一个日益繁荣和强大的中国出现在东方，将是 20 世纪历史的必然趋势，不论别人是赞助它还是阻挠它，大概都不会有很大的不同。面对这样一种趋势，人们所能做的选择，只能是顺应潮流去适应它，去挖掘合作的潜力而不是相反。

事实上，那种想限制中国的政策的效果如何，早已由历史做出了结论。60 年代，美国正是为了防止中国的强大而在越南战争中牵制和消耗了自己，结果使苏联这个主要对手强大起来。80 年代，如果美国仍想为防止中国强大而又在台湾问题上同中国闹摩擦，结果可能是灾难性的。

还有一种看法是："中国不是要反霸吗？美国只要对苏联表现一点强硬，台湾问题上的苦果，中国是会吞下去的。"

这种想法太轻率了。诚然，中国历来是顾全大局的。为了反对苏联霸权主义这一对世界和平与稳定的主要威胁，它曾经对别人作出过许多必要的和可能的照顾。但是它从来不拿主权做交易，更不会屈从别人的压力去吞下有损民族利益和尊严的"苦果"。一个多世纪以来，中国人民为了反对外来侵略和干涉，争取民族独立和国家统一，前仆后继，付出了无数的鲜血和生命。在中华人民共和国成立以后，继续完成祖国统一的神圣事业，是包括台湾人民在内的十亿中国人民的强烈要求和不可动摇的意志。台湾问题对中国人民来说，是有着高度的敏感性的。历史的经验告诉人们，对于中国人民从饱经忧患的百年民族兴衰史中孕育起来的这种强烈的民族感情，是不可以作丝毫错误估计的。尤其是，中美关系恢复不久，它更经不起这种感情上的折腾。一方有行动，另一方也不会没有反行动。坚持把霸占台湾作为牵制和限制中国力量的做法，是会引起恶性循环和不断升级的。这种背后隐藏着一个以"中国为潜在敌人"的想法，如果长期不变，就有可能发展成为两个民族间的悲剧。对此，两个国家的有识之士特别是政治家都应当有清醒的估计。

局势是紧迫的。世界和平的利益要求于中国和美国的是，发展中美关系，共同反对霸权主义扩张，而不是继续左顾右盼，横生枝节。国际关系史表明，战略全局的一致性必须以健全的双边关系为基础。不能设想，双边关系的损伤反而会使中美间的"一种具有压倒一切重要性的战略关系"①得到加强。中美关系的任何损伤、倒退，不仅会给亚太地区带来严重影响，而且势将波及世界反霸全局；而一旦"与台湾关系法"之类的干扰得到排除，中美关系的发展就会获得新的活力，这对世界和平和反霸事业将是重大的贡献。

六

为要建立 80 年代以后的、稳定、健康发展的中美关系，十分重要的是，要从各个方面不断充实和加强两国关系的实质内容。在具体地探讨各种实际可能之前，先弄清需要加强的是一种什么性质的关系，以及相互间应当如何对待，是不无益处的。

当前流传着一种说法，认为中国要求同美国结成军事同盟，这是没有根据的。事实上，中美两国都从无此意。从各种条件来看，两国间建立一种在国际事务中能够基于共同的战略利益而采

---

① 霍尔德里奇助理国务卿 1981 年 4 月 27 日在参院外委会的对华政策讲话。

取协调一致的行动，在双边问题上能在平等、互利原则下从事友好往来的关系，是更为可取的。这样做，既可以在政治上进行协商与合作，又不必互相承担盟国间那种自动承担的义务，将便于最大限度地挖掘中美关系的潜力。在往来中，相互应当平等相待，尊重对方的民族利益和人民的感情，采取诚恳的态度，而不能"玩牌"。"玩牌"不能赢得对方的尊敬，相反，会引起双方间的信任危机，而且也起不到遏制苏联扩张主义的效果，反而会授苏联霸权主义以挑拨离间的可乘之机。

特别重要的是，两国必须把信守中美 1972 年上海公报和1978 年建交公报中有关"一个中国"、反对霸权主义及互相尊重主权和领土完整、互不侵犯、互不干涉内政、平等互利、和平共处五项原则等两国关系和国际关系的各项准则，作为建立两国间长远、稳定关系的不可动摇的前提。

里根总统就职以来已经多次表示要尊重两国建交公报的原则。今年 6 月黑格国务卿访华，又再次宣布"美国总统已经承担了不断加强两国关系的义务"；并且指出，在作出抵御侵略的努力的过程中，"美国认为中国是一个亲密而珍贵的朋友"。美国本届政府的这些积极的言论无疑地受到了关心中美关系发展和反霸、维护世界和平的中美两国人民的欢迎。他们正在期待着进一步的行动。

至于加强中美关系的实质内容，要做的工作是很多的。具体说来包括：

1. 加强各种官员和各界人士的往来

在两个国家相处当中，相互了解将培育友谊的鲜花，误解将会结出苦果；中美之间增加了解，减少误解是十分必要的。在这方面，首要的是加强政府间高级官员的来往和磋商。这对密切协调彼此的政策和行动，是十分必要的。目前这类活动不论在数量上还是质量上都有待进一步提高，而互相以诚相见则是绝不可少的条件。

至于各行各业人士的往来，则更是大有发展余地。这方面的活动，不仅是各种公务往来，就是不同职业、兴趣和年龄的人士的旅游活动，对于加深相互了解，加强友好关系的纽带，也都至关重要。中国方面正在大力创造开展这一工作的条件。

2. 促进中美贸易往来与经济合作

这是两国关系中的一个十分重要的方面。目前双边贸易虽然绝对数字还不算大，但去年也已接近 50 亿美元的水平，较之前几年有了成十倍的增长，从速度上说并不能算慢。当然目前由于中国正处在经济调整的时期，对外贸易一时难有大幅度的增长。然而随着中国经济调整工作的日见成效和中国经济的进一步增长，中美贸易和经济合作毫无疑问是有着光明的前景的。何况中国经济调整的目的本身就是保证它的经济能够更好地、持续地、稳步地前进。这当然也就会为它扩大对外经济贸易关系提供更加雄厚的可靠的物质基础。而且即使在调整时期，也绝不意味着中国对外经济往来的停滞与倒退。中国对外开放的政策并未改变，它将继续进一步发展对外经济、技术合作，利用外国资金，引进先进技术，学习外国好的经营管理经验。

当前中国经济的实际情况是，有些方面实行了暂时的压缩，有些方面却在大力发展，有些只是重点的暂时转移。总的看来，中国进行贸易和吸收外资的潜力还是不小的。美国可以采取灵活的做法去适应中国的新的轻重缓急的安排，并为扩大有来有往的贸易创造一些必要的条件。具体地说，在下述一些中国经济调整中的重点发展项目上，美国现在就可以同中国进行合作与交流，这就是：

——对现有企业的技术改造。中国有 40 万个工交企业，其中包括汽车和飞机制造等工业，可以同外国合作的范围是很广的；

——石油、煤炭、电力等能源资源及交通运输的开发；

——轻工、纺织、化学、电子等部门中投资少、收效快、有利于满足国内需要和扩大出口增加外汇收入的中小型项目，等等。

中国资源比较丰富，人口众多；美国生产发达，技术先进。双方取长补短，平等、互利地加强合作，是大有可为的。对目前中美贸易中存在的一些问题，双方应当根据各自的具体情况，不是"零敲碎打"地、而是及早地经过通盘考虑作出一个总的安排。

这里应当看到的是，限制中美贸易更快发展的因素并不仅仅来自中国方面。美国政府至今仍对中国采取不少贸易上的歧视和限制，也是重要的障碍。在输出先进技术方面，美国对不少产品迟迟不发许可证，拖延每达数年之久；在对待中国输出品上，美方又施行各种苛刻限制。这是造成中国贸易逆差很大的主要原因之一。这同中美关系的现状，特别是同美国关于中国是"美国的亲密而珍贵的朋友"的申明，很不相称。凡此种种"口惠而实不至"的现象长期存在下去，不仅有害于中美经济贸易关系的发展，而且必将给双方的战略关系带来消极影响，这也是不言自明的。美国政府应该把眼光放长远些。

3. 扩大中美科技和文化合作与交流

这是另一个大有发展潜力的广阔天地。自从两国建交以后，很多中国人和美国人都愿意到对方国家去进行学习或交流。这表明我们两国人民是互对对方怀有美好感情的。由于中国政府的赞助和美国政府以及民间提供的便利，已经有不少中国学者和学生去美国从事时间长短不等的研究、交流和学习。中国虽然暂时还受到一些人力、物力的限制，但近年来也有数量逐渐增加的美国学者和学生来到中国进行研究、交流和学习；随着中国接受能力的提高，数量还会进一步增加。这对他们从事专业研究与了解中国，也是十分有益的。此外，还有若干合作研究的项目，正在取得可喜的成果。所有这些对于恢复和增强两国人民间的传统联系的纽带很有好处。历史经验表明，学术界的交往，对于巩固和发展邦交，培育两个民族间的友好情谊，影响极为深远。目前播下的种子和辛勤的耕耘，将来会结出丰硕的果实，今后还应当大量地、长期坚持地进行下去。

80 年代的国际形势是十分动荡的。苏联正在"自套绞索"，陷入十年来所未曾有过的困难之中，但是它并没有、也不打算改变扩张政策。对它的能量和冒险性，任何人都不应低估。苏联在阿富汗的侵略还没有能被制止。燃烧在波斯湾的战火，还看不出很快停熄的可能。在欧洲的要害地区——波兰正日益严重地面临苏联武装入侵的危险。本星球的大多数国家都在经受各种经济问题上的严酷考验。

未来的岁月固然充满危机，但是也展示着希望。在这些希望之中，包括着世界人民反对霸权主义、维护世界和平的新的觉醒，包括着人类在征服自然和向贫困做斗争的各种成就，也包括着中美关系发展的可能。

从长远看，中美关系的前途是光明的。一个存在于强大的中国和强大的美国之间的稳定的、持久的友好合作关系，是保证两国繁荣和世界和平的重大因素。但是，两国关系中也存在着阴影，处理不好也会导致中美关系的紧张、倒退、乃至重新对立。如果事情竟然是这样发展，那不仅对中美两国，而且对世界各国都不会是一种"福音"。在当前历史转折的紧迫时刻，中美两国共同面临的重大任务就是，作出正确的战略抉择，去迎接未来的挑战。

（原载〔美〕《外交季刊》1981 年秋季号）

同联邦德国《明镜》周刊记者的谈话[*]

中 苏 关 系

《明镜》周刊记者(以下简称记):宦先生,1/4 世纪中两个共产主义大国苏联和中国之间的敌对状况似乎是无法挽救的,这使西方很多人高兴。可是一年以来却出现了不可忽视的接近的迹象——在西方人们紧张起来。会不会有一天两国恢复完全的团结。

宦乡(以下简称宦):苏联和中国之间的关系是民族国家之间的关系,固然是共产主义的民族国家。英国政治家本杰明·迪斯雷利曾经说过:"没有任何力量比一个民族的利益更为牢固。"共产主义国家也有民族利益,例如,主权、独立、领土完整、平等相处、国家安全,等等。这些利益如果得不到对方尊重,也会导致互相冲突。

记:分裂也不是总是能避免的吗?

---

* 这是作者 1983 年 11 月 25 日同联邦德国《明镜》周刊国际部主任威尔德和驻北京记者邓天诺的采访谈话。

宦：如果不尊重上面所说的那些利益，分裂也不是总能避免的。

记：中国近来又使用"无产阶级国际主义"这个旧词汇了，您能否设想社会主义国家有朝一日再成为一个没有人要求做老子的大家庭？

宦：社会主义国家是应该争取这个目标的，但是现在看来还无法达到。

记：为什么呢？

宦：俄国人的心理是他们要被视为老子而别人则应成为儿子。只要他们不改变这种观念，就不可能有社会主义大家庭。这样就仍然存在严重的利益矛盾。因为苏联想控制别国，而别国则不愿受控制。

记：但是也还存在一个严重的意识形态冲突：两国都认为对方无权自称社会主义国家。但是近来苏联又称中国为社会主义国家了。在中国人的眼中，苏联是否同样又是社会主义国家了呢？

宦：我们认为苏联曾经是社会主义国家，但是做了许多不符合社会主义国家的起码标准的错事，譬如，它的扩张主义政策、霸权主义政策就不能说是社会主义的。

记：中国称之为霸权主义的苏联政策导致中国在 20 年的时间里声称苏中之间的战争是不可避免的。

宦：不，我们没有这样说过，而只是说，如果苏联继续对中国实行其霸权主义政策，则可能导致一场灾难。

记：那就是说，你们把苏联的政策看成对世界和平的巨大危险。在这点上你们的观点是否有变化？

宦：没有。苏联的政策对中国始终是一个直接的、巨大的、严重的威胁。100 万苏联军队驻扎在中国边界，而且苏联将 SS - 20 导弹部署在亚洲。

记：就我们所知是 135 枚。

宦：准确的数字并不重要，另一事实是苏联还企图从南面包围中国，此外，还有一个阿富汗。你看，我们就是三面被苏联包围着的——这就是我刚才谈到的直接、巨大而严重的威胁。

记：那就是说，在你眼里苏联近来丝毫也没有变得和平些？

宦：没有。无论如何对中国并没有明显的变化。

记：中国要求苏联从亚洲撤出其 SS－20 导弹，同样，西方要求从苏联的欧洲部分撤出其 SS－20。

宦：我们不是要求撤出，而是要求他们不要部署，并且销毁其已在亚洲部署的 SS－20。

记：如果莫斯科拒绝销毁其指向中国的 SS－20，正如它拒绝销毁其指向欧洲的 SS－20，那样，你们将怎么办？

宦：那我们就必须不断重复我们的要求，直至苏联最后让步。

记：当苏联人在日内瓦会谈中向美国人和欧洲提出将其一些 SS－20 从苏联的欧洲部分转移至其亚洲部分时，中国人到底有什么感觉？

宦：俄国人只是开始时作这种表示，后来他们改变了立场并声明他们将不把其 SS－20 从苏联的欧洲部分转移至其亚洲部分。

记：你是否知道苏联为什么将其 SS－20 部署在亚洲，可以打到中国的任何地方？

宦：俄国人说，SS－20 不是针对中国，而是针对日本和美国的。但是我们认为他们把 SS－20 部署在亚洲，实际上同时也是要用军事威胁的手段来对中国施加政治压力。

记：你是不是指施加压力使中国不敢进一步和西方合作？

宦：不，因为俄国人很清楚：中国是独立的，它不会过分依靠西方，也不会过分依靠苏联。

对 美 政 策

记：但是几年前中国还反复要求过与日本、欧洲、第三世界甚至美国密切合作。邓小平甚至建议"协调措施"。近一些时间以来，中国没有再提这类建议。你们的态度是否有所变化？

宦：不，是国际形势变了。70 年代开始时苏联在军事上大大对外进行扩张，成为对所有人的威胁。因此中国愿与任何感到受苏联威胁的国家合作。但卡特政权末期和里根政权开始时，美国在政治上和军事上对苏联进行了坚决的、强烈的反攻：在核武器优势的争夺上、在欧洲中程导弹上、在加勒比地区、在中近东，最后也在亚洲。这就大大加剧了这两个超级大国在全世界的霸权争夺。看来俄国人感到自己的力量还不足以对美国的攻势作出反应。我们认为两个霸权主义者之间的争夺目前出现了某种基本的均势，特别在军事方面。

记：听来似乎中国欢迎美国对外政策的攻势。

宦：问题不是我们欢迎或不欢迎这种政策。问题在于我上面所说的那些是当前世界的严酷现实。两个超级大国之间的争夺霸权的加剧，我们认为，对世界和平来说，不是积极的迹象。

记：宦先生，当基辛格和尼克松 1972 年来北京时，你是否相信，苏联和中国之间似乎不可克服的矛盾使美国处于有利的地位，它几乎可以任意和这一国或另一方靠拢，也就是说可以玩所谓的中国牌或者所谓的俄国牌。可是现在看来激化的美苏矛盾把中国置于有利地位，可以打美国牌或苏联牌。你是否也这样看？

宦：我不这样看。大国之间的三角关系事实上对全球战略均势的维持是重要的。但是中国不曾打牌，也不愿打牌；它既不打俄国牌，也不打美国牌，也不让人打中国牌。我们的政策并不是与两个超级大国保持等距离，因为苏联对我们国家安全是更为直接的、严重的军事威胁。

记：美国对中国是否也是直接的威胁呢？

宦：中国的安全也受到美国的威胁和攻击，不过对比着苏联的直接军事威胁来说，美国的威胁和攻击采取的是一种间接的形式。您知道，美国通过向台湾提供军火控制着台湾，阻挠着台湾和祖国的统一。

台 湾 问 题

记：可是美国对台湾的控制，美国对台湾价值 3.5 亿美元的武器供应能使这样一个小岛变成对中国的威胁？

宦：中国并不过分担心美国对台湾提供武器的军事作用。中国所关心的是，台湾是中国的一部分，处在中国的主权之下，中国不能放弃它的领土的这个部分，不能容忍任何外国人包括美国人肆意干涉中国内政，破坏中国主权，蓄意制造两个中国的侵略行为，或者说，霸权主义行为。

记：俄国人企图利用美中关于台湾的冲突，他们显然希望通过与中国接近破坏美国针对莫斯科的对外政策的基础。目前是苏联更多地迎合中国人呢还是相反？

宦：苏联和中国间的会谈进展很慢，虽然气氛有所改善。但是在那三个主要问题——边界军事形势、柬埔寨和阿富汗——上没有任何进展。

记：你认为为什么俄国人在这三个问题上没有进一步迎合中国，而他们实际上可以通过与中国搞平衡彻底推倒里根的对外政策？

宦：那您又该考虑到俄国人的心理了：俄国人总以为自己了

不起而不把中国人放在眼里。他们只是想把中国当牌打，正如美国也只是想把中国当牌打一样。他们——我指的是美国和苏联两个超级大国——还不懂得应该尊重别人的民族感情和安全利益。他们都是十分顽固的霸权主义者。

记：俄国人和美国人之间现在有一种深刻的思想刺激：莫斯科感到里根政权的反苏政策把它迫入了窘境，而且受到里根一伙人反共言论的侮辱。共产党中国对这些反共言论的感觉如何？

宦：我们当然知道里根一伙人是狂热的反共分子，但是言论是一回事，国家的民族利益又是另一回事。美国人原来甚至不会区别苏联的共产主义和中国的共产主义——他们一古脑反对共产主义。后来他们忽然发现让"两个共产主义国家"互相斗争是十分有益的。

记：今天的中国的共产主义和苏联的共产主义区别在哪里？

宦：区别是很大的：例如社会应如何向社会主义发展，或者重工业是否优先于轻工业。苏联人极为重视重工业和军备工业，而我们强调轻工业和农业。这表明各自的哲学基础是完全不同的。

记：中国的舆论最近对苏联的报道又正面一些了。相反，对美国则反面一些了。这是否表明中国的制度其实与苏联的制度比资本主义西方的制度相近得多？

宦：不，中国的制度还在发展。我们不认为它是和苏联的完全一致的。

记：但是它更接近于苏联的制度，而不是西方的。国家结构，一党政治，秘密警察系统，军事机器——所有这些在苏联和在中国都没有很大的不同。

宦：我们在发展自己的体制，中国式的社会主义体制。例如我们今天已经不再截然地把市场经济同计划经济分开了，我们也给予私人积极性以比 30 年前设想的多得多的活动余地。

　　记：但是苏联工业相对简单的产品对中国仍然比高度发达的西方货物更适合，比如在机器制造、农业和军备方面。

　　宦：您对事物的看法不够全面，您没有足够地注意到中国的巨大变化。我们试图向前发展，为此我们要利用苏联体制最好的方面和西方体制的最好方面。此外，这 20 年来，我们从来没有请求俄国人提供任何东西。我们引用了很多西方技术。

　　记：不过，中国还有 50 年代中苏合作时期的工厂。为此你们需要苏联的零件。

　　宦：我们从苏联那里什么也得不到。我们自己生产全部零件。

　　记：因此你们要向例如美国购买武器。

　　宦：我们不是买美国的武器，而是想引进一些先进的技术……

　　记：它们也可用于军事上。

　　宦：什么东西都可以用于军事上，甚至大米，因为它可以供养士兵。我们对高度发达的西方包括美国的技术感兴趣，例如电子产品，然而美国不给我们，因此我们才同日本签订买卖协定，向我们提供日立电子计算机用于人口普查。同日本人的协定拖了三年，最后交来的电子计算机质量都降低了。美国人对于卖给我们高度发达的技术并不那么心情迫切。我们也毫不急于从美国买武器，因为这样我们会受制于美国。

　　记：可是，美国国防部长温伯格 10 月份访华时曾再次说到同中国的"战略合作"。

　　宦：这是他最初几天讲的。后来他就不提了。

香 港 问 题

记：宦先生，贵国已不再要求莫斯科归还远东那些过去属于中国的省份了，然而却要求英国归还香港。对于侵占了中国领土的两个列强你们的态度不是非常不同吗？

宦：您说的不对。中英之间的边界谈判已谈了 20 年了。我们不是要求苏联归还远东省份，而只要求承认这些地方是通过"不平等条约"被掳去的。

记：仍然还要俄国人承认这一点？

宦：是的。

记：假如英国人可以因此而保住香港的话，他们必定很乐于承认这一点。在英属香港和俄国的远东省份之间有着什么样的差别呢？

宦：首先，俄国的远东省份确实是通过不平等条约割让的，而香港有 96％的地区是通过不平等条约租让的。香港租让条约在 1997 年到期。英国人要求在那里呆得更久。其次，香港 99％强是中国人。俄国侵占的远东地区今天没有中国人居住，而是俄国人居住。

记：香港居民虽然是中国人，可是他们显然不愿受中华人民共和国管辖。这一点很容易通过民意测验得到确认。北京会同意接受这样一种民意测验吗？

宦：不行。这里涉及到的是"租让问题"。租让的地方是十亿中国人民的土地，无论如何在到期后要交回。割让的地方，由于居民 99％是中国人，也必须交回，这是理所当然的。为什么要在这里搞什么民意测验呢？那是毫无道理的。我们已经再三声明过，中国将在收回香港后实行"港人治港"的政策，所有的港九居民都将有平等机会来发展自己的才能，使香港更加繁荣。至于极少数的或个别在香港的中国人或外国人如果不愿生活在人民共和国的主权之下，那他可以走开嘛。

"精 神 污 染"

记：宦先生，中国现在又有不少秘密了。现在正进行反对"精神污染"的一场大运动，这是指输入的西方思想。如果中国重新向苏联而不是向西方开放，那中国就不用惧怕"精神污染"了吧？

宦：您显然不了解我们的立场。我们知道，随着经济上的开放会给西方思想打开门户。但是，并不是所有的西方思想中国都会自动接受的。就譬如人体不会在每个部位都接受植皮手术，而会出现抗体一样。中国人也不会接受有些西方思想。日本人也是吸收了某些西方思想同时又拒绝了另一些。

记：但是日本人不像通常在中国这样，他们不是按照上面的命令干的。有哪些西方思想是中国躯体所不能接受的？

宦：中国人不要毒品、娼妓、暴力、犯罪、自私自利，等等。

记：可是中国领导人通过发挥个体积极性不正在引导人民发展健康的自私自利性吗？现在又想一下子结束它吗？

宦：如果自私自利损害了集体利益，那就不能容忍它。我们愿意吸收西方好的东西，废弃坏的。因此，说反对"精神污染"的运动是针对西方的，是一场新的文化革命，这种说法是不对的。再说，也不能说当前的反对精神污染已经形成为一个"运动"。

记：可是中国知识分子觉得又会受到迫害。作协主席周扬受命作了自我批评。这再一次证实了西方原来就有的担心，那就是担心中国的政策多变。对来自西方的"精神污染"的指控都引起人们担心中国有一天会完全关上向西方打开的大门。

宦：我理解这种担心，但这种情况不会发生。过去那种闭关自守政策不会再现了。它遭到全体人民的反对。对世界开放，同西方经济合作是有保证的政策。这项政策是宪法上规定了的，是长久不变的重大政策，而不是一时权宜之计。我们不是已经在起草许多必要的法律来保证这项政策真能得到贯彻吗？我相信，反对和抵制精神污染之后，会更健康、更好地推动对外经济合作的开展。

毛泽东的功过

记：在西方人们感到奇怪的是，毛泽东之后时期的伟人邓小平，最近又在中国报刊上被称作是毛泽东的好学生，他发展和丰富了毛泽东思想。你能设想终于有一天毛泽东又会在中国成为至高无上的人物吗？

宦：毛泽东思想一部分是好的，但另一部分是错的。我们接受好的部分，拒绝错的部分。

记：是70％好、30％错吗？

宦：我们不能用数学方式来计算。大体上到1957年以前毛泽东思想是很好的。此后他犯了很大的错误。邓小平在他的文选中继承了毛泽东思想的好的方面。

记：毛泽东思想是一种与西方关于人的概念有很大不同的设想。宦先生很了解西方，又刚刚去过欧洲，你对西方资本主义的状况有些什么印象？

宦：我认为，资本主义和社会主义还会在一个相当长的时期内在这个地球上共存。资本主义还没有用尽（exhaust）它的应付困难的能力。社会主义还需要做出很大努力来自我完善。

记：按照马克思主义的观念，这听起来是非常非正统的。因为根据马克思主义观念，资本主义早就垂死了。

宦：资本主义当然是病了。我们当然不要吸收资本主义病态的方面，而要吸收它健康的方面。

记：你在资本主义的西方可以观察到一种新的现象：和平运动，这是战后时期西方最大的群众运动。中国对此的态度似乎有了改变：中国最初对和平运动持否定的看法，认为它是苏联操纵的，今天反过来……

宦：我们也不很了解这个运动。毫无疑问，有人是想利用西方的和平运动来为削弱美国在西方国家的影响服务的。但是，这两三年我几次去西欧，我自己看到了成千上万在西方城市中走上街头游行的人，尤其是在波恩，绝非全都是受操纵的，而是自发的，是出于害怕核战争。此外，更深一层看，我看到西欧的和平运动也反映了西欧想独立于两个超级大国之外，自强自重，自己掌握自己命运的意向。

记：中国人是否相信面临着一场新的战争？

宦：我不相信在最近的将来会爆发一场新的战争。因为两个超级大国基本上都没有准备好打仗，而两国人民和全世界广大人民一样也都反对打仗。但是，如果地球上那些热点地区的紧张形势一天天加剧起来，如果全世界人民不能团结起来谴责战争，制止战争，那就很难说和平能得到保障。同时，目前没有战争的事实也不应导致断言说根本不会有战争，从而我们可以高枕无忧，那样就会使我们麻痹和丧失警惕，而放松对制止战争的努力。

记：宦先生，我们感谢你作的这次谈话。

关于国际外交格局和战略格局

中美苏大三角关系决定国际形势发展

世界上许多人，特别是日本人和欧洲人，认为现在美苏关系剑拔弩张，世界大战的危险性越来越大。美苏战略思想都在变化，认为有限核战争不是不可以想像的，都在加紧实战部署。但另一方面，两国开了许多后门不断接触，表明仍然颇能自我克制。双方的准备还不够成熟，打的可能性也还不大。中国要竭力抢时间建设"四化"，要有会打起来的准备。

现在决定国际形势发展的是所谓中、美、苏"大三角关系"。在"大三角关系"下面还有两个"四角关系"，这就是在亚洲地区的中、苏、美、日"四角关系"和在欧洲的美、苏、西欧、东欧"四角关系"。这两个"四角关系"对世界形势的发展都可能产生重大的影响。南北关系，特别是第三世界国家目前存在的困难情况，也会对世界局势的发展产生重大的影响。但是，在未来一个相当长的时间内，真正决定国际形势发展前途的，还只能是中、美、苏"大三角关系"。

　　从中美关系讲，虽然我国总理的访美同里根总统的访华，造成了中美关系间若干程度的良好气氛；但是，若认为中美关系已经成熟，那就还嫌太早了一点。这里关键性的因素是美国方面坚持它的什么《与台湾关系法》。在向台湾出售美国武器问题上，美国也没有履行它对"八·一七"公报的承诺。它去年只给台湾减少了 2000 万美元的军火供应，按此推算，得要 80 年才能停止这种军火买卖。从技术转让方面看，美国确实解除了若干个技术上的限制，但这都不是什么重要的技术。真正重要的技术转让，美国是没有做出什么让步的，甚至对我们的留学生要学习比较尖端一点的东西也加以严格的限制和阻挠。在这种情况下，中美关系不可能有很大的进展。

　　从中苏关系讲，苏联第一副总理阿尔希波夫推迟访华，苏联官方人士说是准备工作没有做好。阿尔希波夫在 50 年代曾是苏联派遣来中国的顾问团的总顾问，他在中国的朋友这么多，同中国的领导人这么熟悉，当然需要多一点时间准备，这点是可以理解的。但是，与这个访问推迟的同时，苏联公然"谴责"中国在中越边境反击越南军事挑衅的正义行动，以此来支持越南，反对中国。苏联支持越南不是因为苏联对越南有什么喜爱，而是因为从它的整个亚洲太平洋军事战略形势出发，迫切需要越南的金兰湾、岘港等海军基地。从我们来讲，我们是诚心诚意想改善中苏关系的。但是，我们并不着急，可以等待，也能够等待。"三大障碍"的实质性问题都是需要解决的，否则中苏关系就不可能有很大的改善。

　　从美苏关系讲，十分紧张。世界上许多人，特别是日本人和欧洲人，认为世界大战的可能性大大超过以往。的确，美苏双方的战争准备在加紧。这首先表现在美苏的战略思想都在变化。最近两年，特别是从去年下半年到现在，从美苏两国军事家、战略家的文章中，可以看到一些人认为，有限的核战争是可以想像的，不是不可以想像的。这是因为现在核武器技术的进步，其精确性已经超过了过去任何一个时期，打有限的核战争，可以把它局限在军事目标里，不像过去那样打到城市。现在美苏两家都在加紧各个战场互相呼应的实战部署。从苏联来说，过去欧洲战场同亚洲战场、太平洋战场，是两线作战；从美国来说，一个大西洋的海岸同一个太平洋的海岸，也是两线作战。现在两线作战已逐渐统一为一个作战方案。这就是说，欧洲打仗的时候也要在亚洲打；亚洲打仗的时候也要在欧洲打。它们的指挥部署现在正着手向这个方向发展。与此同时，欧洲战区的双方都在部署中程导弹，亚洲战区双方也在开始部署中程导弹。实战准备如此大规模地进行，谁也不能放心。

但是，另一方面，美苏也开了许多后门在不断地接触，虽然迄今没有什么结果，但却也说明双方在剑拔弩张的情形下，仍然颇能自我克制，再则，双方的准备现在也还不够成熟，打的可能性还是不大。估计在未来的十几年当中，美苏的关系，东西方的对立，恐怕还会维持现在这个样子，紧张一阵，松弛一阵。只要全世界人民团结起来，维护和平，制止战争不是不可能的。

从战争与和平这个角度来说，我们的工作还是要放在准备战争会打起来这个上面。因此，我们在军事上要力求现代化，在经济上要竭力抢时间来建立一个强大的工业基础，使我们今后的经济工作真正做到平时可以提高人民的生活，战时可以马上转到战争轨道。

对世界的许多看法应该改变

当前资本主义世界经济的发展对我国影响很大。我们要研究如何运用资本主义周期变化的形势。用借外国短期高利息资金，来筹划国内长期建设资金，很危险；但为了暂时的周转借用一点，没有什么太大的坏处。资本主义跨国公司的某些计划方法值得参考。

我们对整个世界的许多看法现在应该改变。如我们过去所提的"帝国主义即将灭亡，社会主义即将全面胜利"的提法，现在看来，恐怕是脱离实际的。从长期观点看，社会主义必然代替资本主义。但是从当前整个世界形势来看，应该说资本主义同社会主义在一个相当长的时间内还要共存下去。因为资本主义制度还有自我调节的可能性，还有一定的生命力。

我们闭关锁国当然有内在原因和外在原因。但从现在的实际情况来看，过去所说的一个社会主义市场、一个资本主义市场，即两个平行市场的理论，也是我们闭关锁国的一个根源。苏联现在对于西方市场也还是很愿意合作的。从整个世界来看，还是一个统一市场，这个统一市场当然是资本主义占优势的，是帝国主义占优势的。今天还应该说，我们还是这个统一市场的一部分，因为我们离不开它，当然它也离不开我们。在这个问题上，需要在思想上有一个明确的理论认识。只有这样，才能正确看待与资本主义世界的经济关系。

资本主义世界经济，从衰退的谷底走到回升的路上已经一年多了。现在资本主义发达国家通货膨胀率平均大约4%左右，比以前两位数减少了很多。但另外一个方面，它的回升数字之所以能够取得，首先是因为它采取了高利率、高美元汇值、高预算赤字的政策。现在美国的预算赤字差不多每年是2000亿美元左右，用这么高的赤字来筹措资金，来取得它的经济在通货膨胀被压缩情况下顺利运转。美国在这一阶段，为了达到它本身的利益而提高利率，而且还有再提高的趋势。在这种情况下，由美国的回升而带动起来的整个资本主义世界的回升，据一般估计，明年也要以美国为首而掉下去。通货膨胀也还会再来。不过大家估计今年没什么问题，因为里根要竞选，必然千方百计来维持它经济发展的速度。

中国如何来运用资本主义周期变化的形势，是当前一个很大的课题。

1.外国短期借贷资金利息高，用这样的短期资金，来筹划我们长期建设的资金，那当然很危险。但是如果为了暂时的周转，用一点高利息的短期外债，并没有什么太大的坏处。

2.世界资本主义经济回升不会持久，因此买方市场的情况还会存在。

3.美国高利率政策短期内不能改变，也不会改变，因为它预算赤字的情况不会改变，它的国债情况不会改变，恐怕在一两年时间内，它的利率是无法改变的。对此，要有明确的认识。

4.美国现在正在进行经济结构的改组，确实有一些较先进的机器，或者是刚造起来还没有投入使用的机器，现在要当二手货卖出去。对这些情况，我们是可以利用的。但应注意，千万不要用短期高利息的外国资金来筹资，来搞我们国内的长期经济建设。

要批判两个平行市场的学说，同时也要学习资本主义经济中很多对我们有用的东西，甚至于它的某些计划方法。比如他们的跨国公司那么大，分支机构那么多，如果没有一个适当的计划，跨国公司一天也搞不下去。它的计划方法既不是指令性的，也不完全是一种参考性的，它也有一定的实际性，带一点指令性质，但也不完全是那么一个性质。跨国公司的计划方法是值得研究的。

当前国际分工新趋势

初级产品的地位越来越不重要,科技成果产品的地位越来越重要。最重要的分工是工业国与工业国之间的分工。第三世界国家都在朝国际分工新方向努力,我们也要朝这个新方向努力。

当前国际分工有一个新的趋势。这就是以自然资源为主的原料、初级产品的国际贸易,现在处于衰落的状态当中。第二次世界大战以后,初级产品的销路在国际分工中所占的地位越来越不重要。重要的是新材料,一般都是工业品。如人造纤维,这是原料,但不是初级产品。这样的原料以及机械制成品,也就是科学技术成果的产品,在国际分工中所占的地位越来越重要。

以工业品、农业品来进行国际分工的情况也逐渐在国际上消失了。国际分工中最重要的分工是工业国与工业国之间的分工。

中国现在参加国际分工是处于劣势的,因为现在粮油等初级产品的出口还占相当比重,而纺织品的出口虽然赚外汇的比重很大,但质量不高,价格便宜,没有经过很好的工业性的处理。国际分工发生了变化。由初级产品到高级产品到工业产品,由工业品内部的分工、农业产品内部的分工、农业工业化的分工等,都是现在国际分工的方向。第三世界的国家都在朝这个方向努力。我们属于第三世界,也要朝这个方向努力。

(原载 1984 年 7 月 9 日《世界经济导报》)

世界新技术革命的发展与我国的对策[*]

我的讲话分两部分：（1）当前世界新技术革命的最近情况；（2）我们的对策。

一

我先讲第一部分：最近几年世界一些主要国家新技术革命发展的情况及动向。

近一两年来，各国新技术革命的发展虽然有快有慢，但有几个共同的特点值得我们注意。

第一个特点是，起步早而且一直在进行的国家正在进行着激烈的竞争，想继续保持和发展主人已取得的领导地位。

所谓起步早的国家有两类。一类是英国这样的国家。60年代初我在英国的时候，它们已经开始发展电子计算机了。但在那时英国没有继续把电子计算机工业发展下去。1961年，我国一个重要的代表团访问英国时，主人请我们代表团看用电子计算机

---

[*] 这是作者 1985 年初在"经济改革与对外开放问题高级讲习班"上的讲话。

下国际象棋。由此可见，当时英国电子计算机技术已发展到相当的程度，而此时美国才刚刚起步。但由于其上层建筑里面的许多问题，英国电子计算机工业到了一定的时候就停滞了。从1961年至今，未有大的发展。一直到最近，美国、日本电子计算机工业发展起来了，电子计算机在各方面的作用越来越突出，英国才急起直追。所以英国虽是起步早的国家，但它未能参加当前起步早的国家之间的竞争。我们现在所说的起步早的国家，只包括美国和日本。日本起步比美国稍晚一点，但追赶能力很强，现在，在许多方面已超过美国。当然，美国在许多方面还是比日本强，比如说基本工业方面。日本在某几个工业领域里面比美国强，但就一般的工业水平讲，与美国相差很大。从科学技术的水平来讲，日本在某些领域的应用技术上要比美国强，但在一些领域，比如航天技术、海洋开发的技术等方面，日本比美国还是弱。在新的材料方面，美国能在宇宙空间制造某种新的物质、材料，而日本在这方面还是很落后的。但是，把电子计算机应用于日常生活和工业制造方面，日本有突出的地方。比如说 RAN 记忆芯片，即可把数据随时存入、随时取出使用的小片。在日本，256 个记忆单位即我们简称之为 256K 的 RAN 芯片已不是什么了不起的了。它们正向更大的方向前进。美国在制造芯片方面比日本稍差一点。在特大型的电子计算机方面，美国比日本强，因为美国有航天的需要、发射导弹的需要、把卫星推上宇宙空间的需要，因而刺激了美国这方面技术的进步，而日本在这方面目前还没有这样的进步。但是在日常所用的，比如 256K 或更多一点 K 数的芯片制造方面，日本是比较强的。从电子计算机方面来讲，美日竞争非常激烈，这个竞争主要是在国际市场上的竞争，而不是在科学技术上，如探测宇宙、探测海洋方面的竞争。在科学技术上的竞争，日本比美国差一点，生命科学、生物工程研究是这样，海洋技术、新材料研究方面也是这种情况；但一般来讲，在市场上的竞争，日本处于优势。日本的社会需求同军事上的需求与美国不同，所以日本在特大型计算机方面没有大的发展，但在特小型计算机方面却很可以同美国竞争一番，甚至美国在某些方面还处于下风。日本基础科学的研究比较差，主要科研力量放在应用科学方面，这是日本处于劣势的原因所在。在国际市场上，在新科技的竞争方面，日本比美国厉害；但总的说起来，美国比日本强。

后起步的国家在拼命地向上赶，这方面的竞争也很激烈。

首先，欧洲两年来在新技术开发方面做了许多事情，取得了很大的成绩。欧洲经济共同体加强相互间的合作，制定赶超美国、日本的共同战略计划。过去两年中，欧洲共同体在调整本身的政治、经济问题方面，有一定的作用，但不是真正的决定性的作用。例如，预算摊派问题，在去年7、8月首脑会议上，勉强地得到了十个临时性妥协的解决，没有得到根本的解决；在农业问题上也是取得了一个妥协性的解决，也没有得到根本的解决；在扩大共同体成员问题上，至今对西班牙、葡萄牙的加入有争议，尤其对葡萄牙，由于各自的利害冲突，争论还很大。在这一系列的政治、经济问题上，共同体的成就不很大，但在共同开发科技方面取得的成就，比解决上述问题的成就要大。就其战略计划来讲，1984年2月底，共同体的部长理事会通过一个在欧洲搞信息技术研究和发展的十年计划，要求共同体各国协作，争取10年内赶超美、日的水平。去年4月，我在欧洲时，曾问过所碰到的法国、比利时、联邦德国管这方面工作的官员们，他们说，合作得不错，进行得比较顺利，主力是联邦德国、法国、意大利；现在，64K的芯片问题已不大，在朝256K芯片进军。估计1985年3、4月间可推出256K的试制品。如果这一估计成为现实，那他们的进度是很快的。但他们不准备把所有力量都投入到满足 256K 记忆芯需要上，准备买一点记忆芯片，而要集中力量去搞逻辑芯片。芯片有两种：一种叫记忆芯片，可把数据存在里面，如同存在脑的细胞里，要时可取出来用；另一种叫逻辑芯片，即通过软件作用，芯片具有了画图、设计、作各种分析的能力。这种高级芯片，欧洲比较落后，美国比日本先进一点，但在某些方面日比美国又强一点。美、日如同两匹竞赛的马，除与军事有关的方面以外，在民用方面是在齐头并进。欧洲不论在记忆芯片还是在逻辑芯片方面，即计算机的核心方面，还是很落后的，但在拼命地赶。据我去年 4 月在欧洲看到的情况，共同体十年计划的发展情况比较好，同我们基本都在低水平上发展不同，它们很有层次，其管理和控制能力比我们强。1984 年，西欧的联邦德国、英、法三个国家共同研制的 RAN 火箭已进行了四次发射，每次发射都是成功的。这标志着在航天技术方面，西欧在赶美国；日本比西欧落后。中国的导弹不比 RAN 差，我们在航天技术方面还是不错的，当然还需改进。欧洲的 RAN 也需改进。同美、苏比，西欧在航天技术的这个部分，当然也是重要的部分，同中国一样，已接近解决的阶段，但由于整个工艺水平的问题，中国比西欧还是差一点。1983 年下半年，英国开始实行发展超大记忆、超大规模的集成电路和人工智能电脑的计划。今年我从伦敦路过的时候，曾问过有关人员计划进行得怎样，他们说有些进展，但还未到能够大规模生产和使用的阶段。这比美国要差。在人工智能电脑方面，美国、日本、欧洲都只是开始。法国在 1984 年有四个原子能电站机组投入使用，至此，法国共有 32 个核电机组；在这一新兴的技术方面，法国在数量上是仅次于美国的核电大国。法国确实是在急起直追。1984 年，意大利计算机大发展，工业用的计算机比 1983 年增加了一倍，说明其电子计算机技术有了长足的进步。瑞士在生命科学新技术方面，1984年有一个震动世界的发明，即发现了能对人体（及动物）器官生长起主导作用的基因，被认为是 1984 年生命科学领域里最重要的发现。这个基因的发现，对于生命科学、生物科学的发展，有极其重大的意义。欧洲在真正地下功夫追赶美国、日本。赶是以电子计算机为中心的，围绕着电子计算机这个中心，它们发展了许多新的科学技术和许多新的工业群。它们的工作是扎扎实实的。

在过去的一两年中，第三世界也有了新的发展。印度总理拉吉夫·甘地当选后的第一件事情，就是提出印度电子计算机和微电子学的发展计划，把电子产品用于电子计算机的发展，作为今后印度发展工业的重点和发展出口产品的重点，因为电子计算机产品的价值比传统产品的价值要高得多。南美洲的巴西、墨西哥，近两年来，被债务问题搞得经济混乱，人心惶惶，帝国主义压力很大，影响了科学技术、工业的发展，这方面没什么进展。亚洲，最值得注意的是南朝鲜。我今年在东京时，日本人告诉我，今年 3、4 月间，南朝鲜 64K 的芯片要投放市场。我感到奇怪，中国计算机起步比南朝鲜早，至今 64K 芯片未过关。64K 芯片市场，日本占据优势，美国次之，南朝鲜 64K 芯片准备进入国际市场，这是了不起的成就。不论南朝鲜今年 3、4 月能否真正进入国际市场，它在这方面的进展是很大的，还准备在今年底开始试制 256K 的芯片，在一两年内投放市场。我们这么大的国家，远远落后于南朝鲜，还说要迈着方步慢慢赶，真有点对不起我们自己了。当然性急不行，但要有紧迫感。台湾所谓经济部部长赵耀东在一次谈话中讲，台湾已制定把电子产品作为发展重点的产业调整计划，他们也在朝这个方向发展。

从上述情况来看，全世界都把新技术革命、新科技开发当作第一位的事情来办。新的科技发展方面是以电子计算机为中心。其他的方面，有的处于开步阶段，有的虽已定得很远，但还未取得很大的突破。因为一个科学技术从发生到发展再到最后的完成，总要几十年的工夫。现在新科技的发展，时间还不长，除电子计算机这个部门比较成熟以外，其他相对来讲都处于刚刚起步阶段。在这个阶段中，竞争是很激烈的，发展也是很快的。

当前情况的第二个特点是，西方发达的工业国刚进入复苏的阶段，美国已有两年多时间，西欧刚有两年时间。在这阶段中，贸易保护主义非常盛行，大家都想保护自己复苏的势头；而新兴科学技术，例如电子计算机的发明与运用，强化了市场的竞争。市场竞争的压力反过来又推动新科学技术的发展，新科学技术的发展又推动经济贸易的前进，经济贸易的前进又推动科学技术向更高级的阶段发展。从这点上说，市场竞争有推动的力量，有进步的一面。但市场竞争的压力促使贸易保护主义越来越强烈，而贸易保护主义是以科学技术的保护主义为中心。最近一年半，美国颁布了许多法令，限制技术的出口，表面上说这是对共产主义国家的限制，实际上对它的盟国也是加以限制，不过对社会主义国家比对盟国限制得更厉害就是了。去年5、6月份，美国颁布了对苏联技术输出的限制法，对中国的技术输出也加以严格的限制，比如在旧金山，就关了五个同中国进行贸易的人，其中四个是华裔，罪名就是向中国输出高级技术，到现在案子还未了结，有两个人还关在牢里。技术保护主义成了当今贸易保护主义的中心之一，也可以说是最重要的中心。例如，美国对日本的技术输出是限制得很严的。记得两年前，日本的日立公司被美国法院起诉，把在美国的日立公司的三四个职员关了起来，最后对日立进行罚款。日本为保持与美国的关系，付了罚款，但两名日本职员还是被判了三四年徒刑，直到现在还在坐牢。因为是盟国的职员，才只被判三四年刑，如果是中国的，就不晓得要判多少年刑了。最近，美国通知欧洲各国，凡是美国输出到欧洲的新技术，在转让给社会主义国家之前，必须得到美国的允许，不然，美国要实行制裁。当前，实行技术保护主义是帝国主义国家控制其他国家的重要武器。这是相当明确的。日本卖全套设备给人可以，卖技术给人不行。上海宝钢第二期工程投标时，日本的价钱定得很高，同时技术不转让；西德的价钱低一点，而且包括技术转让。在第二次谈判时，日本情愿落价，但技术还是不转让；后来联邦德国减了价，技术转让照常进行。最后中央决定同联邦德国做成生意。日本这时才讲，我的技术可以转让，还提出非官方的抗议，讲宝钢生意应同日本做。所以，技术转让是一个很严重的问题。如果说今后有什么新殖民主义的话，新殖民主义恐怕就是以控制技术作为控制第三世界国家和盟国的武器。对新的科学技术实行非常尖锐的、严格的保护主义，这是第二个值得注意的动向。

第三个特点是，目前从整个经济价值来看，从产品的各方面的经济价值来看，新兴科学技术的经济价值，即它所生产的产品卖出后的收入，远远赶不上传统工业的收入。也就是说，今天新兴科技产品的经济价值还赶不上传统工业产品的经济价值。但这是暂时的。越来越多的迹象证明，新兴科技在普及之后，产品的经济价值一定会超过传统工业产品的经济价值。而且新兴科学技术在各个工业部门、各个生产领域渗透的广度和深度，一天比一天增加。现在，在西方，日本也一样，许多传统的工业都在用电子计算机、用自动化来改造。许多传统的工厂用电子计算机进行改造和设备更新以后，其产品的经济价值和质量得到很大的提高。其他领域也一样，办公室、工厂、家庭均用电子计算机使之自动化。所以说，新的科技在各行各业不仅渗透了，而且相互融成一体。虽然总的说来新技术产品的经济价值还未超过传统工业产品的经济价值，但完全可以估计到，将来它必定要征服传统工业，传统工业必然要为新兴科技所渗透、融通、合成一体，形成不是传统工业生产的传统工业产品。传统工业经电子计算机改造以后，不能说是旧的工业，而是一种新兴的工业。美国称传统工业为"夕阳工业"，并说"夕阳工业"马上要变成"朝阳工业"。这就是讲，"夕阳工业"经过新的科技改造以后，加强其自动化程度，加强电子计算机的控制，很快会变成"朝阳工业"。由于新的科技渗透到传统工业中去改造传统工业，因此诱发了一系列的自动化的工业群，成倍地开辟了新的市场。因为传统工业经过改造以后，其产品的质量大大提高，产品的数量也大大增加。目前产业结构、产品结构和就业结构三方面，都发生了很大的变化，而且有迹象表明，新技术渗透到传统工业所引起的产业结构的革命，要多于新技术本身所形成的产业结构的革命。就是说，新技术渗透、改造旧的传统产业以后，传统产业就变成"朝阳工业"，而不再是"夕阳工业"，使产业结构发生了一个革命。传统工业这样的改造越多，革命的程度就比专门开发、建立新的工业要大得多、多得多。推广新的技术，要着重改造传统工业。一方面要开发、建立新的科技产品的领域，另一方面要加紧用新的科学技术改造传统工业，即"夕阳工业"，这同我们的办法是一致的。中央决定第七个五年计划的重点，是改造、革新传统工业。这一改造是要用新的科学技术改造，而不只是一个革新装备、更新装备的问题，同时，也就是开发和发展新兴科学技术的产业。这是全世界的一个动向。我们的"七五"计划虽已明确要以改造、革新传统工业为主，但没有明确用新科技来革新传统工业。传统工业中，革新设备、更换设备是必要的，但还要使新科技渗透到产业中去。在改造产业中，同更新设备联系在一起，这样的改造方向是对的，具体执行时还需要更加明确这一点。美国同日本是十分注意的。这里只举一例：最近日本对自己的纺织工业进行了新的技术改造，因为日本纺织工业落后于中国的纺织工业，其产品不能与中国的纺织产品竞争。当然中国的纺织业有自己特殊的情况，例如劳动力便宜，手工细致，竞争力比较强。日本纺织工业设备比较落后，个人技术也比不上中国。因此，从前年开始，日本纺织工业协会决定，把自己的纺织工业用新科技加以改造，目标是三五年内战胜中国的纺织工业。据我所知，日本在这方面已有很大的成就。所以，我们不能盲目乐观，认为我们的纺织品在全世界的地位是独特的，是有绝对竞争力的。如果美、日用新科技来改造纺织工业成功以后，中国的纺织工业在世界上不一定站得住，当前的优势地位不一定能保持下去。在这一点上，我们对自己不应当太乐观。尽管新科技产品的整个的经济价值还远远地落后于传统工业创造的经济价值，但是，经过一个时期以后，其盛衰前进的趋势是很明显的，必然是新科技产品的经济价值要超过传统工业产品的，我们要及早作准备。这在国际竞争市场上，对我们来讲是很重要的一条。

第四个特点是，战后的实际情况，特别是目前的情况表明，从基础研究所取得的成果，到生产上的运用，再到新产品进入市场，有一个周期。第二次科技革命时，这个周期很慢。现在大大加快了。过去一二十年的周期现在已缩短到两三年，这一点突出地表现在电子计算机上。

新兴科技给我们和所有搞科技开发的人两个教训：如果现在再不迎接挑战，我们的差距会越来越大，这是第一点。因为引进别人的东西，还没有消化完，人家便又前进了，我们消化也太慢。第二个教训是，完全靠引进而不经过消化不行。要学习日本的办法，引进一个技术，经过消化、改造，形成自己的东西。这才有独立发展的余地，否则就没有独立发展的余地。

第五个特点是，一年来，许多国家和地区在发展新科技方面采取了有力的措施，即官、民、学三方面彻底合作的措施。"官"，就是政府，"民"，就是民间企业，"学"，即科学技术工作者、科学家、技术专家。这三方面中，关键是"官"，是政府，政府要来加强领导，统一规划。民、学、官三方面要密切合作，绝不能有门户之见，绝不能互不相干，应既有分工，又有合作，要有一系列的有力的措施，如增加预算开支。过去一个时期，特别是经济危机期间，西方各国纷纷削减科研经费。但 80 年代以来，尤其是西方经济进入复苏阶段以后，各国又纷纷增加科研开支，首先是美国和日本，接着是西欧，大量增加科研费用。美国的科研经费（尚不包括军事）占国民生产总值的 3%—4%。此外，由政府领导把各有关厂家组织起来搞联合投资；政府还通过建立风险基金或利用补偿的办法，鼓励私人企业搞一些风险投资，并给予减税免税、低息贷款等优待。还有些国家，如日本，采取一种新的办法，把科研项目分为两大类：一类是大型的、综合性的科研项目；一类是小型的、一般性的科研项目。后者由各工厂、各科研机构自己去搞；前者由政府组织一个科研委员会或小组去攻关，政府有权从任何工厂、机关调用有能力的人员到指定的地方去共同攻关，项目完成后再回到各自原来的单位，既不影响晋级，又不影响调资。西方国家的一些大的科研项目就是利用这个办法搞起来的，如美国的卫星。当时，苏联第一颗人造地球卫星上天以后，美国大为恐慌，要进行协同的、大型的、综合的研究，要搞出美国的卫星，采用的就是这个办法。不管你是哪一个部的、哪一家工厂的、哪一所大学的，只要政府认为你能对这个项目作出贡献，就把你借调过来，等卫星上天以后，你再回到你所在单位。而所在单位要绝对服从调用，如果拒绝调用，政府就要通过法律控告。美国曾有这么一个公司，拒绝它的工作人员参加政府的一个计划，最后公司老板被判了10年有期徒刑。像这样非常得力的措施，当前各国都采取，特别是日本，现在正在使用各种办法，而美国由于科技发展到了一定程度，目前较少采用这种办法，同时即使采用也不那么严厉。目前日本感到需要采用这一办法，其他国家也想这样搞。当然，这种办法在某种具体的、特殊的情况下是可以采用的，一般情况下，这么搞也不行。总之，采取政府领导，官、民、学合作这样一个有力措施是当前进行新科技革命的一个重要情况。

第六个特点，各国之间科技交流和互相渗透的规模越来越大。各国互相在对方投资设厂，这引起了科学技术的国际化、生产的国际化、消费的国际化、信息的国际化，以及资金的国际化，经济生活开始有了很大的改变。比如，现在为了开发新的科学技术，西欧、日本都在美国投资设厂，因为美国有一个技术保护主义，西欧、日本要想得到美国的技术是很不容易的，而把工厂办到美国去，就容易得到它的技术。在美国这方面来说，它也欢迎外资的流入，因为美国一方面紧缩通货，要把通货膨胀压下来；另一方面又要进行新的投资，这就需要大量资金，要解决这个矛盾，只有靠吸收外资。西欧、日本就利用这个机会把资金输出到美国去。这些资金分两种：一种是把资金存到美国以获取利息，因为美国要在紧缩通货的情况下解决投资问题，就必须是高利率。大家都借钱，利率就要升高，美国的利率最高曾达到22%，现在为9%—10%。许多英国资本家就是采用这种投资方式。当然英国政府以及其他国家政府并不鼓励这种投资，而是鼓励后一种投资方式，即到美国去办厂。工厂办在美国，尽管所有权是日本人或欧洲人的，但可以享受同美国本国工厂同等待遇，受到美国法律的保护，并能逃避关税。同时可以利用前后左右的联系得到新的技术。当然美国也跑到欧洲、日本投资设厂。在日元没有国际化之前，美国要在日本设厂是很困难的。但是，美、日贸易矛盾尖锐以后，美国到日本投资设厂容易得多了。美国到日本办厂有两个目的：一是控制这个国家的某些重要的工业部门，例如美国在欧洲开设的工厂，主要是炼铝、电子计算机以及其他新兴工业，这样就掌握了这些国家的新技术工业的命运。另一个目的是要了解欧洲、日本新的科技情报，这与欧洲、日本要了解美国一样。互在对方投资设厂既是一个对科技发展情况互相摸底的问题，也是一个技术交流的问题。

因此，在最近一段时期内，特别是最近五年中，国际间的资本交流越来越多，这样就加强了经济的国际化。经济国际化趋势本来是战后就一直存在的，但是最近国际化的规模加大了，主要原因是新科技的推动。新科技大大强化了生产的国际化，产品的规格是国际化的规格，消费是国际化的消费，资金在国际间来往，信息也国际化了。信息的国际化在国际金融领域表现得最为明显。例如，由于香港白天的时候美国是夜晚，香港夜晚的时候美国是白天，所以过去香港在夜晚就得不到美国白天的金融方面的情报，但是现在由于通讯卫星的应用，在香港全天 24 小时都能不断地得到美国的行情情报。我们在香港参观了一家华资证券交易所。过去该交易所每天总有一段时间得不到美国的行情情报，可现在能每时每刻掌握美国或其他西方国家的行情。很明显，新技术的应用使信息也国际化了。

新技术革命所引起的经济生活国际化不能不对所有国家发生深刻的影响，这样就会引起一系列的变化。这些变化目前已经开始出现，究竟怎样还无法预测，不过大体上可以把这些变化分为三大类。

第一类叫做水平结构的变化，有如下几种：

（1）技术结构变化；（2）产业结构变化；（3）管理结构变化；（4）组织结构变化。

第二类是垂直结构的变化，也有四种：

（1）需求结构变化；（2）知识结构变化；（3）社会结构变化；（4）心理结构变化。

第三类是其他结构的变化：

（1）人才结构的变化。目前我们正酝酿高等教育的改革，搞教育改革，不能不研究新科技革命引起的人才结构的变化，教育改革要适应这个变化，要看得远一些，看到变化的前面，而不是跟在变化后面走。（2）社会机制的变化。

上述 10 种变化中，每一个变化都需要我们去研究，去探索，然后就每一个变化作出结论，根据这个结论制定我们的政策，以适应这个变化，推动这个变化。这是我们当前很迫切的任务。

二

下面我讲第二部分：我们的对策。

所有发展中国家对新科技的好处都是非常清楚的。通过应用新技术，或是改造传统产业，或是开发新产业，可以提高劳动生产率。一个美国人告诉我，一台车床用电子计算机控制以后，生产能力可以提高一倍，而且质量得到很大提高。新技术的应用还可以节约原材料、能源和劳动力，可以减轻劳动强度。一些笨重的、污染严重的工作可以由机器人去完成。这些好处都是大家所知道的，因此大家都纷纷要开展新科技革命。这包括两方面的工作：一是改造传统产业，二是开发新产品。但是，面临着新的科技革命，发展中国家都存在着这样几个大的困难：

1. 缺乏开发新技术需要的高级技术人才，包括科学家、技术专家、技术工人。因此，即使有了新技术也不一定能很好地利用，这样也就不能很好地改造传统工业。

2.缺乏能源源不断提供新技术的源泉，而是依靠发达国家。这个困难产生于第一个困难，即缺乏人才。

3.缺乏新技术必需的较高的社会经济发展水平。目前发展中国家大多处于政治、文化、经济还都很落后的阶段，对新技术难以采用。这是有历史经验的，比如，瓦特发明蒸汽机以前，在希腊和罗马时代就已经有了原始的蒸汽机，但它不是被用在工业上，用来提高人民的生活，而是用来作喷水动力。中国人发明了火药，但是也不是把它运用在工业上，而是用来生产鞭炮。所以社会经济发展水平对新技术的运用起制约作用。研究中国科学技术发展史的李约瑟讲了个笑话，中国人发明了指南针，这是一个了不起的发明，但是，是被用来看坟地、看风水的。至于将它大规模地运用到工业上，运用到航海上，只有到社会经济文化发展到一定程度以后才能做到。所以他得出结论说，在发展中国家社会经济还未发展到一定水平的时候，即使有天才发明了某些新技术，也不能把它用到改善人民的生活上去。他说，火药和指南针的例子是对科学的讽刺，但是也反映了一个情况，就是尽管天才发明了某种技术，但没有一定发展水平的社会经济，新技术是不能用来为人类利益服务的。

4.许多发展中国家担心新技术的发明和推广会排挤劳动力，造成失业。像南朝鲜就害怕新技术的推广会使它在同行的市场竞争中失去廉价劳动力的优势。因为南朝鲜过去取得了相当的发展，主要靠廉价的劳动力。跨国公司跑到南朝鲜去设厂，就是因为这里的劳动力便宜，可以赚到很大利润。但是新科技发明和运用以后，生产全部实行自动化，一个工厂只要三五个或几十个工人，有的工厂甚至一个人也不用，因此用于购买劳动力的这笔支出今后要逐渐从成本中减少，这样，跨国公司也就不需要你这廉价劳动力了。所以随着新科技的发明与应用，发展中国家依靠廉价劳动力，增加出口，发展本国经济的战略就会失效。新科技的运用还会产生失业问题，实行自动化以后，劳动力往哪儿安排，这也是一个很令人焦心的问题。

5. 有些国家害怕新科技越发展、越推广，它们所享有的自然资源优势就会丧失。譬如，新科技发展以后，新的替代能源的出现和运用就会严重打击石油生产国、出口国的经济。新材料的利用也是如此。人造橡胶发展以后，马来西亚、印度尼西亚等国就会失去其天然橡胶的优势。所以很多发展中国家对于新科技并不是那么欢迎的。

当然，从新科技的优点来说，大家都想开发新科技。但是，从另一方面他们又害怕新科技，所以就面临一个如何迎接新技术革命挑战的问题，因为新科技必须向前发展，这是一个无法挽回的、历史的趋势。对中国来说，上述问题在不同程度上也存在。比如，我们国家人口这么多，目前就已存在待业问题，新科技推广使用以后，这么多的劳动力怎么办？随着替代能源的研制与推广，将来石油、煤等传统能源怎么办？这些问题也是我们很忧虑的。我国社会、经济、文化的发展在第三世界国家中总的来说还是比较高的，但是同样存在着如何充分发挥新科技的作用，使它对提高人民的生活水平发挥更大的好处的问题，并且确实存在着许多值得注意的现象。在10多年以前，我在北大荒看到这么一个情况，就是放着收割机不用，宁愿用人力收割麦子。问为什么不使用收割机，回答说使用人力比使用收割机更容易一些。后来，也就是四年前，我到崇明岛参观，也存在这样的情况，放着收割机不用，而用人力去收割稻子。这说明，在现有的社会文化水平条件下，人们的思想意识是保守的，跟不上。但是，我们中央对这个问题在认识上是清醒的。中央领导同志曾讲过，这是一个重大机会，是一个重大挑战。所谓重大机会就是发展，重大挑战就是针对这些问题怎么办，特别强调要迎接新技术革命的挑战。两年前，成立了一个由六位同志组成的小组，专门研究迎接新技术革命挑战的对策。两年内，这个小组做了很多的工作，成绩是很突出的。但是，从总的情况来看，我们当前还存在不少问题。这些问题中，大多是属于体制方面的、社会经济文化水平方面的和官僚主义方面的问题，今天不详细说，只是提出几个突出的问题。

1. 研究所同工厂脱节，大家都在同一个水平上开发，无法做到有计划、有领导、分层次地迎接新科技革命的挑战。

2. 机构重叠，职权不清。有很多机构都在抓新科技革命，国务院科技办公室、国家科委的基础和新兴产业局在抓，计委和经委在抓，国防工办、国务院技术经济研究中心在抓，其他各部也在抓。但存在一个重大的问题，是它们之间缺乏互相协调，没有统一行动、统一规划。还存在着坐而论争、蹉跎岁月的情况。大家都知道这个问题重要，但都不知道从何下手，一两年时间就这样混过去了。

我国现有企业的技术水平和应用新科技的能力都很差，同发达国家相比差距很大。我们现在的工业体系多半是50年代初建立起来的，几十年来挖潜多于革新，这不能不说过去我们在指导方针上有错误。一提扩大再生产，要么是挖掘潜力，而对于工厂的革新重视不够；要么是着重外延建设，造新工厂、新厂房，引进新机器，而很少对原有机器进行改造，因此技术水平进步不大。有些机器现在都老掉牙了，有些50年代初期从苏联引进的机器，用了30年了，到现在还没有更换。我国技术水平总的来说很低，当然也不完全是这样。如激光和电子计算机，我们起步并不太晚。目前我国对激光的应用已经有 100 多种，如用激光切削金属、钻孔。从事激光研究与利用的专业人员差不多有一万人左右。电子计算机软件方面我们也是很不错的，问题是由于缺乏国际信息，软件究竟搞什么才能在国际市场上有销路，尚未取得突破。生物工程方面我们也是可以的，比如说胰岛素，这是我们中国人对世界生命科学的重大贡献。对受控制的核聚变的研究，中国也已经有了一定的进展，同先进国家的距离还是有的，但是缩短了。对新材料的研究不平衡。最近同日本人合作开发铌，对此日本是很佩服我们的，因为中国科学家与日本科学家合作对铌的研究已经取得了重要突破，这个突破在国际上也是最先进的水平之一。在航天技术上，我们与世界最先进水平相比还落后，但达到现在这个程度也是不容易的，如果再下功夫改进，并不是不能赶上最先进的水平。总之，一方面我们要认识到我们在各方面的水平比较落后，另一方面不要妄自菲薄，我们还是有一定能力的。从总的情况来看，我们的军工水平是比较先进的，民用水平较差，现在迫切需要用先进的科学技术来改造。所以，我们当前面临的一个严峻问题，就是改造现有工业，包括军工。另一方面要适当地开发新的科技，两者的比例如何，关系如何，是当前需要研究解决的问题。

3. 关于迎接新技术革命的挑战，中央已经明确提出来了，六人小组也做了很多工作，提了很多意见，但是我感到还没有明确具体的方针、政策和措施。大家只是从原则上提出。在思想上既要反对要求一蹴而就，很快就达到先进水平的急躁情绪；另一方面又要反对慢慢吞吞，把科技革命不当一回事的糊涂观念。有人曾经提出，迎接新技术革命要有正确的、妥切的速度，这当然是对的，但什么叫正确、妥切的速度？采取什么样的对策和做法呢？至今还未看到明确、具体的答案。"七五"计划怎样体现正确、妥切的速度，如何把改造旧工业与发展新产业结合起来，至今也没有明确、具体的答案。

4. 我们曾经寄希望于通过特区和开放城市引进技术，但是不能把引进技术的希望全部寄托在合资企业上，还必须用钱去买。现在基本上把沿海当作一个开发地带，对外开放的地带，改造旧工业、开发新工业的地带。中央领导同志在视察长江三角洲和珠江三角洲时说，这两个三角洲有两大任务：一是作为桥梁把新的技术、新的管理方法从国外引进来，经过消化，然后向内地推广，同时把内地的工农业产品引导到国际市场上去；二是改革农业，把"农—工—贸"公式倒过来，变成"贸—工—农"，也就是说今后三角洲要靠引进先进科学技术发展农业，力争通过国际贸易在国际市场上竞争，以达到三角洲农业的改造。比如说，过去我们是种什么，卖什么，今后要国际市场需要什么，就种什么。农业商品化问题已经提到了很重要的日程，商品化不但是国内的，而且是国际的。这是一个非常远大、非常英明的提法，其影响是深远的，对我国今后的发展有重大作用。随着农业的商品化，就会形成许多新的工业群，如农业加工、食品加工等等，有很多文章可做，这些都是与新的科学技术有关的。希望特区和开放城市完成这样两个任务。任务是提出来了，但也是最近提出来的。在这之前，特区已经存在差不多五年了，14 个沿海城市实行对外开放也是去年中央决定的。

邓小平同志说得很清楚，要把特区办成四个窗口。特区要引进技术密集、知识密集的产业，不要搞一般加工工业，所有的开放地带也都要按照这个原则引进。当前存在着两种现象。一是所有这些城市当局的人都坐不住了，想赶快做事情，都在搞经济开发区。经济开发区开始提得很大，有的提 20 平方公里或 10 多平方公里；上海这方面比较好，没有提那么大。把经济开发区提得很大，热情是高的，但脱离实际，后来都缩小了，搞一二平方公里。大家引进的东西，引进的机器设备并不是先进的，而是能赚钱的，另外也有的城市不知道引进什么，都想搞电子计算机，有点乱，缺乏统筹安排。事实上，到现在为止还没有做到引进技术密集、知识密集的产业。去年日本朋友大来佐武郎看了特区以后对我说，你们做了一个大的笼子（"笼子"是引用陈云同志语），但是里面装的东西不多。因此他建议要充实笼子。并说，技术也是商品，要想完全靠搞合资企业，不花钱买技术，技术引进是不会成功的。他说，根据日本的经验，引进技术主要靠转让方式，用钱来买。靠合资企业引进技术能做到一点，但不能把希望全放在这个上面。大来的话有一定道理，对我们当前的问题也是看透了，这也确实是我们目前存在的一种现象。另一种现象是对问题的根据没有说清楚。比如说，最近很多人谈论我国的对外贸易出口到2000年目标是1000亿美元，当然这雄心壮志很好，也符合我国工农业总产值翻两番这个战略目标。我们目前的对外贸易进出口总额是450亿美元，10多年增加到2000亿美元左右，这当然很好。1000亿美元的出口也不过占到我国国民生产总值1万亿美元的1/10，还有很大潜力。美国的出口贸易占国民生产总值的6%—7%，苏联占4%—5%，我们现在占4%，到2000年达到10%当然不错了，如果做得好，还可以再增加一点，但是出口贸易增加到1000亿美元，有什么根据呢？靠出口什么商品达到这个目的呢？我们是不是对出口商品进行了排队？对商品作了什么规划？是不是对出口商品中传统工业产品价值和新产品价值进行了对照分析了呢？这些问题恐怕还没有认真触及。提出这样一个目标当然好，但要把根据提出来，否则这个目标就会落空。这种情况在我们这里是经常发生的，有一个好的愿望，具体措施跟不上，结果就落空。针对这样的情况，我提出10条建议，完全是我个人的想法，不一定与实际吻合，提出来供大家参考。

1. 为了迎接新技术革命的挑战，我们应该加强国家的统一领导，要确定重点，确定规划，可以是个长期规划。这里有这样几个问题：

第一，什么是国家的统一领导？就是要打破各部门之间的界限，国家搞几个项目的攻关。确定攻关项目以后，不管你是哪一个部、哪一个工厂、哪一个研究所，只要认为这个人对这个项目有经验，有研究能力，就把这个人调来攻关，而不受部、工厂、所的局限。组织几个由国家统一领导的小组，就像我国 1964 年以前，周总理为了搞原子弹、卫星组织攻关一样。人员从各单位调来，不改变隶属关系。不是部门所有制吗？这个人还是你的，但这个时候不归你。各部门都要合作，如拒绝合作，就要交法律制裁。当然，想是这么想，办到办不到还需要研究。

第二，重点是旧企业的技术改造和新技术的开发。改造旧企业大家都有这个愿望，但怎么改造？从何下手？改造的进程和顺序如何安排？要落实下来。至于新技术的开发，着重点放在哪里，我认为应放在如下几个课题上：（1）生命科学的研究，特别是农业，包括农业新科学技术的研究；（2）微电子的研究，包括电子计算机；（3）新材料的研究与试制；（4）通讯，特别是光纤的研究；（5）核能和替代能源、节约能源的研究；（6）宇宙开发的研究。我认为新技术的开发应该放在这六个方面，当然海洋开发也重要，我们现在也在搞，但暂时放后一点还不要紧。这六个方面应该成为我们 20 年内研究、开发的重点。至于在预算中、在国民经济中占多大比重，要详细谈，不是现在可以说清楚的。

第三，资金的分配。资金的分配要服从重点。首先保证传统技术的改造，然后就是六个方面的重点研究和开发。

六个重点都是综合性的、小型的、系统的研究项目，因此要随时不断地进行可行性研究，随时不断地总结经验，发现问题，用资金分配影响研究工作。

2. 应该开始研究到 2050 年世界经济形势和科技形势的发展趋势。当然要看到 70 年以后的事是不容易的，但起码最近 20 年是可以预测的，在这个基础上，也就是说到 20 世纪末再研究 20 年，如此一层一层地研究下去。就是说在这 70 年中要不断地注意研究世界经济形势和科技形势的发展。为什么要说 70 年呢？因为小平同志说得很清楚，我们国家今后的任务首先是在 20 世纪内把国民经济翻两番，到时水平要达到西方 80 年代的水平，包括工业、农业、科技、国防，然后在这个基础上，我们再用 30—50 年的时间，达到当时世界最先进国家的水平。也就是说一共要花 50—70 年的时间使中国成为世界最先进的国家之一。所以在这一时期内要不断地研究问题，现在就要开始展望 20 世纪末世界科技和经济的发展水平，在此基础上再展望 20 年以后世界是个什么样子。这样就好比有了一个样板放在我们前面，我们不一定按照它去做，但起码给我们一个启发。这个工作是非常重要的，不做这项工作，就等于乱撞。

3. 我国迎接新技术革命的战略方针应确定为五条：

（1）引进国外的技术和资金。

（2）发挥本国资源优势。这一点过去强调不够。我们的资源是很丰富的，比如稀土，我们国家就占有优势，但问题是我们如何利用这个优势，结合新的科学技术，创造出中国独特的商品，参加国际市场的竞争。

（3）大力推广军民结合的体制。在军工和民用关系方面过去我们是照搬苏联的体制，两者是彻底分开的，当然现在已经开始转向结合，军工为民用服务，为"四化"服务。搞结合的地方情况都比较好，如嘉陵摩托车就是军工转民用的产品，再加上日本的技术，在国际市场上也有了地位。

（4）创造优良的有中国特点的新产品。现在普通产品要打进国际市场是很难的，参加国际经济体系也没有力量。

（5）参加国际市场的竞争，成为国际经济体系中的一员。这就要反对过去斯大林提出的两个平行市场的理论。要成为国际市场上竞争的一员，并不是说我们国家与资本主义国家搅到一起，而是要成为能够影响国际经济形势、国际经济体系，改变旧的国际经济秩序、建立新的国际经济秩序的一支强有力的力量。

4. 科学技术的发展需要有力量支持它，苏联靠军事刺激科学技术的发展，所以苏联的军工技术在世界上是数一数二的，但民用技术就差，电子计算机就是如此，军用的、大型的电子计算机很先进，而工业上应用的大型电子计算机就大大落后于美国，其原因就是军工和民用分得太严格。美国刺激技术发展的力量一是军事，二是商品。美国首先靠军事把科学技术发展起来，然后把其中可以商品化的部分商品化。如对航天飞机美国就预定三年以后实行商品化，一个人可以买票，坐上航天飞机围绕地球转一转，或者到航天站坐一会儿，然后再回来，这在苏联是不可想像的。日本不能靠军事，由于历史上搞得太臭，现在就不能搞军事技术，这样日本刺激技术的发展就完全靠商品化，靠在国际市场称雄，所以日本现在很富，每年贸易顺差好几百亿美元。我们发展科学技术靠什么刺激呢？首先，要培养克服落后的心理。有人知道我们落后，也有人并不以为我们落后，认为不错了，这两种思想都存在。现在大家要感觉到自己落后，要追。有人忌讳追赶，一提追赶就会联想到毛泽东同志提出的"超英赶美"的口号。但是没有追赶的思想，没有追赶的紧迫感，就没有动力。其次，依靠科学技术的发展，使我们的人民生活水平有所提高，也就是通过扩大生产力，使国防力量、工业力量能够有巨大发展。

第三，加强需求变化的压力。改变中国人的思想方式和工作方式，使之与新科技发展相适应，而不是像历史上那样，发明了火药用来做鞭炮，发明了指南针拿来看风水。

5. 统筹安排科研层次，使科研成果能很快转变为生产力。到目前为止这个问题还没有得到解决。科研成果不能很快地转变为生产力。主要原因是，一方面科研成果不为人知，另一方面即便知道了，也不会去使用。应该改变我国当前的科研体系，安排一个层次。是否可以这样考虑：基础研究、理论研究放在大学。英国、美国都是这样，真正的理论突破、基础的突破都是在大学里完成的，大学实验室是实行理论上突破的一个重要场所。各个研究所，包括科学院的研究所，应该注重理论同实际的结合，研究如何将突破的理论同实际结合起来。照英国和美国那样，每个工厂有自己的"领航车间"即厂科研所，这里的主要任务是改良机器和产品。机器安装使用以后，研究如何进行技术改造才能发挥更大的经济效益；产品生产出来以后，研究如何使之价格更便宜，质量更好。这样，中间一层的研究所上与基础理论相结合、下与实际开发相结合，形成一个有机体系，使科研成果很快转化为生产力。当然这里还有一个问题，工厂的领导要有企业家的精神，不能有保守思想，安于现状，不能限于国内市场，限于中央下达的任务，而要对产品进行不断改良，到国际市场上去竞争，不断地开拓，不断地开发。这种企业家的精神恰恰是我国过去工厂领导者所缺乏的。

6. 要形成一个全国的科技信息网，把全国开发新科技、改革传统技术的信息不断地传播到各地。打破科研情报相互封锁的局面。只要你有资格就可以随时去借、去调用，而不需要经过任何机关和个人的允许。所谓有资格，一是政治上的资格，一是学术上的资格。同时，要鼓励科技人员的自由流动。驻外使馆的科技参赞要广为搜集国外科技情报，要形成一个全国性的、与国外密切联系的信息网，在这上面花再大本钱也是值得的。

7. 设立开发新技术、革新传统技术的专款基金，包括一定的风险基金。

8. 积极开展国际合作，到国外去设立中国的公司，既要引进来，又要打出去。为什么南朝鲜能这么快地搞出了 64K 芯片，并且雄心勃勃要在今年底把 256K 芯片试制出来呢？原因之一是南朝鲜有很多科技人员在国外。在美国的硅谷中两种人多，一是中国人，一是南朝鲜人。南朝鲜政府用优厚的待遇把这些人请回来，让他们在国内搞。当然，南朝鲜过去是美国的附庸，至今南朝鲜军队还受制于美军驻南朝鲜司令部，所以美国对南朝鲜的警惕性过去是不高的，技术转让也比较松。中国没有这个条件，美国对中国的技术出口控制比较严，因此中国要得到技术就不如南朝鲜那么容易。但是，并不是说我们就一点没办法，最好的办法，与其请进来，还不如打出去，因为有些人不敢接受邀请，不敢来往，而我们在美国办厂、开公司，就可以同他们接近，从他们那里得到一些技术，这一种合作有时比引进能发挥更大的效力。在国外开设公司有这样几个好处：（1）海外原材料供应可以有保证，有些材料起码在那里看了、研究了，可以回来生产。（2）及时掌握信息。（3）躲避关税壁垒。（4）学习先进的管理工作经验。（5）打破技术封锁。我们应该在美、苏、法等国家尽可能多地开设工厂。当然，我们现在已经开始这么做了，如在巴西搞了一个木板厂，这是由于巴西经济危机，工厂倒闭后我们买下来的。亚马孙河大森林，木材资源非常丰富，恰巧我们国内对木材的需要量也很大。

9. 严格把关。有些地方或单位以引进先进技术为名，办了一些不合理的、吃亏的事，比如进口二手货。西方国家由于经济危机，许多厂家倒闭关门，机器要转卖。这种二手货有些还是比较好的，最近首钢从比利时买了一套轧钢设备，是70年代末、80年代初的水平，买这种旧货当然好，马上就可以提高生产率。但是也有些地方买得不好。我们知道某地方某厂从香港买进一套纺织机器，进口后仔细一检查，原来是我国自己制造的，港商从我国买了这套机器，经过改装用了几年以后，又卖给了我们。这样的事实在太糟糕了。这种情况还有，买的不是新技术，而是旧技术。

再有一种情况是，外国人来投资主要是看中了我们广大的国内市场，都希望我们能让一部分国内市场给他。对我们来说，国内市场不是不可以让出一部分，但总要有交换条件，给我们更多一些好处。现在某些地方在给中央施加压力，要同意让出部分市场，而这些产品并不是什么了不起的产品，我们自己也可以造，并且只要努力，我们自己生产的还不一定比他们差，这样的产品市场让出去，对我国民族工业的发展不利。哪些市场可以开放，哪些市场可以有限度地开放，哪些又是完全不能开放，需要严格把关。

10. 智力开发，特别是加强青年科技力量的培养，建立再教育和不断教育制度。由于新的科学技术的运用和推广，新产品层出不穷，这样，一个工人到了一定时候就需要再教育，学习新的东西。科学家、技术专家也是如此，经过一段时间，知识就要老化，需要更新知识和技术，这样才能使自己永远处于一个新的水平上，这一点对我们来说是很重要的。另外，对于青年科技力量的培养，这一工作我们至今还没有很好去做。这两个问题别的国家注意得也不够，只有一些先进国家如日本、美国已经着手解决，其重要性也逐渐为所有的国家所认识。再有，就是发展第三产业，创造更多的就业机会，这已成为当前普遍重视的问题，也是值得我们注意的。

　　我提出上述 10 条建议，作为当前迎接新技术革命的具体设想。其中特别重要的是要有规划，有具体措施，坐而论道不行，马马虎虎做一个概括性的结论也不行。我们现在有上百个、上千个大企业，搞传统技术改造，从哪个企业开始？怎么搞法？为了开发新技术要搞一个硅谷，到底设在哪里？搞一个什么样的硅谷？都需要拿出一个具体方案。中央要下大力气来抓，有一个中长期规划，这是最主要的一条。各国是这么做的，我们也要这么做，这样才能使我们的新科技的研究与开发很快赶上去。

亚太地区发展前景与
环太平洋合作

亚洲、太平洋的问题现在越来越被人们所瞩目，如何认识这个问题，迫切需要各方面的同志对此进行深入的研究。

一 亚洲太平洋现在是一个很活跃的地区

太平洋地区过去没有这么活跃。60 年代下半期，即 1966 年开始渐渐在军事、经济和政治等方面变得活跃起来。70 年代越来越活跃。进入 80 年代后，这几年虽然经济略显停滞，但仍然是很活跃的。

在第二次世界大战结束后，雅尔塔体制在欧洲瓜分势力范围，但没有涉及太平洋。不是因为当时太平洋不重要，而是因为当时美国通过一系列军事基地网和后来的一系列双边和多边条约，企图把太平洋变成它的内海。苏联虽然在太平洋有海岸线，但是它的政治、经济、军事重心都在欧洲，谈不上是太平洋国家。这就是说，第二次世界大战以后的一段时期太平洋出现了美国独霸的局面。

70 年代，情况有了很大变化，经过水门事件、侵越战争失败，美国在太平洋地区的地位逐渐削弱。从尼克松到卡特政府后期，美国在太平洋几乎无所作为，基本上采取了收缩的政策。尼克松执政的时候，露出要想从朝鲜半岛撤兵的苗头。卡特政府明确决定要从朝鲜半岛撤退，同时对越南采取较为缓和的政策。这个时期恰恰也是苏联扩大海军势力的时期。在1962年古巴导弹事件以后，苏联把争夺的注意力放在扩充海军上。当70年代初海军力量达到全球规模以后，苏联便开始在太平洋地区活跃起来，它在太平洋地区的外交活动也越来越频繁。60年代苏联提出了亚洲集体安全体系，这是针对我国的。到了70年代，它提得更多，这主要是针对美国的，当然并没有减轻针对中国的意思。从这时起，美苏两个超级大国在太平洋地区的争夺日趋激烈。

里根上台后第二年的下半年，就明确表示了重新回到太平洋的决心。美国加强了"美日韩"同盟。朝鲜半岛形势发生微妙变化。美国还进一步拉拢东盟。东盟在柬埔寨问题上对越南采取更加坚定的立场。而苏联则在苦心经营阿富汗、印度到越南这一条线。阿富汗游击队因力量很分散，不能够很好地统一作战，现在苏联打算进一步增兵，企图在1986年改变当前被动局面。印度甘地夫人去世时，苏联派了高级代表团参加葬礼，并作了许多承诺。美苏之间的间接冲突加剧，使得亚太地区变成了越来越受人注目的地区。与此相对照，欧洲则成了美苏对立僵持的地区，双方谁也吃不了谁，都不能有大的作为。是否可以说，现在美苏双方的政治、军事斗争焦点已逐步转向亚洲。

现在世界是多中心的世界。亚洲太平洋地区在世界上的地位日益重要。但是不能说世界政治和军事的中心已经转移到亚洲。

从经济上说，美国现在经济重心在向西转移，具体表现在对亚洲的贸易额超过了欧洲，但不能说美国在经济上不重视欧洲。

实际上美国对亚太地区的贸易还刚刚开始大力发展，但是还没有到绝对地以亚洲为它的贸易重心，把欧洲甩开，或把对欧贸易降到很低数字的地步。美国科学技术新地带正沿着两条路线发展，一条是纽约—波士顿—芝加哥，另一条是洛杉矶—旧金山—得克萨斯—佛罗里达。美国政府有意识地发展的是西部南部一线，即：洛杉矶—佛罗里达。这条线上集中了美国新发展起来的宇航工业、电子计算机工业、核能研究，等等。是否可以因此就说美国经济重心已转移到了西部？我认为还不能这么说。现在东部纽约财团仍有很大力量，虽然它控制全国的优势已开始丧失，但并没有完全丧失。至于西部财团，由于西部是军火工业、新技术、新科学的发源地，所以，它的力量将会进一步蓬勃发展。从里根当选看，西部财团已很发达，但不能说已超过东部，更不能说重心已完全转移到了西海岸。经济重心的转移需要一个较长的过程。

日本现在发展许多新的技术地带，准备把全国搞成一个技术发达国。日本是个高度发达的国家，它同美国相比具有更大的进取心。经济上，日对美采取的是进攻姿态，美处于防守地位。美国已要求日本"自动限制"对美出口，要求日本向它提供军事技术。但总的来说，日本的实力还弱于美国，日本的资源远远不如美国多。基础科学大大落后于美国。日本从去年开始重视基础科学，但是要赶上美国至少要花二三十年。另外美国还有庞大的国内市场。尽管日本现在咄咄逼人，然而其综合国力比不上美国。美国有人把日本称为"一朵脆弱的花朵"。

按经济发展水平来说，亚太地区有四个层次。

第一层次就是上面所讲的美国、日本。

第二层次是新兴工业国和地区，包括东盟、南朝鲜，我国台湾省、香港。东盟在这几年中确实有很大发展，但是从东盟各国

（新加坡除外）的产品、外贸和投资结构来看，它们还没有脱离原料供应国的地位。南朝鲜、台湾和香港都绝对地依靠美国市场和投资，还未形成独立的经济发展力量。

第三层次是中国。只有中国发展起来了，成为亚太地区发展中国家的代表，亚太地区才有可能真正对整个世界经济政治发生决定性影响。

第四层次是在这一地区中的其他发展中国家。内陆的一些国家现在没有很大的发展。

从学术观点看，我们应该认为亚太地区的发展越来越重要。其标志是：两个超级大国在这一地区的争夺已经进入了一个新的阶段；这一地区的经济发展进入了一个新的阶段；中国的发展也进入了一个新的阶段。亚太地区很有希望成为人类历史上的中心之一。

二　对太平洋地区发展前途的四种估计

第一，美日在太平洋地区的争霸越来越激烈，这是指经济上而言。在经济上美日争霸的同时，政治上是美苏争霸。这两个争霸对亚太的政治经济发展将产生很大影响；对各国的决策也有很大影响，起决定性作用。

第二，美日联合共霸太平洋来对付苏联，而苏联势力只局限于目前的这条线上，即越南、印度等。这种可能性也很大。目前虽然美日之间在经济技术上矛盾很深，日本在经济上同美国闹独立性，政治上也不完全听美国的。但是，日本又意识到还离不开美国的核保护伞，面对苏联的力量，日本在政治和军事上离不开美国，在经济上也意识到需要一二十年时间才能真正独立起来。日本的科学家认为在应用科学上超过了美国，但是在基础研究和创造性上还赶不上美国。50 年代，美国在技术上独霸世界，对转让技术比较慷慨。当时日本又是美国的仆从，因此对日本的技术转让特别宽大。现在这种情况已经过去了，现在美国对日本在技术上的提防仅次于提防中国。我不久前同英国一位学者交谈，他告诉我，美国的决策是要永远在技术上领先日本 5—10 年，领先中国 15—20 年。只有保持这一差距，美国才能维持技术上的霸权，有了技术上的霸权，才能保障政治、军事上的霸权。日本对中国也有类似想法，有人公开讲过要做到在技术上日本至少要领先中国 10 年。从政治上来说，美国在亚洲要比日本更受欢迎，因为亚洲国家，特别是东南亚国家需要借用美国力量来平衡苏联、日本的压力。同时东南亚国家也希望美国帮助它们搞发展。第二次世界大战中日本军队的暴行的印象至今仍未消除。因此，东南亚国家对里根主张的美国重返亚洲均持欢迎态度。所以说日本要独霸亚洲是不可能的，一定要借用美国力量。由此可见，日本一方面同美国闹独立性，但是也深感这会引起东南亚国家反感。为了推行环太平洋圈这个大战略，不但不能离开美国，而且要拉住美国一起干。因此，美日联合共霸太平洋的可能性决不能低估。

第三，亚太地区分裂成不同的小集团。例如澳大利亚现正竭力经营南太平洋群岛，以形成以澳、新（新西兰）为中心的南太平洋岛国集团。南太平洋一直是在澳大利亚的控制下。东南亚国家自成一家。印支三国也形成一个集团。尽管分裂，但背后都有大国操纵。这种可能性不能排除。

第四，亚太地区国家，特别是第三世界国家大家一起合作，共同求发展。在南南合作的情况下，争取南北合作，即同美国、日本的合作。

亚太地区的发展前途至少可以作上述四种估计。其中第四种估计对我国最有利。

三　美日关于环太平洋合作的设想
　　以及我们的对策

美国提出了建立太平洋共同体的方案，日本提出了建立环太平洋合作圈的设想，双方都想建立某种包括太平洋沿岸国家在内的环太平洋合作体制，但是具体内容和出发点不同。

过去日本大平正芳提出设想时，美国官方表示冷淡。去年，尤其是东盟外长会议后，美国突然起劲起来，并派了专使到亚太摸情况，准备行动。我认为过去美国以为它有许多渠道可以控制亚太，日美的"安保条约"可控制双边关系；在东南亚有一个马尼拉条约控制该地区事务；在大洋洲有澳新美安全条约。此外，还有在外交上跟美国走的以英国为首的英国、澳大利亚、新西兰、新加坡、马来西亚五国联防条约组织。美国通过这些条约完全可以控制亚太地区。但是 70 年代以来，日美之间经济摩擦加剧，日本政治上闹独立性。东盟已成为一个区域性力量。因此美国的态度有变化。里根表示美国的未来在太平洋，其目的一方面是安抚国内，加强对外贸易，另一方面是为了给西欧一点颜色看看。因此一再表示要把日本、东南亚、澳新组成与美国联系最密切的、互相依存的联合体——太平洋共同体，甚至想把中国也包括进去，重建美国在亚太的霸权。在军事上，美国要求上述国家都扩充军备。

日本的胃口比美国要小，它所谓的环太平洋合作圈，主要是东南亚、澳大利亚。因日本本国政治、军事力量有限，故不想把范围搞得太大。日本现海军吨位占全世界第四位，空军占第五位，对美国承担了战时保卫 1000 海里海上航线的义务，日本军事力量增长很快，但毕竟不能与苏联比。中曾根说在10—20年内，日本军事上依靠美国不会变。故日本搞太平洋圈的目的是为了保卫它投资和原料进口的利益。日本总的来说，贸易顺差很大，因此过去的技术立国现在已发展到以资本输出立国。日本从来不转让技术。有一个日本官员说，没有一个国家愿意培养一个技术上的对手。但是日本要保全其贸易、投资，需要搞一个制度化的组织。日本的环太平洋圈与美国的太平洋共同体概念不一样。日本想通过环太合作，以保障自己的政治、经济需要，同时削弱美国这个竞争对手的地位。

最近东盟也开始对环太平洋合作感兴趣。1984年7月东盟外长会议上，印尼迈出了第一步，提出要以东盟六国同美、日、澳、新、加五国对话的形式来推进环太平洋合作。但东盟还未作出最后的抉择，只是希望通过合作得到美日的技术、资金和人才。

东盟态度转变的原因是多方面的，其中经济原因是主要的。东盟过去的发展一靠开放国内市场，二靠借外债。现菲、泰和印尼是亚洲负债最多的三个国家。它们靠借外债解决了资本积累问题，引进了一批技术，训练了一批技术人员，促进了贸易发展，帮助了经济起飞。但1973年经济危机后，国际条件发生了变化，市场缩小，资源价格上涨，从而影响了东盟国家的出口，这些国家经济发展受挫。美国的高利率吸引了国际上的游资，因而很少有人去东盟投资。由于美元汇价太贵，东盟要进口美国货也很困难，向美出口则遇到美国的贸易保护主义。东盟还面临着新技术革命的挑战，预计将来廉价劳动力不再能起过去那么大的作用。为了适应这些新变化，东盟不得不对环太平洋合作问题由反对到赞成，希望通过环太平洋合作取得美日的资金和新技术。同时，东盟对我国有一些毫无根据的，根本不必要的疑虑。它们一般虽然认为不存在什么中国军事威胁，却害怕中国越来越强大。但马来西亚、泰国、菲律宾、新加坡对同中国搞贸易和进行合作还感兴趣。

面对这样的形势，中国怎么办？中国是袖手旁观呢，还是积极提出自己的看法？我认为在实行对外开放政策的今天，应积极提出自己的主张，参加这场正在进行中的巨大的辩论，不参加辩论就会丧失今后的发言权。在这个大动荡面前，应用我们的主张来引导它朝着符合第三世界国家利益的正确方向发展，要举起太平洋合作的旗帜，为第三世界繁荣，为进一步加强南南合作、南北对话作好充分的准备。

树起中国在亚太问题上的旗帜是十分重要的。现在已有三面旗帜：一是美国的太平洋共同体，二是日本的环太平洋圈，三是苏联的亚洲集体安全体系。中国应树怎样的一面旗帜，是当前迫切要解决的问题。和平共处五项原则是中国提出来的。万隆会议上中国所起的作用全世界瞩目，没有中国参加，没有周总理的努力，就没有万隆会议的成功以及后来的第三世界运动的出现。我们至少要在今年即1985年万隆会议30周年时，树起一面亚太问题的旗帜，这是我们学术界的责任。这面旗帜要继承和发展和平共处五项原则，真正代表全世界的利益，特别是代表第三世界的利益。

有不少同志提出，中国要积极参加环太平洋合作。我认为，参加这个词含义不确切。因为到目前为止没有一个正式的亚太合作组织。如果硬要算，半官方的太平洋经济合作会议可以算一个，它成立于70年代，是日本、东盟、澳大利亚和美国搞的一个非官方的组织，但参加者有前总理、前外长等。它把中国排除在外。除此组织外，就没有一个正式的组织。我们想推动环太平洋合作是可以的，但谈不上参加这个组织或那个组织，因为没有组织可参加。而且，日本提出的环太平洋圈是把我们中国排除在外的。美国的太平洋共同体设想基本上也是把中国排斥在外的。日本官方已明确环太平洋圈不包括中国。苏联更是不要我国参加任何组织。因此，中国目前的问题不是参加与否的问题，而是对亚太地区合作持什么态度的问题。

所谓合作是什么含义呢？在哪些方面合作呢？我认为应该谈的是经济合作、文化合作，而且只是这两方面的合作。此时此刻，根本说不到政治合作，更不必谈军事合作。我国是亚太地区的大国，人口最多，海岸线最长，尽管我们走了一些弯路，但已建立了一定的工业经济基础，政治上也有地位，特别是作为第三世界国家在联合国安理会常任理事国中占有席位。除了政治地位外，再加上我们党的政策英明等因素，综合起来说，我们应该在亚太经济合作问题上起作用，这并不一定要去参加什么组织，而是在这方面起作用。有人认为目前我们经济力量不够，最好不要作声，看他们怎么搞，我认为这种做法不可取，这有损于我国威望。我们的经济力量确实还不大，经济上不是大国，但也不能自卑到认为自己是无足轻重的经济小国。要根据这一实际情况来作出判断，争取在国际问题上对亚太问题有发言权。既然我国是亚太地区的大国，我们应该在这个地区发挥作用，特别是在这个地区的经济发展问题上。如果我们不发言，什么都不说，这有负于我们伟大的人民、伟大的国家。总之，不是参加不参加的问题，而是要起作用，起代表第三世界的作用，既有别于美国、日本，又有别于苏联。我国是独立自主国家，执行独立自主外交政策。

（原载《国际问题资料》1985 年第 4 期）

关于当前世界经济形势的一些看法

现在，世界各国经济日益国际化，每个国家的经济都与世界经济紧密相连、息息相关。因此，深入了解世界经济形势和发展趋势，从中找到一些规律和可资借鉴的东西，以利于我们制定正确的经济对策，确保顺利实施"七五"计划，加速实现四化宏图，是当前一项十分重要的课题。

我想分三部分来谈世界经济形势。一是西方经济，二是苏联经济，三是世界经济的共同趋势。关于第三世界经济，我暂时把它放在资本主义经济体系中来谈，一则因为它同资本主义有千丝万缕的、非常深刻的联系，二则它的经济力量相对来说还是较弱的。

西方经济处在长波衰退阶段

先谈西方经济。我的看法就是它没有脱离萧条阶段。西方资本主义经济，战后初期，曾有一个恢复时期，到50年代中期才进入一个长波发展阶段（美国稍早些），这一阶段持续到1973年为止，大约20年左右。所有资本主义国家都是在这个阶段发展起来的。西欧在1958年建立起欧洲经济共同体，此后10多年，欧洲经济发生了极大的变化。日本是50年代末到60年代末，用10年时间发展起来的。日本发展成现在这个样子，60年代就打下了基础。所谓"亚洲四虎"的香港、南朝鲜、新加坡和我国台湾省也差不多是在这一时期发展起来的。

1973年爆发的经济危机，可以说是一个转折点。此后，西方资本主义经济进入了一个长波的衰退阶段，也可以叫长波萧条阶段，至今10多年还没有走出去。我认为，长波衰退阶段恐怕要延续到20世纪末。这个看法，我在国内外多次谈过。国内外都有一些经济学家不同意这个看法，说长波发展，他们同意；说长波衰退，他们却不以为然。我说的长波衰退，不是一个劲往下走，而是起起伏伏地走。起，不可能有60年代那样的高速发展，那一时期国民生产总值的年增长率，日本是10%以上，西德8%以上，美国5%—6%。伏，不会降到30年代那样的大衰退，因为时代的特点已经不一样了。那个时候，几乎没有或很少有政府干预。今天，哪个政府都有干预。西方国家的政府干预比我们还有效、还厉害。它们用经济杠杆来干预或调节，如调整银行利率，调整税收，从不同的产业中抽肥补瘦、调盈济虚。这是很"聪明"的办法。正因为这样，从1975年到现在，西方经济在长波衰退中虽有起有伏，但总的来说是低速增长，即年增长率为3%左右（3%—5%为中速，5%以上为高速）。当然其中少数国家是中速增长，如日本、西德年增长率为4%—5%。今后一段时期，例如在5—10年之内，我估计，资本主义世界经济仍将是低速增长，大多数国家平均将是2%—3%，日本、西德能做到4%就不错了，美国大概只能达到3%左右。

那么，前两年，特别是1984年，美国经济高速增长（1984年为6.6%）又是什么原因呢？我认为，这种增长主要是建立在两个基础上：一是大规模的借贷，用借贷资本来供企业发展；二是降低人民储蓄率，1984年降低了20%，这一部分钱跑到消费市场，扩大了需求。一方面用扩大需求来刺激生产，另一方面用抽紧银根，提高美元汇价和利率来吸引投资，发展生产。也就是说，在财政政策上是凯恩斯主义，在货币政策上是供应学派和货币主义。美国的这种经济政策在前几年是见成效的，既扩大了需求，又没有引起通货膨胀。美国在扩大需求上还做了很多事，如扩充军备，花了很多钱。要多花钱而又不多发钞票，钱从哪里来呢？从吸收国内外资本来。

为什么外国资本纷纷流往美国呢？一是因为美国经济规模大，实力雄厚，容量大。它一年外贸高达5000亿至6000亿美元。资本主义国家的很大一部分商品都要销往那里。二是美国政治稳定，没有什么折腾或折腾不多。三是军事力量强大，资本主义世界以它为保护伞。因此种种，它赢得了外国资本的信任。美元的高汇价、高利率，又使外国商品容易进入美国市场，同时外资有利可图。"利之所在，人争趋之。"1983年流到美国的外资为1000亿美元，1984年为1500亿美元，1985年可能高达3000亿美元。

"物极必反"，美国的这套政策现在已开始走下坡路了。因为美国借债太多，负担太重，它已不敢多借。利率高，国内资金不投向工业，而投向金融市场、股票市场，影响经济的健康发展。美元汇价高，使美国商品价格高，美国货卖不出去，外国货便宜，大量涌入美国，造成了美国人也不买美国货而买外国货、外贸逆差越来越大的局面。

随着时间的推移，美国经济的毛病越来越暴露出来，看来情况不太妙。今后几年，美国很难再出现1984年那样的增长。

西方经济面临四大问题

1. 经济调整问题。首先是经济政策的调整。美元的高汇价、高利率，虽然一时收到了吸引外资、刺激经济发展之效，但其结果也把自己变成了净负债国。外债已达 1 万亿美元，内债也大大增加。前不久，美国国会把债务限额由 1 万亿美元提高到 1.5 万亿美元。高汇价、高利率的政策造成的沉重债务使美国经济受到重大影响。它不得不回过头来调整这种政策。但是调整起来问题也很多。如压低美元汇价，幅度大了不行，小了不解决问题；步子快了，金融界受不了；慢了，问题愈积愈多。西方国家提出用"软着陆"办法，即用五年左右时间使美元汇价逐步降低 20%。但是"软着陆"也有困难，经过五国财长会议，费了好大力气，好不容易才把美元汇价压下去了一点，但不久又涨上来。压多了，持有美元的人吃亏太大。所以不能这样做。

其次是产业结构的调整。美国传统工业，如钢铁、造船、纺织等工业要缩减和转移一部分出去。新兴工业要增加。战略防御计划就是为了增加新兴工业，如激光、光导纤维、微电子计算机、智能机器人等。这个计划发展很快。第一阶段预定 10 年完成，现在估计只要 5—6 年。第二阶段预定 10—15 年，估计也会缩短。里根之所以在去年美苏首脑会议上，对搞战略防御计划态度十分坚决，就是因为他觉得有把握。产业结构的调整必然会影响投资结构和供应结构的调整。

再次是国际经济关系的调整。国际经济关系出现了新的情况。拿战略防御计划来说，它就在国际经济关系中引起了调整。美国要求发达资本主义国家参加战略防御计划，把它们变成它的承包工，引起很多国家不满。经过很长时间的斗争、磋商，英国首先同意参加，法国还在考虑。西德的态度是不明确由政府承担义务，而由企业自行决定是否参加。发达资本主义国家参加战略防御计划的目的之一，是希望从中获得今后发展新技术群、新产业群的信息，使自己不致落后太远。

2. 贸易保护主义问题。现在贸易保护主义越来越厉害，受打击最重的是纺织品、轻工业品（如鞋）。美国和西欧之间，贸易保护主义还涉及农产品，美、日之间还有高技术问题。贸易保护主义是和关税及贸易总协定等战后建立起来的国际经济秩序相违背的。美国虽然高唱贸易自由，但因存在巨额贸易逆差，现在国内贸易保护主义的情绪也日见高涨，国会通过詹金斯法案就是一种反映。但贸易保护主义也损害美国利益。它不仅损害进口商和消费者的利益，而且由于别国采取报复措施，也损害美国一些出口商的利益。美国国内在这方面赞成的与反对的斗争激烈，以至于里根总统不得不否决詹金斯法案。类似詹金斯法案的贸易保护主义法案，恐怕国会今后还会搞，能否统统打掉，还要看情况。例如，要看战略防御计划的实施能否使新产业群很快建立，吸收一部分失业工人。总之，在各国竞相奖出限入的情况下，贸易保护主义问题很难解决。

3. 债务问题。可以说，这个问题已发展到危险境地。发展中国家的债务负担非常严重。随便举个例说，阿根廷每年出口收入的90%要用来还债。许多债务国的情况也相类似。在这种情况下，如何能够发展？目前发展中国家正在考虑对策。一种主张是联合起来不还债。多数债务国主张债还是要还，不过要限制还债数额，其限度是要保证债务国的生存和起码的发展。如果实行这条原则，即使把还债数额限制在只占债务国出口收入的10%，美国很多大银行也会支撑不住。美国已有50家大银行倒闭，去年倒闭的银行和信托公司总数有140多家，前年是80多家。在债务问题危及债权国利益的背景下，美国提出了"贝克计划"。准备拿出290亿美元来作为新贷款，以缓解债务危机。但是这个数目同发展中国家1万多亿美元的庞大债务相比，无异杯水车薪，能解决多少问题呢？总之，债务问题既牵涉发展中国家，又涉及发达国家。它已不单纯是金融问题，而且还是政治问题。在今后一段时期内，它不大可能得到根本性的解决。

4. 国际金融问题。美元作为国际货币，其价格波动不定，就为国际金融市场埋下了危机。美元在战后长期实行的固定汇率制（35美元等于1盎司黄金，其他的货币都和美元挂钩），因美元贬值无法继续，在1972年变成浮动汇率。从此美元汇价上下波动很大。做生意都要考虑汇率的变动，影响经济的稳定。近几年来，美元汇价人为地提高了许多。现在虽然看起来还稳定，实际上潜伏着危机，不知哪一天汇价会突然下跌，那时就会引起国际金融市场的剧烈波动。阿拉伯财团的石油美元，过去大多流往美国买房地产，买债券，现在却有另找出路的苗头。这是国际上对美元信心削弱的反映。

为了防范可能袭来的金融灾难，近一两年来，针对浮动汇率的弊端，国际上酝酿要建立国际货币本位，所有国家的货币都和它挂钩，把汇率固定下来。有人建议恢复金本位，有人建议把国际货币基金组织的特别提款权变成国际货币。可谓众说纷纭，莫衷一是，至今未确定一个好办法。

从短期看，美元还是惟一在国际上得到承认的结算、储备货币。从长远看，美元价格总要降下来。现在许多国家都在未雨绸缪，以防不测。

与上述问题有关的，还有一些重大问题，如南南合作，南北对话，帮助发展中国家发展经济问题，这是政治性的经济问题，建立国际经济新秩序问题。此外还有生态问题、资源问题、人口问题等等。

日本有与美国在经济上争霸之势

资本主义国家经济力量有些消长变化。

美国还是世界上经济力量最强的国家，但已失去霸权地位，不再是带动世界经济的惟一的火车头了。日本、西德的经济力量有了很大的发展，有人把它们和美国并称为三个火车头。日本骎骎乎有与美国在经济上争霸之势。

美国经济力量今后会有什么变化？对于美国经济前景，国际上有三种估计：一种估计是可能来一个复兴，增长率恢复到4%；另一种估计是继续衰退，增长率能到2%就了不起了，可能还会较长时间的大衰退；第三种估计是确实处在长波衰退阶段，但增长率不会低于2%。我认为，第三种估计比较正确。美国还有很大力量来支撑它的经济发展。美国传统工业的投资减少了，但新兴工业的投资增加了。传统工业正在进行技术改造。改旧立新，整个工业投资是稳定的，并没有转移到证券市场上去。美国的失业率已从10%左右下降到7%。

最近美国电子工业不景气，但这是暂时现象。电子计算机正换代更新。每三四年就搞出一个新名堂。自动化正在许多国家发展，对电脑的需求远未饱和。微电子工业还很有前途。其他新兴工业也正方兴未艾。而美国工业是以新兴工业为主的。在财政赤字增大、军费开支增大的情况下，美国通货膨胀率不到4%。低通货膨胀，有利于经济发展。现在美国流行一种说法，即通货膨胀率在5%以内是合理的，但不要失控。

所以，今后五年美国经济无论是衰退或复苏，都可能规模不大，时间不长，但周期时间将缩短。

日本经济在所有资本主义国家中是最成功的。日本商品在世界市场上已站稳脚跟。1985年它的贸易顺差估计可高达500亿美元。日本人会做生意，他们的政策是为消费者服务，千方百计为消费者服务，不断改进产品，设计、制造新产品。这个口号比"为生产者服务"的口号要好。世界上所有的人都要消费。生产者也是消费者。日本在为消费者设想上是做得比较突出的。当然是为了赚钱，但它把消费者没想到的都想到了。这是不是也有可借鉴之处？

日本赚了很多钱，经济力量膨胀了。它现在公开提出要把东京变成不亚于纽约、伦敦的国际金融中心，其势咄咄逼人。在历史上，日本曾两次提出过这个问题。一次是在1918年，一次在1931年，终因多种原因而未成功。这次的情况与那两次很不一样。它有先进的通讯设备，有一系列高中级技术人才和高水平的劳动力，有雄厚的资本。它的国外资产仅次于美、英而居世界第三。去年可能升居老二。三几年内可能超过美国而居第一。日本已正式提出建立日元区的计划，以环太平洋经济区为支撑点。如该计划实现，美国在环太平洋的经济地位就要下降。至于香港、新加坡等地更将大受影响，甚至会成为东京金融中心的附庸。这是一个需要认真研究的问题。

西欧情况现在有了起色。政治上要求团结一致，军事上恢复了欧洲联盟，科学技术上搞了个尤里卡计划，经济上调整了政策，西欧联合正一步一步发展，这些都是好事。总的来讲，西欧处于回升阶段。但同日本比，它还差。

亚太地区，东盟、南朝鲜、台湾省对美国依赖太多，出口的47%—48%要靠美国市场。美国一打喷嚏，它们就伤风感冒。现在它们都在另找出路，有的想搞高技术，但成功的可能性不大。1986年如果美国情况不好，亚太地区对美依赖深的国家和地区也不会好。

苏联改革受到内外条件限制

现在谈谈苏联的经济改革问题。

苏共新纲领（草案）中，有几个很值得注意的特点：

1. 明确了苏联现在所处的历史阶段是"完善社会主义阶段"。这与过去的提法不同。太远的不说。赫鲁晓夫时代说，是"全面展开共产主义社会建设的阶段"，1980年的国民生产总值要超过美国。勃列日涅夫时代说，苏联是"发达的社会主义"。安德罗波夫时代，则说是"全面完善发达社会主义"的阶段。在这次新纲领中，"发达的"一词也不提了。

2. 肯定了经济改革的迫切性。原因之一恐怕是受了美国战略防御计划的刺激。要和美国竞争，不解开束缚怎么行？别的国家的改革取得成就，对它也有刺激。

3. 重新估计了世界局势。苏联过去认为，资本主义即将灭亡，世界革命胜利比较容易。现在苏联的看法变了，认为资本主义国家还有适应日新月异的变化的能力，尽管资本主义终将被社会主义代替，但它目前还有生命力。这一点在苏联学者中是并不否认的。

4. 认为社会主义的产生不一定要靠暴力。这些提法，颇引人注意。

5. 论述了改革的必要性。

苏联国民经济增长率不断下降，1966年为7%，1980年3.9%，1982年2%。1983年安德罗波夫执政，制止了下降趋势。契尔年科上台后保持在2%左右。这个情况如何能同美国竞争？列宁说过，社会主义制度的优越性在于能够把劳动生产率提得高于资本主义制度的劳动生产率，而现在苏联自己承认它的劳动生产率只及美国的 45％。

美国战略防御计划的发展，在科学技术上对苏联提出挑战。苏联必须迎头赶上。现行经济体制，不能适应当前形势的要求。

种种情况说明，改革刻不容缓。

如何改革呢？苏联改革方案基本上是两条：发展科学技术；改革现行经济体制。

在改革经济体制上，他们提出了很多办法，边改边摸索。农业上搞集体承包。工业上扩大企业自主权，改变政府部门的职能，减少管理层次，减少计划中的指令性部分。他们还注意以下几个问题：（1）充分发挥资源的效益，如能源、原料的消耗等。（2）更新产品。苏联有些产品多年一贯制的现象很严重。国外有人讽刺："卫星能上天，皮鞋不能落地"，因为皮鞋式样不好，卖不出去，堆在仓库货架上，不能落地。所以，要抓产品更新。（3）发展各部门的横向联系。（4）调整农、轻、重的比例，使之协调。（5）加强和改善管理。上面这些事，现在都在进行。实效如何，还要观察。

从当前情况来看，苏联经济改革也受到一些限制。首先是受国内条件限制。戈尔巴乔夫上任后，迅速进行了大规模的人事改革，新班子如何，还需要实践的证明。有些老班子还没有动。大量干部长期形成的一些陈规陋习和过时的思想方法、工作方法，改变起来也不那么容易。如果没有大批干部跟上改革，那就很难取得成就。苏联在过去 20 年中搞了多次改革，成效不大，反反复复，像在原地兜圈子。这次改革声势比以前大，效果如何，还要看。其次是受国际条件的限制。为了与美国争霸，面对来势汹汹的美国战略防御计划，苏联也在搞自己的战略防御计划。这就分散了财力、人力、物力，使改革受到限制。第三是受理论的限制。苏联的改革在理论上仍然否定商品经济，排斥市场经济机制作用，同时，它依然坚持中央集权的管理体制。这些理论，不能不影响改革实践。

世界经济的共同趋势

总的看来，世界各国经济都处在调整过程中，办法不一，但有一个共同点，就是都着重内涵型地发展经济，注重科学技术的发展。今后，科技发展将成为决定经济发展的最重要的因素。过去是政策决定科技发展，现在，科技发展的作用，已达到可以推动国家经济、政治的变化，推动国家决策的程度了。世界各国或迟或早都将把科技发展放在首位。所谓科技，包括技术、自然科学、社会科学三方面。社会科学论证一些问题，预测一些问题，寻求社会、政治、经济的内在规律，改善企业事业的经营、管理等，都是很重要的、不可或缺的科学。讲科技的作用时，一定不能忘记这一点。

以科技为杠杆，走内涵型经济发展的道路，这是世界经济的共同趋势。当然，这也应是我们经济发展的方向。

（原载《世界知识》1986 年第 3 期）

为世界的发展而裁军[*]

　　我们刚刚度过了"国际和平年"，现在又迎来了"国际住房年"，这两个年代所包含的两个主题，正是当今人类对于和平与发展两大问题所抱有的忧虑和迫切心情的体现。就在全世界大约1/5 的人口因为贫困而居无适处，甚至无家可归的时候，却有一万亿左右的美元在和平年代里，以比上一年增长 11.1％的速度花在战争或者备战上。因此，联合国专家小组早在 1982 年提出的关于"裁军和发展之间的关系"的研究报告中就指出："这项调查非常有力地表明，世界或是继续以特有的能量进行军备竞赛，或是在比较可以维持的国际经济和政治秩序下，自觉地以经过考虑的速度转向较为稳定和均衡的社会和经济发展，两者不可兼得。"[①]

　　我们今天在此聚会，正是要表明我们的选择：为了人类的生存与发展，世界必须实现裁军。

---

　　[*]　这是作者 1987 年 3 月 23 日在联合国世界裁军运动区域讨论会上的发言。
　　①　联合国裁军中心：《裁军和发展之间的关系》（中文版），第 182 页。

发展是历史的使命

我们所倡导的发展意味着人类生活素质的普遍改善与提高。尽管目前对于处在不同社会形态、不同历史阶段、不同民族国家的人来说，发展有着不同的水平和要求。然而，有两个方面的内容是共同的：第一，实现经济的增长是发展的先决条件；第二，寻求每一个人都有均等的机会参与社会经济进程，并合理分享利益，是人们的普遍要求。

千百年来，人类为了自身的生存与发展已经作出了不懈的努力。第二次世界大战以后，尽管核时代的阴影始终威胁着人类的生存，但从50年代以来，发达国家的经济大大向前迈进；从旧的殖民体系中独立出来的许多发展中国家，也在新的历史条件下发展着民族经济。从1960年至1973年间，发展中国家的国内生产总值年平均增长率达到了6.1%；1973年至1980年达到5.5%，都比同期发达国家的年平均增长率高。[1]

当然，这一点成就远远不能慰藉国际社会对于仍然存在的严重的贫穷落后状况，以及社会经济发展的极不平衡状态的焦虑。尤其是进入80年代以来，仍有1/4的人类生活在极度贫困之中，营养不良、缺医少药、无家可归者都是按数以亿计的人口来计算的。1950年的时候，发达国家的人均产值是发展中国家的9.9倍。到1980年时，差距不是缩小了，而是扩大了，二者的差别达到了11.3倍。[2] 如果说这种贫穷现象在发展中国家里甚为严重的话，对于发达国家来说，并无丝毫理由可以高枕无忧。美国人

---

[1] 《世界银行1985年度报告》（中文版），第38、35页。

[2] 根据《1984年世界银行发展报告》第6页图1—3计算。

口统计局公布的数字表明，1984 年美国社会中有 11％的人根本无财产或者负债累累。[①] 世界各国对于全球经济、社会问题的不安日益加剧。实现发展的目标已经成为一个日趋紧迫的任务。

世界的这种状况，是由于各种复杂的历史、社会原因所造成的，是由多种社会形态与多种发展层次的存在与演变、国际间的各种矛盾、分歧以至冲突的普遍存在造成的。它有着人口问题、生态问题的影响，也有发展与合作方式、途径的限制，但是，最显而易见的是，世界的战火破坏与军备竞赛的浪费是其中主要的原因之一。

战争与军备竞赛妨碍发展

据估计，今天的世界正在进行着 50 场武装冲突和战争，牵涉了地球上 1/4 的国家，生命与财产的损失是非常惊人的。在过去 25 年里，世界的军费开支翻了一番以上，其增长速度超过了世界经济的增长速度。沉重的军费负担使得任何国家都难以承受。

美苏是世界上最强大的国家，1986 年它们的军费占了世界各国军费总额的 60％以上。[②] 它们之间的军备竞赛不仅恶化了世界局势，也造成了自身经济状况的恶化。

美国将大量的资源、社会劳动投入到军备发展上，它的"入不敷出"问题——财政赤字是同庞大的军费有紧密联系的。1981 年至 1984 年，它的军费增加额相当于财政赤字增加额的 81％。[③]

---

① 转引自 1986 年 7 月 22 日《光明日报》。

② 鲁思·西瓦德：《1986 年世界军费和社会开支》。

③ 史敏：《美国经济前景暗淡》，载于《世界经济》1987 年第 2 期，第 11 页。

美国现在已是世界上最大的债务国，其经济竞争力受到削弱，巨额的贸易赤字成为它的又一个严重问题。

苏联的经济实力不及美国，但是据斯德哥尔摩国际和平研究所统计，它的军费开支占国民收入的9%，高于美国。[①] 苏联经济增长缓慢已成为苏联人亟欲改变的现实课题，出现这种状况的原因固然很多，但是军费负担无疑是其重要原因之一。

对于占有世界人口75%的发展中国家来说，世界总产值的份额中只有21%属于它们，经济负担本来就不堪应付，可是它们仍然把国民经济中的相当部分用在军备上。[②]

第二次世界大战后的多次战乱几乎都是发生在发展中国家的土地上。其中有不少是超级大国分别直接或间接插手的侵略战争。许多发展中国家不得不增加军费开支，而发达国家又纷纷向它们出售武器。70年代，发展中国家的军费开支平均年增长率为6%，超过了同期国内生产总值5.2%的年平均增长率。[③] 1976年至1980年间，20个外债最多的发展中国家在进口武器上花去的钱相当于它们新增债务数的20%。[④] 两伊战争以来，伊朗从1981年至1985年的平均战费已经达到同期年国民生产总值的60%，伊拉克则高达164%。[⑤]

目前，发展中国家的外债已达1万亿美元，对各国经济构成了严重危害，这是举世皆知的。

如此沉重的军费负担给各国经济造成了严重后果，它表明，

---

① 转引自鲁思·西瓦德：《1983年世界军费和社会开支》，第7页。

② 《1984年世界银行发展报告》（中文版），第6页。

③ 胡畔：《发展中国家经济发展与军费开支》，载于《世界经济》1986年第3期，第77页。

④ 鲁思·西瓦德：《1983年世界军费和社会开支》，第5页。

⑤ 阿巴斯：《两伊战争令人惊愕的代价》，载于阿拉伯美国大学毕业生协会会刊《新闻信札》，1985年11月至12月，第19页。

裁减军备以促进经济发展不仅是发展中国家的迫切需要，也是发达国家包括美苏两国在内改善经济状况所需要的。

裁军有助于发展

军备发展与经济发展之间的关系是竞争性的、此消彼长的关系，因为它们发展的基础都是地球上有限的资源。据估计，近年来世界上各种用于军事目的的资源中，军费开支占了世界生产总值的6%，劳动力占用了5000万到1亿人员，军事科研与技术开发占了全球科研技术开发总额的23%，而从事军事研究的科研人员也占了世界科研人员总数的22%，并且这种趋势还在加强。[①] 这种竞赛既是对资源的巨大浪费，同时也是对经济发展的严重阻碍。只有裁军才有助于发展。

有一种看法认为，军事开支可以刺激经济增长。最近，三位英国经济学家的研究结果否定了这种论点。他们发现，在整个西方世界里，高军费开支同工业成就大小之间的关系似乎是成反比的。[②]

日本与联邦德国便是很好的例子。它们在过去几十年里军费开支少，而它们的经济却发展较快。日本的经济增长率从1955年到现在几乎都超过了美国和西欧。

如果说军费开支可能对经济增长产生一些刺激作用的话，其代价也是非常高昂的。因为它首先是以牺牲民用经济的发展为代价。其次，它所赢得的短期效果是以未来的利益作抵押的。联合

---

① 莱斯特·布朗等：《1984年的世界状况》，第278页。

② 玛丽·卡尔多等：《工业竞争与英国防务》，载于《劳埃德银行评论》，1986年10月，第31—49页。

国专家小组的结论明确指出：军事开支的提高不会引起经济的增长。事实上，军事开支更多的是世界经济问题的一部分，而不是世界经济问题的解决办法的一部分。

各国需要拥有自己的军事力量来维护国家安全，这是没有异议的。问题是今天世界军事化的程度早已大大超过了自卫的需要，也超出了自身的能力。众所周知，美苏两国各自拥有的核武器已经能把地球摧毁几十遍，但是它们还在继续发展核武器，甚至还要把军备竞赛推广到外层空间。1981 年至 1984 年这四年中。世界军费开支的年平均增长率为 3.6%，超过了 1977 年至 1980 年这四年中 2.4% 的年平均增长率。[1] 这种扩军备战的后果只能导致国民经济的恶化，诱发动乱与冲突。

军备问题与安全、发展是一种循环作用的三角关系，它们互相关联又互相影响。裁军还是扩军？这是实现这个三角关系良性循环还是恶性循环的关键所在。实现裁军是实现安全和发展最有实际意义的第一步。

军事力量强大是国家强大的标志的传统观念已经逐渐在改变了。我们可以预言，到 21 世纪，使得一国得以立足于世界民族之林的，不是它在多大程度上能够以武力威慑邻邦或者称雄世界，而是高速度、高质量地发展本国经济，吸收一切民族与国家的先进事物，使本国成为一个更富足、更平等、更民主的社会。同样，裁减军备是一个基本的条件。

实现裁军的前提条件

联合国为实现裁军作出了不懈的努力。但是，令人遗憾的是

---

[1]　斯德哥尔摩和平研究所：《1985 年年鉴》，第 271 页。

迄今尚未见有多大的成效。我们要促使在裁军方面迈出现实的步伐：

首先，拥有世界上最大核力量和常规武库的美苏两国，应该大幅度裁减它们现有的核军备和常规军备。它们更不应再为争夺军事优势，而把军备竞赛升级到太空领域。

其次，美苏两国应该不再在各地区竞相加强军事部署，不再插手干预其他国家，不再制造和加剧第三世界国家之间的争端和冲突。这样，就能为大大减轻发展中国家的军备负担创造条件。

第三，我们虽然强调裁军是加强安全与发展的切实行动，我们也认为有必要为裁军创造良好的国际气氛。这就是通过对话与合作来恢复和加强政治信任。只有建立了这种信任，才能打消顾虑，有助于达成有效的裁军协议。同样，裁军协议的达成肯定会加强政治信任，实现二者的良性循环，进而为发展创造条件。

第四，我们已经广泛强调了世界各国的相互依存关系，因而要实现发展的目标，必须寻求经济领域内的、正当的、有益的合作关系和渠道。要坚决摈弃诸如贸易保护主义那一类以邻为壑、转嫁贫困和危机的做法，否则，只会恶化经济环境，恶化政治气氛，破坏裁军。

第五，各国对于自己的发展战略有理由依据自己的情况作出独立的选择，没有任何国家有权强加于人。更不应把帮助各国发展作为扩大自己势力范围的工具。

最后，各国的政治家们和一切有识之士必须建立新的观念，要使政治和意识形态适应造福各国人民的根本宗旨，服务于经济发展的需要。用军事手段来解决国家之间的政治分歧，用武力来推翻一种政治意识形态或社会制度，在今天的核时代是行不通的。为了本国的利益而推行扩军备战政策、军事集团政治、势力范围、实力政策等等过了时的陈腐观念，在人类已经进入越来越相互依存的时代的今天，应该被彻底抛弃，而代之以在和平共处五项原则上的国际合作，并学会通过谈判和协商来解决彼此之间的分歧。

结　束　语

千里之行，始于足下。为实现世界的经济发展而裁军，要求我们主动迈出步子。中国人民正是从历史的经验中清楚地认识到，要实现国家和民族的繁荣发展，必须创造一个和平的建设环境。因而我国采取了裁军100万的重大行动，我们宣布了停止在大气层进行核试验的决定。我们把大批军工生产转向民用。这就是我们迈出的实实在在的步子。我们期待着其他国家，特别是美苏两国在裁军方面迈出实质性的步子。

美苏中导协议与世界形势

美苏两个超级大国出于各自的现实需要和着眼于未来的战略考虑，已经就消除双方在欧亚两洲的陆基中远程导弹和中短程导弹问题达成了协议。这一协议虽然对双方的核均势、总兵力、军事战略不会有根本的影响，但这毕竟是两国军控谈判史上双方首次实际削减其核武器的一项重大措施。它将不能不对今后两国军控谈判的全局，不能不对两个超级大国的关系以及整个东西方关系的发展趋势，产生非常重要的影响。

一

这次美苏中导协议之能够签订，是基于双方各自利益的需求，也是当前国际环境压力下的产物。

首先，美苏双方都已经感受到，它们的军备竞赛重担超过了它们各自国家力量所能承受的限度。它们都面临严重的经济政治困难，都需要有个喘息的机会，因而都希望军控谈判能够有所前进，以便改善各自的内外处境。这次中导协议的成功，是多年来军备谈判的一项带有实质性意义的突破，为双方改善处境的要求创造了较有利的气氛和条件。

苏联经济从70年代以来就陷于停滞状态。因此，苏共二十七大制定的"加速发展战略"，力图通过国内改革来加速经济发展，加强国家的综合实力，为在21世纪的力量对比中保持苏联作为两个超级大国之一的国际地位而努力。只有争取一个国际和平环境，争取减轻军备负担，才能实现这个目标。特别是在苏联人自己认为是改革最困难和最关键的今后几年的时期里，更加需要集中力量于国内事务。在这种情形下，苏联在中导问题上采取了主动的姿态，应当说是顺理成章的事情。

作为苏联对手的美国，在80年代头几年曾一度加速全面扩军，重振国力，企图维护世界霸权。可是，80年代初经济危机后经济恢复的好景不长，很快便捉襟见肘。因为美国经济的恢复在很大程度上是以巨额财政赤字、贸易赤字和国内外债务为代价取得的。在世界上，美国已经从原来最大的债权国变为最大的债务国。1987年10月的股市暴跌，发出了美国新的经济衰退可能提前来的信号。值得强调的是，里根任内花在军备竞赛上的2万亿至3万亿美元，正是导致美国财政经济困难的重要原因之一。

有鉴于此，美苏双方都不得不把注意力转向内部，转向调整各自的经济，而谋求在某种程度上放慢军备竞赛的进度。

第二，在40多年的军备竞赛之后，美苏双方实现了核力量的大致平衡。双方为了争夺在21世纪的优势，正在进行一场以科技力量和经济力量为基础的，以争夺高科技优势为标志的新的一轮军备竞赛。双方都可能削减一些原来已经饱和的或者在今后条件下不再需要那么多的核军备和常规军备，以便集中力量来发展太空武器、新一代核武器和高技术新式武器。现在，裁减处于超饱和状态下美苏核武库中占4%左右的中程导弹，不过是"抛弃一把小刀"罢了。

第三，戈尔巴乔夫和里根各自都面临内部困难，需要在外交上取得进展，达成某些协议。戈尔巴乔夫最近一再谈到国内改革遇到阻力，他需要在外交上有所突破。而里根则力求通过外交上的得分来扭转因伊朗门等事件造成的被动状态，加强共和党在1988年大选中的地位。美国国内的保守派在美国经济受挫以后，也有削弱、分化之势，不能像过去那样坚持加速扩军和对苏强硬态度了。双方都不得不改变过去的僵硬政策，转而采取某些新的灵活行动。

除了美苏自身利益外，美苏达成中导条约也是国际环境压力的结果。

当今的时代，是多极竞争共处的时代。经济上的多极化早就已经形成。政治上的多极趋势越来越明显。军事上虽然暂时仍然维持两极态势，但是，由于军事技术的发展，特别是由于新一代高精尖常规武器的发展，这种两极现状是难以长期保持下去的。

多极化必然带来竞争。竞争不仅存在于社会制度不同的美苏、东西方之间，而且还存在于社会制度相同的国家之间，如在美日、美（西）欧、（西）欧日之内。美苏两国的超级大国地位已日益衰落，它们面临着其他国家的牵制和挑战。世界各国都在进行经济改革并推动科技发展，以加强自己的综合实力。在这样的世界潮流下，只一味追求军事优势，必将导致在竞争中削弱综合国力首先是经济实力。

另一方面，共处反映了人们也认识到，原子弹使战争的代价太大了。世界各国人民厌恶战争，要求和平，反对军备竞赛的愿望越来越明显、突出。苏联人民反对侵略阿富汗的战争，美国人民反对资助尼加拉瓜叛军去进行内战等等，充分说明了这一点。同时，各国人民敦促美苏率先裁军，履行它们对裁军所承担的特别责任的呼声日益高涨。两大军事集团中的中小国家也不希望军备竞赛无止境地开展下去，呼吁美苏通过谈判解决争执。这些因素显然迫使美苏不得不采取灵活立场，导致中导谈判的成功。

诚然，中导条约的签订有助于推动今后的军备谈判，包括削减进攻性战略武器等的谈判。但是，要注意到，双方在为达成中导条约协议而讨价还价的过程中，之所以能运用灵活手段达成妥协，开创非对等削减的先例，是在双方都需要在国内国际争取政治主动的情况下才实现的。未来谈判的成败也取决国内外和平势力能否更加加强压力，迫使双方不能不顺应民意，在军备谈判上更进一步。在这一点上，前景如何，还有待观察。

根据以上分析，我估计，尽管中导条约已经达成协议，但在战略核武器、太空武器、新一代常规武器以及核禁试等问题的谈判中，都不大可能迅速地取得突破性进展。战略核武器是双方保持"恐怖平衡"，威慑对方，支撑超级大国地位和两个军事集团内部团结的基本手段，不是像中导条约那样比较简单，可以随意牺牲的。以发展太空武器为核心的美国 SDI 计划，是美国赖以夺取对方全面优势的王牌，因而也是苏联极力反对和力谋加以限制的主要对象。所以苏联一直坚持战略核武器与 SDI 计划的"联系"原则，而美国则坚持不让。看来，双方对此都难以轻易让步。苏联主张"全面禁核试"，目的是在挖掉美国 SDI 的一个重要"根基"，美国是决难同意的。同时，在今后一个相当长时期内，美苏在这一问题上达成突破性的重大协议是困难的。

但是，有迹象表明，双方正在探索某种可能达成妥协的新方案。不排除双方可能对：（1）各自战略核武器的限额，（2）遵守1972 年 ABM 条约的期限，（3）太空武器的研究与试验地点、部署时间，（4）核试验范围、次数和当量，以及（5）常规武器的限制和常规军备作一定削减等问题，作出某些意向性的、"框架式"的妥协方案。这样的妥协是符合双方当前的国家利益和需要的。

美苏双方都正在加紧准备将于今年6月举行的美苏首脑第四次会晤。这是双方都能否保持两国改善关系的势头的一次重要标志。照目前的情况看，尽管在美国国内存在着力图阻挠乃至破坏这个势头的强大势力，但是，大势所趋，这个势头似乎还是能够保持的。因为继续改善和缓和两国关系，既是苏联的迫切愿望，也是美国的现实需要。如果这次首脑会晤能够达成某种协议的话，那就有可能导致一个新的、有限度的、较长些的缓和时期。在这期间，双边交往可能出现一种较好的政治气氛，使双方的对话增加，经济合作及双边贸易可能有一定程度的发展。当然，对抗还是基本的，因为双方的体制不一样，许多地区热点问题还没有解决，许多导致争霸的因素依然存在。要使国际局势真正缓和下来，还需要世界爱好和平的人民和各国政治家作出坚持不懈的努力。

二

在中导条约后，世界向多极化方向发展的趋势更加明显。这一点在欧洲可以比亚洲看得特别清楚些。

西欧国家对美苏中导条约的反应是复杂的。一方面，西欧国家欢迎美苏削减在欧洲的核军备，缓和东西方关系，希望能导致"低水平的军事力量均势"。另一方面，西欧国家担心中导条约后，苏联在欧洲常规兵力、战术核武器和化学武器等方面的优势更加突出，担心美国可能逐步削减对西欧防务承担的义务，危害西欧国家的安全利益。在这种形势下，西欧国家在加强同美国磋商协调、发展同苏联和东欧国家关系的同时，谋求加强西欧的政治、经济和防务联合。

从长远看，超级大国的衰退，使它们对其盟国的影响也将减弱。中导条约之后，美国在欧洲的军事存在虽会继续下去，但是，西欧防务联合如果真正开展，将促使美欧"集体安全体系"内部力量构成中的"欧洲支柱"的力量和影响逐步上升，西欧独立自主的力量得以加强。

另一方面，看来苏联对西欧还会进一步推行"开放"的新外交政策。可以预料，苏联除在军事上提出许多"缓和局势，消除恐惧"的动议之外，还会加强对西欧的经济合作和外交对话，以表明苏联今后将不在西欧谋求霸权和军事优势，而是鼓励西欧成为一个在政治、经济以及军事上越来越独立于美国的重要"力量中心"，并愿与西欧发展多方面的联系。

因此，除非发生重大的意外事件，美、苏、西欧的三角关系在90年代末将会出现新的变化。如何估量这个变化，现在还为时太早。

就东西欧关系而论，苏联对东欧的控制也将渐渐削弱，东欧的独立自主倾向也会逐渐增加。

东欧国家为维护民族利益，发展本国经济，保障自身安全，加强自己在国际舞台上的地位，必然希望发展同西欧国家的关系。西欧国家则想在东欧进行经济改革、加速现代化建设的时候，扩大西方经济模式的影响，捞取更多经济实惠，同时增强东西欧的合作，以便提高整个欧洲在世界事务中的作用。东西欧之间不存在美苏之间那样严重的对立和不信任感，也不存在争夺世界霸权那样的根本利害冲突。这就为东西欧关系的接近和相对独立发展提供了现实的可能性。

当然，也应看到，在五至十年之内，东西欧仍然摆脱不了分别隶属于对立的两个社会体系和两大军事集团的状况。由于历史形成的原因，苏联与东欧，美国与西欧，各在经济、政治与军事等领域形成了一种相互依赖的关系。因此，上面所说的"独立自主"在一个时期之内将必然是相对的，有限的。如果超越了限度，不仅会受到美苏的制约，而且也可能不一定符合它们自身的利益。十年或者更长一点，例如 20 年之后，那就难说了。

（原载〔法〕《外交》季刊，1988 年 1 月）

世界经济发展趋势

——对未来十年全球经济的五大判断

第 一 个 判 断

未来十年中，世界经济是不稳定的；增长将是疲弱的、甚至可能发生衰退、产生危机。

当前一个值得重视的问题是：世界经济衰退会不会来临？去年我在国外就此同许多学者交换过意见。大部分学者认为，1988年出现衰退的可能性不大。因为1988年对美国来说是大选的一年。影响这次大选的将主要是经济问题而不是政治问题。经济问题也就是如何解决美国"三高"的问题，即贸易赤字高、财政赤字高和国内外债务高的问题。在这样一个选举年，没有人敢于做出不利于大选的事情。在美国200多年历史上，大选年出现经济衰退的只有过一次。因此，大家认为1988年美国出现衰退的可能性几乎是没有的。

为什么要单独提出美国经济发展问题呢？因为美国现在是世界最大的市场。美国有3000多亿的进口，出口也差不多3000多亿，合计6000亿至7000亿美元。迄今世界上还没有任何国家能够代替它。很多亚洲、太平洋国家的出口主要依赖美国。欧洲也同美国有大量贸易。1700亿美元的贸易赤字对美国是一个严重问题。但这个赤字如果消灭的话，那对许多国家就会造成一场灾难。据美国经济学家估计，美国的贸易赤字为亚洲、西欧的许多国家创造了400万个就业机会。一旦这个赤字消灭，这些国家的400万人或其中大部分人就要失业。因此，美国经济的好坏直接影响到整个西方世界经济的稳定。

尽管今年世界经济衰退的可能性很小，但在未来几年内，衰退将是不可避免的。美国要想在短期内改善其经济状况是不大可能的。美国现在正采用各种手段来解决两个赤字的问题。美对日本、台湾地区、南朝鲜、西德，乃至香港地区都在施加压力，要求它们减少对美的商品输出，增加美国商品的输入。但是，它并未达到目的。用美元贬值的办法来纠正赤字至今也看不出有什么显著效果。美国汽车销售量连续四个月下降，圣诞大拍卖情况也不好，高档消费品的销售量很低。去年10月的股市暴跌是一个非常严重的信号，它影响到消费者和投资者的心理。在这样的情况下，美国的进口不会有大的减少。出口也不会有大的增长，因为美国商品的竞争力已大大降低。美元贬值后，这种局面没有改变。所以，减少贸易赤字在短期内是做不到的。

另一方面，美国的财政赤字也不会有很大的削减。因为美国的军费开支仍然很大。社会福利开支也无法大规模减少，再加上工资不能降低，因而财政赤字不可能削减。由于这两个赤字，美国的高债务也减少不了。另一个很重要的问题是人们对美国的信心正在减退。现在许多外国资本开始从美国撤出，到国际市场上去另寻出路了。因此，美国要改善其经济的可能性很小。

欧洲的情况也不妙。现在发展比较好的是英国、意大利、西班牙。西德本来是最大的出口国，但最近情况不太好。法国更不行。比利时、荷兰这些国家都不太妙：整个欧洲现在失业人数达到2000万至3000万。日本现在面临一个转轨问题，即从贸易立国转到扩大内需为主。一方面日本说的多，做的少；另一方面确实也困难，因为转轨确实不是很容易的。第三世界的情况也是非常不好。初级产品包括石油的价格，现在都非常低沉。债务的利息也负担很重，贸易情况也不太好。

鸟瞰世界经济形势，总的情况是非常不好。各种因素都预示着衰退将要到来，世界各国的经济学家、政治家们除极少数乐观主义者外一般都预感到1989年开始后，世界经济衰退不知在哪一天一定会来临。现在经济学界讨论的不是衰退是否会来的问题，而是这场衰退将会是怎样的规模和什么性质的问题。

我个人比较倾向于后一观点，而不赞成那些乐观派的观点。我认为这次衰退性质可能不会像1929—1933年那次衰退那样十分危险严重，因为各国经济界和政界都正在研究减轻灾难严重程度的办法。但是深度仍然可能很大，至少比1981—1982年那次厉害。因为条件不同了。1981—1982年衰退时，美国还至少是一个很大的市场。现在要维持这个市场很不容易。那时，美元还很强劲。1美元相当于260多日元或3个多马克。现在，1美元只等于130日元或2马克了。当时美国在海外的资产是1500亿美元，现在它却负有外债近10000亿，成为世界最大负债国。因此，这次危机将比那次更加持久、更加连续。尽管目前计算机、激光、空间技术等新技术正在飞速发展，但这些新技术要形成产业不容易，不可能马上产生效果。美国要改变目前的局面，至少要十年，说不定要更多的时间。

第 二 个 判 断

未来十年中，世界贸易的发展趋势是管理贸易成为主流。但在管理贸易的名义下，各种各样的保护主义仍会盛行。

现在世界上贸易保护主义非常厉害。由于世界经济疲弱，各国竞争十分强烈，保护主义还会发展。但不是过去那种关税壁垒的保护主义，而是采取各种非关税壁垒的办法，例如配额制度、技术条件限制等等。现在又出现了货币贬值战和政治压力等办法。

现在对世界贸易有两种力量在起作用。一种是"关贸总协定"要求放松贸易保护的力量，另一种是美国、日本、西欧发达国家要不顾一切坚决推行贸易保护的力量。"东京回合"后，关税壁垒减少了30％，但非关税壁垒的增加量超过关税壁垒减少量的2—3倍。现在"乌拉圭回合"正在开始，大家反对的就是非关税壁垒。美国提出了知识产权保护和劳务问题等一系列保护主义措施，既针对其他发达国家，也针对所谓新兴工业国和发展中国家。初级产品贸易的增长还会有一些。在这种情况下，世界贸易总量较之去年还可能会出现一定程度的增长，但不会很大，也许在4％或多一点。

由于各国政府都口头上承认自由贸易，实际上却搞保护主义，因此，纯粹的保护主义恐怕回不来了，纯粹的自由贸易也不会再有。美国人把现在这种贸易称为 Managed Trade 即管理下的贸易，简称为管理贸易。就是说一用政治谈判、二用关税壁垒、三用各种非关税壁垒的办法，来处理国与国之间的贸易。

第 三 个 判 断

未来十年中，世界性金融市场（包括股市、汇市）的不稳定将会持续下去。

关于世界金融形势。股市不稳定大家已经看到了。去年10月股市暴跌后，国内外有些学者认为是件好事。投机狂热受到打击，当然好，但是对消费者或投资者的心理打击，引起严重的后果，却不是好事。自那时以来，至少已有过四次大起大落，汇市也不能稳定。美元看来还要持续下降。是否到 1 美元兑 100 日元时就能稳定了呢？也不一定。这要看美国两个赤字问题解决得如何。债务问题不是很大。如果能解决好"双赤"，人们对美元的信心会恢复。否则，日元和马克可能还要上升。

过去美国有意识放任美元下跌，以便在政治上压日本、经济上使日货进口减少，但现在看来效果不大。如果美国继续让美元贬值，那么想用外国资金解决"双赤"问题就不可能。这个问题要很长时间才能解决，现在总趋势是下跌。美、日、西德各发达国家看来也不能采取切实可行的办法来制止美元的下跌，所能做到的只是让美元跌得慢些，不要形成暴跌。

要注意两个新现象：现在资金用于投机的多，用于生产的少；虚拟资本超过了实际资本。

电脑在金融市场上的广泛应用使金融活动全球化了。这就扩大了虚拟资本，增加了虚拟资本和实际资本的距离。比如这次股票危机中，实际资本只有 600 亿，但虚拟资本已达 2 万亿。这在经济学上是一个新现象。至今还没有人提出解决这个问题的好办法。

第 四 个 判 断

未来十年中，世界各国将会大大增加用于产品改造、升级换代上的科研费用，发展自己的拳头产品，以便 21 世纪在国际市场上取得一定地位。

现在世界各国都在调整产业结构，进行产品升级换代，增加第三产业和新技术产业。无论是发达国家还是不发达国家都在考虑一个重大问题，即如何开发出自己特有的产品，以便在 21 世纪开始后能在世界市场上占有地位。日本、美国、西德都在积极思考 21 世纪人类需要及它们各自能生产什么样的新产品。所以，工业研究费用在急速增长。日本提出加强基础科学研究。但实际上，日本大量力量还是花在实用技术上。

第 五 个 判 断

未来十年中，在亚洲太平洋地区，一方面日本可能代替美国成为经济超级大国，另一方面，除了现在的"四小龙"以外，很可能出现"第五、第六小龙"，泰国、马来西亚、菲律宾等都有可能加入这个行列。

环太平洋地区现在出现了两种趋势。一种是美国增加对日本、南朝鲜、台湾等的压力，要求它们货币升值，开放市场。所以，现在这些国家或地区对美国的依赖性开始在减少。台湾、南朝鲜原来大约 48％ 的出口依赖美国市场，最近减少到 45％—46％。另一种趋势是这些国家或地区参与日本的"东亚国际经济分工体系"。这个"体系"在东北亚，从南朝鲜、台湾到越南构成一个弧形；在东南亚，包括东盟六国，构成一条弧线。

由于美国力量的减弱，帮助了日本建立上述经济体系，结果是日美之间的竞争加剧。日本的国民生产总值是美国的 2/3，但由于美元贬值的结果，按美元新汇价计算的日本人均产值开始超过了美国。日本想把日元国际化，使之成为国际清算货币和储备货币，但目前还不可能，因为实力还不够。

（原载 1988 年 2 月 1 日《世界经济导报》）

日本的经济增长及其对亚太合作的影响[*]

20多年来，包括 11 个国家和地区（日本、中国、东盟国家、"四小龙"）的亚洲和西太平洋地区，在全球经济竞赛中是最有活力、发展最快的。今后本地区如何保持其发展的辉煌记录，已成为全世界关注的焦点，因而，这也是本次研讨会的合乎逻辑的主题。

据我看，要实现这一共同愿望，关键在于能否适应时代的要求，通过协调政策和加强本地区人民之间的合作，在互相促进和共同繁荣的基础上建立一种新型的伙伴关系。

一 日本的地位和作用

的确，在 80 年代中期，在本地区经济舞台上开始出现变化和重新组合的迹象。突出地表现在日本从一个重要的贸易大国和高贸易顺差国家快速地变为世界上最大的债权国和资本输出国。具有讽刺意味的是，美国却从将近 70 年之久的债权国沦为世界

---

* 这是作者 1988 年 6 月在香港"亚洲—中国"研讨会上的发言。

上最大的债务国。一般认为，这一趋势将持续到20世纪末，象征着战后世界经济格局的巨大变化。

日本大藏省发表的数字表明，日本的外汇储备突破了1000亿美元大关，海外净资产总额为2400亿美元，因此连续三年保持了"世界上最富有国家"的称号。无疑，日本经济实力这种突出的增长对于整个亚洲和西太平洋地区的经济形势会有深远的影响。到20世纪末，日本在亚太地区的经济影响非常可能全面超过美国，尽管日本在经济综合实力上仍处于弱势。事实上，日本在地区贸易、投资和经济援助捐款方面已居榜首。

因此，日本由来已久的赶上美国的梦想已经成为现实。

下一步走向何处？目标是什么？已经成为日本学者、商人和政府官员头脑中的热点问题。我作为一个局外人的看法是，日本在调整经济结构和经济迅速全球化的同时，无疑将设法建立以东京为中心的亚太地区贸易—工业—金融结构，以逐步取代美国占统治地位的旧结构，以便为下一世纪世界经济的新格局奠定基础。由此可见，亚太的经济发展将在相当大的程度上取决于日本的下一步行动。

由于时间所限，我不能作详细的阐述。我今天的讲话将只限于现在日本同亚洲和西太平洋关系中通常存在的问题和我们各自的期望。

二 三个领域中的经济摩擦和三个呼吁

无疑，日本的经济增长为亚太地区的发展提供了许多机会，并起着加深相互依存进程的催化剂作用。因此，可以毫不夸张地说，没有日本的贡献，要谈亚太地区的地位是不可想像的。然而，与此同时，也存在着妨碍地区经济增长和合作的一些消极因素。特别是在 80 年代中期，日本同本地区其他国家之间的经济摩擦与日俱增，尤其是在以下三个方面：

1．贸易摩擦

由日本长期以来"以出口求生存"战略产生的长期的、结构性的贸易盈余，在两个方面深刻影响着本地区其他成员：（1）它们的对日贸易连年逆差，过去五年中累计达 477 亿美元；（2）它们不得不承受巨大损害的重负和由日本日益增多的贸易盈余引起的美国肆意的贸易保护主义的威胁。更为重要的是，日本—美国—亚洲（发展中国家）"良性"循环三角——60 年代以来地区贸易快速增长的支柱——现在处于堵塞甚至完全停止的危险之中。

以亚洲"四小"为例，它们的成功史大体上是：从日本获得零部件、必需的资金和专业知识，在当地组装后将最终产品卖给美国，最后将部分利润返还日本。由此，"四小"和日本都从销售产品到美国市场而致富。但是这种日子已经过去了。日益强化的美国汇率战、发展中的美国贸易保护主义以及美国市场不可避免的缩小，加上日本不想也不能成为一个替代市场，加深了地区的不稳定性。统计数字表明了这些严酷的事实。1987 年美国进口总额超过 4000 亿美元，而日本只是这一数字的 1/3 强。尽管日本 1986 年进口的制成品总值达 527 亿美元，比上年增长 31.4%，但人均数仅为 364 美元，约为美国 1984 年相应的人均数额（980 美元）的 1/3。由此可见，日本在亚太经济中所起的火车头作用是不够的。

2．资金流向的摩擦

日本一心一意追求更高的利润，沉溺于金钱游戏，造成资金周转的严重失衡，表现为"重美轻亚"、"重富轻贫"。从 80 年代初以来，日本每年的剩余资金约有一半流入美国。这种不妥当的比例将进一步增长到占日本海外投资的 2/3 以上，代表着富国竞相从穷国夺走资金流入的所谓挤压效应。按类别分，约有 2/3 的日本剩余资金进入皮包投资，即购买股票、债券和房地产。直接私人投资的其余部分大部分投向出口替代，其中，亚洲部分从1984 年的 16% 降到 1986 年的 10.4%。更为重要的是，投向亚洲的数额中的大部分，确切地说，在 1986 年是 65.7%，投向"四小"。与此同时，日本的官方发展援助的增长率同其经济地位是不相称的。

3. 技术转让方面的摩擦

在防止所谓"飞镖效应"和产业"空心化"的借口下，日本对于对外转让技术采取了消极的态度。日本迄今对发展中国家转让的技术项目大部分是过时的或很快就要淘汰的，对于先进的或"核心"技术的转让控制得非常严格。而且，日本一直以巴黎统筹委员会的规定为现成的借口，对中国加以歧视。日本有些人士甚至公开声称，日本要在技术上比发展中国家永远领先 10 年至20 年。

我们高兴地看到，日本政府和商界已开始关注上述三个领域的经济摩擦。有些有远见的日本人士甚至提出了像"资金周转三分制"这样的建议，即对美投资、对发展中国家的经济援助、扩大内需各占 1/3，以促进国际经济协调和发展亚太区域合作。事实上，许多开创性的工作已经在沿着这个方向进行，并取得良好效果。日本政府迄今已发表了前川委员会的两份报告，并提出了以扩大内需和进口、调整产业和贸易为重点的新的五年计划。同时，一项 300 亿美元的资金周转计划已在实施，一个"亚洲工业化新综合规划"已经产生。再者，日本已用较多的钱、较低的利率和较宽的条件来改进官方援助计划。所有这些措施已经产生了良好的初步结果，经济摩擦多少有所缓和。自然，这使日本在国际上赢得了赞誉。

　　然而，对于经济摩擦的担心依然存在。因为日本的基本政策思想及其整个经济结构都与此有关。为了消除同本地区其他国家的经济摩擦，临时性的政策调整和"抚平面部皱纹"是不够的，彻底的"外科手术"或思想上的改弦易辙是需要的。而长远的解决办法是，日本真诚奉行以真正相互依存为基础的"国际协调"和同其他亚太国家共同繁荣为目的的政策。这将包括放弃民族利己主义，克服以自我为中心的经济民族主义。只有这样，才能消除现存的经济摩擦，避免可能产生的摩擦。在这方面，我提出以下三个呼吁：

　　首先，我希望日本采取主动，通过实际有效的方法进行产业和贸易结构的及时转变，从目前的摩擦产生型、带有侮辱性的"恩赐观点"型转变为以平等互利为基础的"作出贡献"型。换言之，日本应真正认识到这种转变是符合日本本身的长远利益和其他亚太国家的利益的。它肯定不是一种慈善行为，也不是"牺牲"日本民族利益的事。依我看，日本应迅速改进拟议中的各种措施和计划，并真诚地付诸实施。

　　在理论上，日本提出的解决办法目的明确，看来是不容置疑的。但是不幸的是，却没有保证其充分执行的具体措施。过去的记录表明，日本的行动往往远远落后于言词，一当热潮消退，日本就故态复萌。这里要牢记的格言是永远要"言必信，行必果"。

　　其次，我希望日本摒弃一切形式的"脱亚入西方"的想法，以便同不同经济发展水平的亚太国家和地区建立较为密切的互补关系。

　　事实上，地区经济合作能满足彼此的需要并对双方有利。这决不是一方乞求、另一方施舍的事。现在有些日本人放肆地谈论日本对于中国和东盟国家的经济发展是"不可或缺"的。暴露出不愿意同发展中国家进行经济合作的心态和优越感。这些绅士倾向于无视这一事实，即日本今天的"经济奇迹"在相当大程度上是靠亚太发展中国家创造的。"没有亚洲的繁荣，也就没有日本的繁荣。"过去是，现在是，将来也永远是这样。日本在这些年里从亚洲得到的远远超过日本对于这一广袤地区的贡献。

第三，我希望日本摆脱旧的国际经济秩序的既定模式，为建立以南北合作的原则——平等互利和共同繁荣为基础的新秩序而努力。

近年来，"经济集团主义"之风加速席卷全球。西欧一体化的进程在加快。美国和加拿大签署了自由贸易区协定，美国同墨西哥也在探索建立更密切的经济联系。在这种情况下，日本也提出了建立亚洲和西太平洋某种经济集团的想法。而且，日美间经济力量发展失衡的深化引发了研究霸权主义国家学说的浪潮。有人预测21世纪将是一个以日本为中心的太平洋世纪，以"日本式和平"取代"美国式和平"。而另一些人主张"日美双霸"统治世界经济。我们反对在亚洲和太平洋建立任何势力范围，这同世界经济中相互依存和相互联系的总趋势是背道而驰的。我们坚决谴责任何变相的控制和操纵发展中国家的国际经济秩序。亚太地区的发展中国家拒绝成为这种"双霸"的牺牲品或发达国家争夺世界霸权的牺牲品。

三 三种值得警惕的政治倾向

政治关系同经济关系是联结在一起的。日本在亚洲和西太平洋的政治影响随着它的经济力量的增长而稳步增长。在过去几年中，日中之间和日本同东盟之间的政治关系有很大改善。竹下登首相就职之后立即对东盟国家进行正式访问。双方在扩大政治对话、经济合作和文化交流方面达成了一些具体协议。首相还准备在8月下旬，在《中日和平友好条约》签订10周年之际正式访问中国，以便同中国领导人就改进和进一步发展双边关系进行深入的交谈。日本同中国和东盟之间友谊的加强，为互相进行经济合作提供了有力的政治保证。同时，它肯定将促进整个亚太地区的和平和发展。

然而，在日本同其他亚洲国家的政治关系中还存在着一些潜在的不稳定因素。日本军国主义对于过去发动侵略战争并使亚洲人民蒙受难以言状的痛苦负有责任。今天，在一些日本人中再次滋长着一种极端民族主义的思想倾向。这在其他亚洲国家中自然引起对日本的某些怀疑和不安。为了亚太地区的和平与发展，这种孕育中的倾向值得我们及时注意。

在日本有许多右翼极端主义分子梦想为日本军国主义发动的侵略战争翻案。这在一系列事件中得到反映。从1982年修改历史教科书到今年国务大臣奥野诚亮发表的谬论。这些极端主义分子极力冲淡所谓"大东亚战争"的侵略性质，甚至把它歪曲为试图"把亚洲国家从西方殖民主义的桎梏下解放出来"。如果从这种历史观点出发来推动亚太合作，就很容易使人想起过去的"大东亚共荣圈"。

还有一些措施是为了逐步实现向日本防卫政策的禁区渗透。去年，日本政府宣布，正式提高日本防卫费用占国民生产总值1%的上限，将来增加防卫费用将取决于"国际形势和国内财政和经济条件"。这就为将来大规模重整军备铺平了道路。与此同时，日本的防卫半径已扩大到1000海里，势将侵蚀专守防卫战略。日本作为一个独立国家，当然可以维持一定水平的防卫力量，但是需加某种约束，以使其亚洲邻国放心。

日本的对外态度也日益表现出某种骄横。前年，日本出版了一本名为《别了，亚洲》的书，成了最畅销书。作者在书中把其他亚洲国家称为"一堆垃圾"或"一个填不满的穷坑"，而把日本比做在"光荣的孤立中""高耸入云的摩天大楼"。他也鼓吹再次"脱亚入西方"。考虑到一些日本政要一再发表侮辱其他国家人民的言论的事实，出版这样一本臭名昭著的书，很难让人认为是一种无关的、偶然的现象。更有甚者，有些日本官员甚至企图使用经济援助作为对其他国家施加政治压力的手段。

我个人认为，现在是日本再次评估其历史经验，从中得出有益教训的时候了。日本在克服经济民族利己主义的同时，应警惕新的极端民族主义的倾向。只有这样，日本才能在广袤的亚太地区树立起一个重要的和平大国的令人信服的形象。

从过去百年来的历史判断，每当日本和其他东亚国家国内发展正常的时候，如60年代和70年代，在双边关系中互利共处、友好合作和共同发展就成为主流。反之，当丑恶的军国主义在日本抬头，而其他东亚国家（包括中国）由于内部腐败导致国势衰败的时候，如本世纪前30年中所见，日本对东亚邻国的侵略和扩张给亚洲和西太平洋（包括日本本身，它是加害者，同时又是受害者）带来悲惨和哀愁的逆流就盛行。我们应牢记这一悲剧性的历史教训。

今天的形势如何？让我们首先看看日本国内的发展。右翼极端主义分子和军国主义分子正在放肆起来。他们虽然数量不多，但是干坏事的能量很大。然而，在高举正义、和平和同亚洲邻国友好合作大旗的日本绝大多数人民面前，他们在近期内成不了气候。与此同时，其他亚太国家（包括中国）正在取得迅速的经济发展，而且有着历史上少见的捍卫民族独立的坚强的政治意志。再者，在超级大国之间正在出现新的、也许会比过去持久的缓和。所有这些内外条件构成了束缚日本右翼极端主义分子手脚的重要因素。我认为，在这种形势下，亚太国家应努力促进同日本的经济合作和友好交流，同时，对日本国内任何潜在的制造对立的倾向提高警惕。这样，我们就能够并肩进入下一个世纪。

日本和中国是近邻，无论从历史上看，还是基于目前的形势，中国不能不对日本将来的发展表示特殊的关切。中国应当尽力同日本友好相处，进行经济合作。正是为了我们两个伟大国家之间世世代代的友好合作，保证亚太地区和全世界的和平、安全和持久的繁荣，我作了以上坦率的、诚挚的、出自内心深处的发言。

四　中国的开放政策和地区协作

中国作为一个重要的地区大国，在促进亚太地区的和平与发展方面起着重要的作用。它过去在这方面的记录得到了全世界的赞扬。确实，中日关系的正常化、中美建交和中国同东盟的和解重绘了本地区的政治地图。中国进一步推进独立自主的和平外交政策将继续提高它的作用，并对地区政治注入更大的活力。

中国同其亚太伙伴之间一直存在着传统的密切的经济联系。过去10年来，由于中国对内改革和对外开放的国策的推动，这种经济联系的多样性、广度和深度都增加了。去年10月中国共产党第十三次代表大会和今年第七届全国人民代表大会通过了"加深改革，扩大开放"的路线。为了贯彻执行这条路线，提出了"沿海地区经济发展战略"作为一项重要的政策措施。

现在，全国正在执行这个战略，推进我们的政治和经济改革，使之成为一个持久的、稳定的过程。这将为中国和外部世界——美国、日本、西欧和东欧、苏联，以及其他亚太国家之间共同的经济发展提供众多的机会，它也将有助于开拓和充分利用中国及其亚太伙伴之间的经济协作的广泛的可能性。

没有亚太合作，中国的经济繁荣是不可想像的。反过来说，一个经济上繁荣的中国将对整个地区的共同发展和繁荣作出更大的贡献。

我愿在这里指出，中国是一个发展中的社会主义国家，即使一帆风顺，中国也只能希望在下世纪中叶达到中等发达国家的水平。有些发达国家在转让技术和提供资金方面继续把中国列入受歧视和封锁的国家之列，这是不公正的和短视的。同样，一些发展中国家毫无事实根据地怀疑中国，以此为其不合作的态度作辩解，这也是不公正的和短视的。

我们愿意同世界上所有的国家，特别是亚太邻国一起，在平等、相互依存和互补性的基础上，以互利和共同繁荣为目的，通过相互促进和及时协调，建立地区协作和伙伴关系。只有当中国、东盟国家和本地区的其他发展中国家繁荣起来，只有包括日本、美国在内的亚太社会实现以互利为基础的真诚合作，真正的太平洋合作的时代才会到来。让我们携起手来，为这一光辉日子的早日到来而共同努力！

世界进入相对缓和的阶段

近年来，随着中导协议的签署，美苏关系走向缓和，国际形势正在发生转折性的重大变化。在东西方关系缓和的大气候下，世界热点地区出现连锁反应式的政治解决的趋向；军备竞赛虽然没有停止，但已在美苏政策考虑中失去了过去那样绝对首位的重要地位，而以经济和科技发展水平为主要标志的综合国力竞赛在今后的国际斗争中将占有越来越重要的地位；关于社会制度和意识形态方面的对抗虽然还顽强地存在，却将逐渐潜化。在世界格局正在向多极化方面发展的同时，世界经济出现集团化倾向。为了适应形势发展的需要，各国特别各大国正在调整各自的对外政策。我们在治理经济环境、整顿经济秩序、全面深化改革的同时，不能不对转变中的国际形势进行冷静的考察和深入的研究。

世界进入较长时期的相对缓和的新阶段

第二次世界大战以来在国际关系中起决定作用的美苏关系正在发生重大变化；里根上台以后由于在军备竞赛和地区争夺方面加紧了同苏联的对抗，美苏关系曾持续僵冷，国际形势长期处于紧张状态。戈尔巴乔夫担任苏共中央总书记以后，对内实行"加速发展战略"，对外实行缓和方针，两国关系有所改善。随着中导协议的签署，美苏由对抗走向对话。目前双方的对抗仍然存在，但对话趋势逐步加强并走向经常化和制度化。从1985年戈尔巴乔夫上台迄今的三年多时间里，美苏首脑已举行四次最高级会议，这在两国关系史上是空前的。与此同时，两国外长频频会晤已达20余次之多，美苏国防部长也实现了互访，苏联还向美国国防部长卡卢奇开放了从不对外的军事设施以示加强信任。

随着美苏关系的缓和，在两个超级大国争夺的热点地区出现了政治解决的势头，其他热点在这种势头的推动下，有的开始变冷，有的已达成政治解决的初步协议，世界将进入一个较长时期的相对缓和的新阶段。这一阶段至少可能持续到20世纪末。

造成这一形势的根本原因是由于两个超级大国经济实力的下降和世界多极格局的发展，双方为了改善本国的经济地位，都需要缓和，戈尔巴乔夫因势利导，提出"新思维"。美国也不得不在战略方面作出相应的调整和变化。

军备竞赛的影响相对减弱，综合国力竞赛日趋重要

战后美国的称霸和苏联的崛起都是以强大的军事力量为后盾的。长期以来，美苏两个超级大国竞相建立海外军事基地，争夺战略要地，不断增加军事预算，加紧研制从战略武器到太空武器等各种新式武器，实行军备竞赛，使军事对抗成为美苏关系中一个重要斗争形式。在美苏的带动下，在欧洲严重对峙的北大西洋公约和华沙条约两大集团长期处于剑拔弩张的紧张状态。最近几年来，随着形势的发展，人们意识到今后大国的争夺中军事力量

固然重要，但相比之下经济技术力量的消长则占有更加重要的地位。在相对缓和的新时期中，全球性的军事对抗在国际事务中的影响将相对减弱，而经济技术方面的竞争则日趋剧烈。这种竞争不但在东西方两种不同社会制度国家之间，而且也在资本主义各大国之间进行。各国将比以往任何时期都更加注重经济技术的发展，以经济、科技为主包括军事、政治、管理水平和文化素质等在内的综合国力竞赛将代替军备竞赛成为国际间的主要对抗形式。目前各国为适应经济发展的需要都在抓紧经济结构、体制和发展战略的调整与改革，调整与改革已成为席卷全球的潮流。虽然在今后十年内世界经济还难以走出低速增长的阶段，但预计在本世纪末，在世界新技术革命方面可能有重大突破，并出现又一次世界经济大发展时期。一场不是军事而是经济技术方面的世界性争夺将不可避免，其结果将导致世界大国地位的重新排列。

当然另一方面必须看到，超级大国的军备竞赛仍在继续，随着高技术的迅速发展和广泛应用，它们正在建立面对未来战争的高效率的军事力量，包括发展太空武器、战略核武器的更新换代，以及高技术的常规武器，等等。与此同时，各大国的军事思想也在发生变化，并因此而引起军事战略、军队组织、指挥系统、武器更新、后勤供应等方面的广泛改革。近年来出现的导弹的普及化和核武器可能扩散的苗头，也将带来许多复杂的问题，形势的发展难免出现反复曲折，新的世界战争的危险并未消失，对军备竞赛和裁军斗争决不能加以忽视。

四强争雄将代替两超争霸

由于世界经济发展不平衡，美苏经济地位正在下降，西欧特别是日本的经济地位则不断上升。两个超级大国主宰世界的两极格局将让位于美、苏、日、西欧四强争雄的多极格局。

美国经济从 1982 年底开始连续上升五年多，是战后和平时期最长的经济增长期。但与此同时，美国经济又陷入了"三高一低"即财政赤字高、外贸逆差高、内外债务高和美元比价低的困难局面。美国已经相对衰落，但其综合经济实力至今仍占世界第一位。日本的经济增长率长期居各大国之首，日本的国民生产总值 1950 年只有美国的 3.8％，1987 年按美元计算已达美国的60％，由于日本的人口只有美国的一半，因此日本的人均国民生产总值已高于美国。日本现在是世界上最大的贸易顺差国和最大的国际投资者。日本的外汇储备占世界第一位。日元已成为世界上最坚挺的货币。由于日本的迅速崛起，日美之间的经济摩擦正在不断加剧。欧洲经济共同体近年来经济发展比美、日慢，内部各国发展也不平衡，但共同体 12 国有 3 亿多人口，1987 年国民生产总值达 4.2 万亿美元，同美国大致相等，其贸易额占世界贸易总额的 40％，居第一位。近十多年来苏联经济长期落后于西方发达国家，差距正在日益扩大，戈尔巴乔夫推行经济和政治体制改革，实行"加速发展战略"，其目的就是振兴经济，以便在下一世纪同美国开展新的一轮综合国力竞赛。

今后各国间的经济竞争，一是取决于科学技术的优劣，二是取决于对出口市场的占领。目前世界最大的市场是美国（占世界总进口额的 17％以上）和亚太地区。目前各大国在加紧开发新技术的同时都在密切注视和研究世界市场的动向，为进一步扩大出口，应付日趋剧烈的竞争和各种形式的保护主义做准备。

世界经济的集团化倾向日益加强

在世界经济走向国际化、一体化的同时，越来越多的国家和地区正在结成区域经济集团，以谋求在国际竞争中处于对己有利的地位。集团化已成为世界经济发展的一个不可逆转的趋势。欧洲共同体成员国已经决定，欧共体将在 1992 年建立统一市场，实行人员、商品、资本和劳务的自由流通，并建立欧洲中央银行，统一货币。西欧将成为迄今为止世界最大的市场。今年 1 月，美加两国签订自由贸易协定，双方决定自明年 1 月起取消对对方绝大部分商品的关税和限制性条款，从而为在北美形成一个商品自由流通的统一市场奠定基础。美国现在还正在和墨西哥谈判签订自由贸易协定问题。日本正在利用自身的经济优势，通过投资和贸易积极向亚太地区扩张，其意图是建立一个以日本为核心的"东亚经济圈"，把亚洲"四小"和东盟拉入这个经济圈内。苏联和东欧社会主义国家也正在酝酿对原有的经互会进行改革和改造，使之适应集团化的发展要求，今后若干年内将是世界上的这四大集团开展剧烈竞争的时代，各国间一方面是互相依存、互相渗透的加深，这是世界经济发展的客观要求；另一方面各个集团为了各自的利益又人为地设置各种障碍，这样必将增加各国间经济的摩擦，成为世界经济发展的不稳定因素。

亚太地区在世界经济外交角逐中的地位日趋重要

尽管裁军斗争仍将以欧洲为重点，东欧可能出现的某种动荡也会影响东西方关系和整个国际形势。但人们不能不看到，由于亚洲太平洋地区的经济增长明显高于世界其他地区，在世界经济中所占的份额越来越大，这一地区正在成为世界外交、经济角逐的最活跃的地区。

美欧苏都日益重视亚太地区，因而使这一地区的竞争日益激烈。美国里根政府在任期结束前特别派国务卿舒尔茨访问亚太地区七个国家，其目的是同有关国家协调行动和政策，维持和加深美国的军事政治和经济影响，加强同苏联的谈判地位。苏共总书记戈尔巴乔夫继 1986 年在海参崴发表亚太政策演说后，上月又在西伯利亚发表重要讲话，就亚太地区的安全问题提出七点建议，争取在这一地区的各个重大问题上处于主动有利的地位。西欧国家也越来越多地在政治、经济等方面介入亚太地区，企图在这一地区的国际事务中起更大的作用。

但是，在亚太地区活动最引人注目的是日本。面对激烈竞争的新形势，日本对亚太的政策正在进行新的调整和部署。由于日美关系情况复杂，日本当局不得不采取慎重的方针，因而显得有些犹豫迟疑。看来，在一个相当时期内，日本还不得不尽全力以维护日美关系的现状，同时力图控制南朝鲜和台湾，运用香港和新加坡的地位，同东盟各国建立更加紧密的经济联系，对中国则采取既稳住又限制的方针，它的意图是通过不断增强在亚太地区的经济力量和与亚洲各国特别是东南亚各国的经济联系，逐步建立一个以日本为核心的东亚经济圈，以此为基础进一步向澳大利亚、新西兰和拉丁美洲扩张。

第三世界正在发生两极分化

世界经济发展不平衡的规律同样也适用于第三世界国家。1987 年，发展中国家平均经济增长率为 3.1%，其中亚洲为 6.8%，拉美为 2.5%，而非洲却只有 1%。第三世界正在向两极分化。亚洲地区发展较快，其中尤以"四小"为最。1987 年南朝鲜经济增长率为 12.2%，台湾为 11.04%，香港为 13.6%，新加坡为 8.8%。这一速度已超过发达国家中发展最快的日本。在今后一个时期里，它们的经济增长速度虽将下降，但仍将保持强劲的发展势头。这些亚洲新兴工业国家和地区，特别是南朝鲜和台湾趁日元升值、日本调整产业结构的大好时机，大举发展出口贸易，占领美国和日本的市场。1987年南朝鲜出口总额达460亿美元，创历史最高水平，其中对美国和日本的出口分别比前一年增长31.9%和55.4%。台湾对外贸易每年都有巨额顺差，1987年底外汇储备已达760亿美元，据世界第二位；香港和新加坡人均国民生产总值分别为6780美元和6621美元，已接近发达国家水平。南朝鲜总统卢泰愚在就职时宣称，他任职期间将使南朝鲜人均国民生产总值达到5000美元。南朝鲜并明确提出要在1995年进入发达国家行列。泰国和马来西亚的经济发展也有令人刮目相看的巨大进步。拉丁美洲的巴西、墨西哥等国近20年来经济也有很大的发展。可以预计，第三世界两极分化的结果到本世纪末，有少数国家和地区和发达国家的水平将进一步接近，有的可能进入发达国家和地区的行列，但多数国家和发达国家的经济差距将进一步扩大。在世界科技革命迅猛发展的形势下，这些国家由于人民文化水平低，科技落后，资金缺乏，债务累累，人才缺少而且不断外流，经济发展将面临更多的困难。许多发展中国家还饱受出口初级产品跌价和进口制成品涨价之苦。1986年开始的原油大跌价也给第三世界产油国带来巨大损失。大多数第三世界国家经济贫困的问题不解决，旧的国际经济秩序不改革，始终是国际关系中的一个不稳定因素。

　　中国是一个发展中的社会主义国家。在第三世界向两极分化时，中国发展的走势如何？这是人们极为关注的问题。我认为，中国正处在分化的两极之间，搞得好，中国的经济有可能在90年代末起飞，逐步缩小与发达国家的差距；搞得不好，中国与发达国家甚至与新兴工业国家、地区的差距将进一步扩大。应该看到，建国近 40 年来我们已创建了一定的经济基础，科学技术也达到了一定的水平，又积累了正反两方面的宝贵经验，近年来经济增长的速度也不低，应当说同其他许多发展中国家相比，我们是具备了一定的条件的，在本世纪内中国完全有可能实现经济的起飞和预定的翻两番目标。但另一种可能也确实存在，我们必须认清我国面临的国际环境，树立强烈的紧迫感和危机感，抓紧经济、政治、教育和社会等各方面的改革，力争经过较短时间的治理、整顿，使整个经济走上稳定发展的道路，并使科技和教育事业得到较快的发展，争取在激烈的世界经济竞争中占据有利地位，并为下一时期的大发展奠定基础。

（原载《国际展望》1988 年第 21 期）

中国经济与社会科学研究

关于中国的社会主义现代化问题*

一 什么是现代化

关于现代化，世界上有两种不同提法。一种是笼统的提法，即我们提出的，要在工业、农业、国防和科学技术上达到当前最先进国家最高技术水平，在中国的土地上，建立相当繁荣富强的社会主义社会。这是一种说法。从我们讲，要赶上当前世界最先进水平很不容易，需要经过艰苦努力。邓小平同志在访问美国和日本时讲的，我们要在20世纪末接近于当时的世界水平。这不是谦虚，是实在的话。但是，我们也不气馁，因为我们有一定的基础，首先是有党的领导；有奋发图强的各族人民；有国外朋友的支援。同时，我们自己的底子并不太薄。另外，我们也不是一点世界水平的东西都没有，我们有一些已达到了世界水平，例如工业上的油田注水（是中国开始搞的）、油管脱蜡及数学、医学

---

* 这是作者 1979 年 4 月 10 日在政协全国委员会国际问题组和政协北京市委员会国际问题组联合举行的报告会上的报告。

上的许多成就等。这些证明我们的民族是伟大的、智慧的、勤劳的、勇敢的，是能够为人类完成伟大事业的。只要我们努力，在20世纪末是能够达到当时世界水平的，不过需要艰苦努力就是了。

另一种现代化的提法，是南斯拉夫和罗马尼亚的提法。他们现代化的标准是要在1985年达到中等发达国家的工业生产、科学技术水平。衡量的标准是什么呢？南斯拉夫、罗马尼亚的同志告诉我们说，他们是不发达国家。他们是用联合国发表的数字来作综合标准的。即国民收入每人每年达到3000美元的就属于中等发达国家中偏低的水平，3000—4000美元的算先进国家。罗马尼亚现在是1100—1200美元；南斯拉夫是1680美元，也是属于不发达的社会主义国家的水平。罗、南都要在1985年达到中等发达稍低的国家水平，罗准备达到3000美元，南准备达到3500美元。按照这种提法，中国很惭愧。瑞士的一家报纸发表个材料，说中国在社会主义国家里按人均收入算是最低的，每人每年只有410美元，最高的是东德，有4220美元。我们甚至低于阿尔巴尼亚。这牵涉到过去我们援助阿、越，我们是无私的国际主义的援助，使他们的发展水平按人口平均高于我们。当然，这是题外话。我们从410美元的水平要提高到罗马尼亚和南斯拉夫3000—3500美元的水平，要花极大的气力。因为我们是如此之低，甚至低于南朝鲜，南朝鲜是670美元；也低于香港，香港每人平均2110美元。数字虽然不一定可靠，但是值得参考，可以给我们照照镜子。南斯拉夫从1600美元提高到3000美元，已经费了很大的力气，我们更要费力气。但是我们不气馁。我说的这些数字，是个参考。也有例外，例如，科威特在全世界按人口计算平均每人年收入达到1.6万美元，超过美国，但是，不能说它是发达国家，因为它没有工业体系。有些石油输出国也是这样，不能说它们是发达国家。罗、南以这些数字为标准，达到这个标准的算是现代化。这只是参考而已，并不是严格的科学标准。

现代化的标准是什么呢？我认为，可以从以下几个方面来看。

1. 生产手段现代化。人们将生产手段的发展分为三个阶段：(1) 前机械化时代，用人力、畜力来完成生产任务，当没有机械的时候，人们普遍使用人力、畜力，出现了机械的时候，机械化就是当时的现代化；(2) 从发明蒸汽机到第二次世界大战前，是机械化时代，这时人们已使用内燃机、电气，机械代替了人力；(3) 从二次大战后到现在，由于电子学、信息论的发展，开始进入自动化革命与电子时代。自动化技术，日本称之为人工智能，最显著的是机器人。去年我在意大利菲亚特汽车工厂看到，汽车的焊接工序完全用机器人代替。过去这一工序要 30 个人，焊接对人的眼睛和身体健康有妨碍，现在用机器人代替了，焊接的效果比人工好，整齐。据这家工厂经理讲，这类机器人的"思维能力"在焊接这一点上相当于五岁孩子的水平。机器人现在发展到第二代，在某一个问题上具有人的智能，随着科学技术的发展，到 20 世纪末可能达到极高的自动化水平，从各方面用人工智能代替机械。今后，电子学、信息论有很大发展前途。在日本，机器人用途很广，过去像有些不好用人手直接操纵的，就广泛使用机器手，它像钳子一样可以拿一点东西，现在的机器手已发展为五个指头，同人手差不多，更灵活了。电子学、信息论的发展，在未来的 20 年有更大的前景。生产手段现代化，未来是朝着这个方向的。当然，不是说其他方面不会有发展了。不知道是不是这种情况？因为我不是科学家，对这方面的知识很少。

2. 工业结构现代化。过去工业增长、生产发展，主要靠广延性工业，即靠很多投资与人工，例如钢铁、煤炭、纺织这些基础工业。这种工业结构在工业中比重很大。苏联从十月革命到赫鲁晓夫这一段，工业成长主要靠这个，其他国家也如此。现在发展到集约性工业，主要不是依靠劳动力和多投资，主要是靠高度的科学技术，例如合成材料、原子能、石油化工等，到工厂里看不见几个人，而是靠高度的科学技术掌握运用工业。这是趋势，看来集约性工业越来越发展。并且，广延性工业也要变成集约性工业，如，过去的钢铁工业用人很多，中国现在仍如此，但我在比利时参观一个新式钢厂，它用人很少，据说还可再减少。他们主要是靠科学技术来提高劳动生产率。为什么这样发展？因素很多。除了科学的推动，从政治上讲，资本家怕工人不好控制，避免阶级斗争也是个重要原因。现在，随着集约工业的发展，第三产业，即服务性工作增多，例如维修工作，过去国外一般是 10年折旧，现在缩短为 5 年，而我们的折旧期是 25 年，这是完全不合理的，这在国外是不可想像的，一部机器怎么能用上 25 年呢！现在工业结构朝着集约方向发展，朝着第三产业发展。

3. 农业结构现代化。就是农业今后朝着工业化发展。包括两方面内容：一方面是机械化、电气化，总之，更加机械化；另一方面，农业像工业一样，更专业化、协作化，国外现代化工业专业协作程度越来越高，分工越来越细，农业的专业协作程度也很高，生产效率高。前不久，一位哥伦比亚教授谈，美国的农场，除了小农场像韩丁那样一个人从种到收包到底以外，一般大农场企业，都是耕种是一批人，收割又是一批人，种子有种子公司供应，保证每颗都出苗，不出苗要赔偿。他们从播种到成品包装卖出，每一工序都有专业，但是协作得紧密，韩丁说他需要什么，一个电话就送来了。农业现代化的这个趋势——机械化、专业化越来越明显，美国如此，日本也如此。日本在搞插秧机，靠机械化提高农业生产率。还有，农业朝着农工联合综合体发展，不但资本主义国家如此，社会主义国家像南斯拉夫、罗马尼亚也如此。现在很难区别什么是农业，什么是工业，不过一个是在土地上劳动生产，一个是在工厂里。这是现代化农业的内容。

4. 社会结构的现代化。有两个方面可以说明，从全世界的国家讲，当前最大的趋势是农业人口减少，工业人口不动，服务性人口大增。其次，脑力劳动者与体力劳动者的差别大大缩小，越来越接近，这是将来社会劳动的总趋势。由于劳动社会化与机械化的发展，脑力劳动的比重增加了。在西方这样的例子很多。现在以苏联为例。战前的 20 年，苏联全国就业的脑力劳动者共增加 1090 万人，从 1960 年到 1972 年则增加 1900 万人；在工业上就业的脑力劳动者每年增加 100 万到 120 万人；在农业方面，1970 年有脑力劳动者 630 万人，过了 3 年增至 700 万人，最近增至 800 万人。据苏联通讯院士路特凯维奇对 1976 年到 1980 年苏联社会结构基本组成部分发展的预测，在国民经济中就业的工人将达到 8080 万，占就业总人数的 62%；农民要减少，集体农庄的人数从 1530 万人减至 1400 万人，体力劳动的农庄庄员从 1440 万减至 1290 万人；专家人数从 2040 万增至 2530 万；非专家职员人数从 1100 万减至 1000 万。他最后总计，就业人口 1.3 亿人，其中工人占 62%，知识分子、职员占 27.5%，农民占 10.5%。这是苏联社会结构空前的变化。脑力劳动者的比例增大了，不但资本主义国家是这样，苏联也是这样。这是现代化的标志。

5. 经营管理的现代化。日本人讲，现代文明的三鼎足是：科学、技术、先进的管理。没有现代化管理就不可能有持久的、稳定的、高速度的发展。这种看法我们可以同意。

中国和外国也都如此。在现代管理中，首先是调动人的主动性、积极性，现在所有国家都重视这一条，都有些解决办法。当然，资本主义国家与我们的出发点不同，他们搞好经营管理的目的是增加利润，增加剩余价值，更多地剥削；我们是为了发展生产。但是，他们有许多东西可以参考学习，例如调动积极性的问题，现在许多国家采取不少办法，美、英、法、日各国大量发股票，使工人感到工厂利润与个人利益结合起来，能起一定作用。我在国外参观工厂，了解到很多管理人员是中产阶级出身，甚至是工人出身的。只要资本家看中，就大力培养、提拔、重用，成为他们的接班人，工厂的管理人员不都是资产阶级，有些是穷人，平步青云。现在资方用很多办法讨好工人，日本经营管理有一套，他们参考各国的经验，包括我们的"两参一改三结合"。这个问题我们还搞得不好，人家倒拿去用了，日本的许多工厂的管理人员、技术人员参加劳动；而工人也可以随时提意见，无论对经营管理和哪个人有意见都可以提。日本称这种办法为"全员管理"。他们的工厂一般有两重董事会，一个是高层的董事会，是决策的；另一个是生产董事会，有工人参加，这个董事会可以向最高董事会提意见和建议。他们用这种办法调动工人的积极性。同时也注意小事情，例如，日本某大工厂，他们把每个工人的生日、结婚纪念日等都输入电子计算机，到时候就显示出来，这样，过生日或结婚纪念日的工人一上班就会在桌上或工作台上看到一份厂里送来的祝贺礼物，当然，工人从心里就要感动。他们就是用这样的办法调动工人的积极性。他们的管理人员还大量记工人的名字，记得越多越好，不但能记，还随时保持联系，了解工人的情况。管理人员同工人关系很熟，管的与被管的很接近。这样的管理人员就能得到工厂的提拔，受到重用。这些虽是小事，但是不应轻视，它可以调动人的积极性。回头看看我们，我们管理工厂就是教工人闭着眼睛瞎摸，而人家是用电子计算机；我们对人的关心太少。在调动人的积极性方面，资本主义国家有许多办法，不管它的阶级性如何，但是做法值得参考。

还有，我们说资本主义是无计划的，从某一种意义说是对的，但是从另一方面讲，又不是完全无计划，他们是以市场为主，以计划来配合市场，例如跨国公司，没有计划怎么进行？即使从市场经济讲，也是有计划的。他们全国无计划，由市场来调节，国家起干预作用，钱进得太多，国家就提高利率，所以不能说他们完全无计划。过去我们说资本主义生产是无政府状态，现在就不能这样说，我们看的许多公司是有计划的。从他们国家讲，也不是完全无计划。我们是计划经济，但是对市场限制过死，市场不起辅助作用。资本主义过去是无政府，完全靠市场，现在他们懂得了这样不行，因此用计划来辅助市场。我们则应该用市场来辅助计划之不足。管理是复杂的问题。

再有，人、财、物的合理组织。经营管理中最重要的是生产关系适应生产力，把人、财、物组织好，提高效率。在这方面，由于有了电子计算机，做起来更方便，效果更好了。现在，各国也都很重视精打细算，讲求经济效率。这些都值得我们重视，尽管是资产阶级的东西，但是可以拿来用，这是不会错的。列宁在十月革命前是反对托拉斯的，但在夺取政权后，列宁又主张用托拉斯、银行等为苏维埃政权服务。我们今天也需要把资本主义国家好的办法拿来，在我们的条件下加以运用。

我个人的看法是，所谓现代化是否应包括这几个方面，这也是我们的努力方向。

二　什么是社会主义现代化

现代化有两种：一种是资本主义现代化；一种是社会主义现代化。资本主义现代化以日本为代表，另外还有台湾、南朝鲜。那么，日本的现代化道路是不是我们的道路？不是。因为它们没有解决资本主义的固有矛盾，生产过剩、大量生产力闲置以及对工人阶级剥削的情况都存在。有些同志问：日本剥削工人阶级，但它们的工人生活还不错，我们没有剥削，可是工人还贫困。我想不能这样看，这是生产力发展水平的问题。随着生产力发展程度的不同，对贫困的解释也就不同。美国的贫困是指一个劳动力每年收入在5000美元以下的，而中国的工人就不可能一年收入5000美元，在美国是贫困在中国就不是贫困。美国的生产力水平发展很高，他们的生活水平是用电子计算机、家庭电气化，而我们最高的生活水平是自行车、黑白电视机、缝纫机、上海牌手表。因此，对贫困的解释不同。这是生产力发展阶段的问题。在日本，贫困还没有消除，新华社有一个记者刘德有刚从日本回国，他就讲日本还有贫民窟。日本的资本主义现代化道路，我们不能走。那么，南朝鲜、台湾的现代化道路，能不能走？我们也不能走。因为第一他们的经济完全被外国控制，是外国的殖民地，不是一个独立的国家。基本上是美国、日本的托拉斯控制了那里的工业体系，当然，也不是说他们没有民族资本家，但是很少。另外，两极分化很厉害，劳资矛盾突出。这样的现代化道路，我们不能走。

什么是社会主义现代化道路？当前思想很乱。东欧国家，罗马尼亚、南斯拉夫模式基本上和匈牙利模式差不多，而匈牙利模式是苏联模式的变种。但是，我们称罗马尼亚和南斯拉夫是社会主义国家，称匈牙利是修正主义国家，它们到底有什么不同？说不出来，我也说不出来。过去批评赫鲁晓夫，"九评"讲他是修正主义，现在苏联又回过点头，我们还说它们是修正主义，那么到底什么是修正主义？不清楚。苏联从它对外侵略、扩张这一点讲是修正主义，是社会帝国主义，但是从经济改革说还很难讲是修正主义。有些国家在经济上也一样地改革，但是，这一类国家你讲它是修正主义，而那一类国家你又讲它不是修正主义，在这个问题上思想很乱，需要重新探讨。

　　社会主义现代化道路，现在只能拿南斯拉夫、罗马尼亚当作一个标兵来分析。罗马尼亚、南斯拉夫都是社会主义国家，实际上是两种模式。罗马尼亚基本上是中央集权加上改革的模式，南斯拉夫是工人自治。尽管模式不同，还是有一些共同点。今天，没有时间来详细分析它们的不同点，只讲两种模式的共同点，作为我们的参考。

　　（一）两个国家都是从斯大林模式中走出来的，一个要完全不要斯大林模式；一个是对斯大林模式在某种程度上加以大力改革。斯大林的社会主义建设模式现在不能用了，不行了。什么是斯大林模式？有几个主要内容：

　　1．牺牲农民的工业化。斯大林讲要农民纳贡，毛主席在世时曾经批评过这种做法，在《论十大关系》中也讲过。

　　2．强调重工业，忽视轻工业，忽视基础结构，包括交通、运输、公路、水利等等。在重工业中又特别突出钢。以钢铁作为衡量一个国家工业水平的惟一标准。这是斯大林模式，我们深受其害。

　　3．中央集权的组织形式和管理形式，用行政组织来管理，不用经济规律来管理，这就产生长官意志、官僚主义、行政命令。一直到现在，所有的社会主义国家，包括南斯拉夫在内，都深受其害。我不是讲中央不要集权，而是讲中央集权走到了反面的程度。

　　4．计划与市场互相排斥对立起来。你是从旧社会来的，不能像波尔布特那样把什么都赶出去，根本不能那么干，现在他不仅是深受其害，而是深受其祸了。苏联虽然没有采取这样的行动，但是，它把计划与市场对立起来，把商品、价值规律统统歪曲了，这是一个问题。

5．两个平行市场的理论。斯大林把苏联和东欧同资本主义市场脱离，把世界统一市场分为两个平行的市场。苏联在几十年中很少和外面先进的科学技术接触，因而使自己非常落后。当然，并不是说苏联什么都落后，它在某些方面集中力量搞，还是达到了高峰，例如飞机、原子弹、导弹等，但是，它在基础方面，在其他方面的水平还是落后的。

这五点是斯大林模式最大的问题。当然还有一些理论问题，譬如生产资料是不是商品的问题。斯大林讲生产资料不是商品，不受价值法则的管辖。生产力三要素，斯大林讲只有二要素。这些理论问题逐渐被认识了。罗马尼亚、南斯拉夫尽管是两个不同的模式，但都抛弃了斯大林的错误，在这一点上两个国家是共同的。匈牙利的经济改革所走的道路和罗马尼亚没有什么不同，只不过比罗马尼亚走得更远一点。他们不说，而是实干，做出成绩，造成既成事实，"老毛子"也只好眨眨眼睛算了。而捷克大吹大擂，引起了苏联插手。现在东欧的国家保守的：一是捷克，它在苏联的铁臂之下不得不那样；一是东德。其他国家多多少少向罗马尼亚看齐，譬如保加利亚、波兰就改革发展得很快。社会主义现代化不能再走斯大林的模式，这一点是经南斯拉夫、罗马尼亚的例子肯定了的。

（二）罗马尼亚是在不放松集中制原则下，用经济刺激的办法来调动工人的积极性，促进生产效率，以达到发展生产目的的，这一点很成功。南斯拉夫则放弃了斯大林模式的集中控制的原则，用工人自治的形式扩大工人的政治民主和经济民主，以此来刺激和调动工人的积极性和主动性。两个国家不一样，但是有些措施是一样的、相同的。

1．战略配备。南斯拉夫对六个共和国、两个自治省的资源经过详细的调查，因地制宜地建立工业体系，缩小上、下级的差距，原来是三级管理，现在改为二级管理。南斯拉夫联邦中央，除了外交、国防、情报、外汇、外贸以外无实权，实权都下放到各共和国。罗马尼亚原来是三级管理制，中央、省、县。现在省一级取消了，中央直辖 38 个县和一个市（布加勒斯特市）。工业的战略布局是根据资源的布局来决定的。这里有一个大问题，有的地方穷，有的地方富，它们就分配一定的款项支援穷的地方。

2. 调动工人的积极性。首先在企业中实现民主，调动工人的主动性和积极性，这一点两国都一样，南斯拉夫走得远一些，南斯拉夫有工人委员会的机构，厂长接受工人委员会的领导，但是法律规定，工人委员会如果违背宪法，厂长可以不执行，或者向共和国的议会控告，这就是牵制与平衡。罗马尼亚也有工人代表会议或者工人委员会，厂长不接受工人委员会领导，是中央直接委派的，是二元论。工人委员会和厂长意见不一致时，由上级调解，一般讲是工人委员会占上风。两国不同，但是出发点都是为了扩大企业的民主。另一方面，使工人的物质利益与整个厂的利益结合起来，这是两国一样的。譬如发工资，每一个季度或半年先只发 80% 或 70% 的工资，剩下的工资到一个季度或半年后，根据工厂的生产情况再发，完成计划就补发剩下的那一部分工资，工厂赚钱就多发，工厂蚀本就扣发。因此从厂长到工人都关心工厂的生产、把个人的利益和工厂的利益结合起来鼓舞大家积极干，工厂里民主的气氛很浓厚，工人可以随时向厂长提意见，工人可以参与工厂决定。甚至部长，如果工作没有做好也不能避免扣工资，我们参观时就听到一位部长因为他所管的部门工作没有做好而被扣发工资。第二，扩大企业自主权，包括四方面的权力：一是生产指挥权；二是财物处理权；三是人事调动权；四是收益分配权。另一方面，对企业有严格的考核，工厂的好坏以利润完成的好坏为标志。工厂赚了钱就算办得好，赔了钱就是没有办好，对赔钱的工厂国家甚至可以解散。一方面增加责任，一方面下放权力，二者结合起来。

（三）计划与市场互相协调，互相配合，使计划与市场相辅相成。南斯拉夫讲社会主义计划与市场的关系是订了计划要市场来修正计划。罗马尼亚是市场修正计划，计划控制市场。为了使市场和计划结合起来，计划是采取自下而上的方式，下面先订计划，一层一层地协调，然后送到中央。它们脱离了斯大林模式，不采用由上面订指标，一层一层向下布置生产任务的方式。产销脱节是社会主义制度最大的一个问题，因为生产的东西都是国家规定的，所以不考虑产品生产出来后销不销得出去，市场上是不是需要，因此产销脱节，积压很多东西。现在罗马尼亚、南斯拉夫产销不脱节，用产销合同的办法，生产出来的东西哪些地方需要，就订合同。在这一点上南斯拉夫走得更远。南斯拉夫没有物资部。罗马尼亚保持物资局，但有很大的改善，国家保留一个控制权，但不用行政命令干涉市场。它们用经济杠杆来控制市场。用价格、财政、信贷、利润、利率来调整、控制市场。南斯拉夫对13类物资规定了价格，譬如电、公共事业、粮、油等等；另外绝大部分是协议价格；还有一种自由价格，这很少。罗马尼亚也是三种价格：国家价格、协议价格和自由价格。对自由价格，国家规定一个不能超过的最高价格，譬如，规定西红柿不能超过五元一斤，实际上卖不到这个价格。还用许多经济办法来控制市场，使市场的自发势力减少到最低限度。

（四）对经济的监督、立法是很严格的。南斯拉夫有许多监督机构。我们到一个市，那里有1400个监察员，他们随时把市场上的价格情况和经济活动中的一些错误，譬如投机倒把、利用职权等违法活动，向区委会报告，区委会派人进行调查。我们在那里时亲眼看到区里有一个中级干部和银行勾结起来，搞了一笔钱，买了砖瓦木料自己盖房子，被监察员揭发，将这个干部开除党籍，将他的违法活动在报上公布教育大家。

另外，南斯拉夫设有社会簿记局，每个县都有，每天把当地较大企业的开支情况，用电子计算机算出，向上报。从县到联邦，对每天的收入、支出情况知道得清清楚楚。而我们几个月也统计不出来。南斯拉夫对整个国家的经济情况了如指掌，这和我们稀里糊涂根本不一样。

此外，两国都有经济法、仲裁法，有经济法院。

南斯拉夫、罗马尼亚通过一系列的办法加快经济发展，来完成它们实现现代化的指标，以达到中等发达国家的水平。

总的讲，南斯拉夫、罗马尼亚丢弃了斯大林建设社会主义的模式，走上自己创造发明的社会主义现代化道路。两个国家是不同的。罗马尼亚没有放弃中央集中控制的原则，但是，大大增加下面企业的权力。南斯拉夫放弃中央集中控制的原则，但是对下面还有一定的监督控制。两个国家有共同的地方，也有不同的地方。现在可以作为我们的参考。

三　什么是中国式的社会主义现代化

所谓中国式的社会主义现代化道路，无非是说在中国这样一个特殊的条件下，结合中国的具体情况，我们应该怎么走社会主义现代化道路。因此首先就要弄清楚中国的特点是什么？在中国的土地上有什么特殊的条件？我想有这么几个特点：

第一，地大物博，人多。

第二，经济落后，生产力水平太低。建国时比苏联1917年时的基础弱得多，底子薄，生产力不发达到了极点。在30年当中，头几年当然是有了很大的改变，但是由于经济上的一些问题，如马鞍形，几起几落；加上后来把工作的重点老是放在改变生产关系上，而不着重发展生产力，所以虽有改进，但改进不大；再加上林彪、"四人帮"最近 10 年的破坏，以至于 1976 年的时候，经济几乎到了破产的境地，钢损失了 2800 多万吨，财产损失了 1000 多亿元，存货都挖空了。这是一个特殊的情况。我们就是在这样一个特殊的情况下来搞现代化、走社会主义的现代化道路的。

第三，我们的国家经历了长期的封建社会，封建社会的影响大得不得了，现在要改过来很不容易。生产力如果是发展得很快，或者可以限制一下封建社会的流毒，但是因为过去发展不够快，又加上"四人帮"的破坏，封建的东西不但没有削弱，在某些方面还有加强。

第四，30 年来，同志们习惯于按行政命令办事、按长官意志办事，很少能够真正懂得用行政命令来管经济是不行的，大家习惯于官僚主义。这在中国相当发展，用人越来越多，机构越来越重叠，手续越来越繁复，办事效率越来越低，想搞合作、搞专业协作都搞不起来。

第五，学苏联的斯大林模式。斯大林模式里有些东西不能不学，但有些东西绝对不可以学，比如向农民要贡赋来搞工业化，毛主席对这个是坚决反对、再三反对的，有讲话为证。但实际上我们到底做得怎么样？10 多年来由于剪刀差的情况，我们国家还是靠农民养活，农民的生活没有改善，而且负担还加重了，这是违背了毛主席的思想的，这也是斯大林模式下的一个流毒。毛主席讲的是农、轻、重，但是我们实际上没做到这一点。斯大林是重点突出钢，我们也是这样。苏联这些不可学的东西都学了，有些可学的东西学了之后反而把它变坏了。比如，中央集权，开始时非搞不可，我们那样一个落后的国家，那样一种经济的、社会的情况，如果不搞中央集权，经济建设怎么搞？所以开始时搞中央集权是对的，这一点是应该学的，但是后来到了一个阶段时，就应该改变了。但是我们没有改，相反又加上我们自己的一些封建性的东西，把它搞得更坏了。

概括起来，有上述几个特点。

现在我们要搞我们的社会主义的现代化。所谓社会主义现代化，首先一条是坚持社会主义的道路。无产阶级专政也是要坚持的，因为它是代表绝大多数人，是对最大多数人的民主，是对少数人的专政，这是非坚持不可的。共产党的领导也是要坚持的，没有共产党领导，现在谁能领导这么大一个国家走社会主义现代化道路呢？只有共产党，无论从它的历史、从它的现状，都只有它最有资格领导。还要坚持马列主义、毛泽东思想，高举毛泽东思想的旗帜，这也是要坚持的，因为我们是按照马列主义的理论来办事的，我们是按照毛泽东思想来办事的，来搞我们中国的现代化的。毛主席在现代化的理论上有很多宝贵的遗产，如两条腿走路的问题，土洋并举的问题，农、轻、重的问题，诸如此类的问题都是毛泽东思想的重要组成部分，这些都是我们应该坚持的。所以，我们的社会主义现代化是在坚持这四条原则的基础上来搞的。这个现代化一方面要吸收现在的社会主义国家搞现代化的做法，也要吸收最先进的资本主义国家现代化的某些办法，这是没有疑问的。但是在走这条道路的时候，我想我们还有些问题应该注意。提出以下几个问题：

（一）解放思想的问题

1. 要从小农经济的思想里解放出来。我们现在很多的同志，很多搞经济的干部以及搞其他工作的干部，到现在还没有脱离小农经济、小生产的思想，有很多表现，比如：

因循守旧、墨守成规，与现代化大生产要求科学技术的不断革新格格不入。前些时候，有位日本朋友讲，"你们的热水瓶现在只有进古董店了"，他说："我们日本的热水瓶已经同你们的完全不一样了，你们搞了30年，热水瓶一点进步都没有。"日本的热水瓶已在我们的基础之上改进了，日本的热水瓶只要用手一按，开水就自动流出来，我们的热水瓶现在还是要把盖子拧开，倒的时候还倒得满地满桌子都是。过去在市场上，中国的热水瓶是独占的一个东西，现在不行了。我们的热水瓶在香港的销路大大地减少了。因为30年不改进，怎么能和人家竞赛呢？日本朋友说："你们墨守成规、不求进步。"这实际上是小农经济思想的一种反映。

狭隘、自私、不顾全局，与现代工业专业化协作思想完全格格不入。这个省同那个省，这个地区同那个地区，这个县同那个县，在很多问题上合作不了，你搞你的，我搞我的，你叫我帮你点忙，我还不一定帮你的忙。完全是一种分散的小农的思想。

自由散漫、组织很不严密、效率很低，没有一个严格的监督制度和检查制度，马马虎虎。比如火柴，包装很差，火柴细得像一根针，一擦就断了，当然从节约观点讲是好的，但节约也应有一定限度。这样一些东西，同现在的要求是不符合的。

没有周密的计划性，存在盲目性。很多东西都是很盲目的，今天不晓得明天是怎么样，没有很好的计划。

不精打细算。我们说，外国人在钱这方面抠得很厉害，我们呢，好像比较大方，实际上人家是精打细算，我们是马马虎虎。

闭关自守，对外来的新鲜事物、先进思想很不容易接受，像华主席说的那种夜郎自大。

所以，小农经济的思想长期这样下去不行，首先要从这个方面解放思想。比如，小而全、大而全的思想，也是一种小农经济思想。小农经济的思想主要是自给自足。我们从苏联那里学了一点小而全、大而全的思想，但苏联有它的特殊环境，因为苏联那时没有发达的工业，所以它每一个厂都要办得很全，这同现代的情况不符合。我们当初办小而全也有一定的道理，但是到后来应该向专业协作这个方向发展，可是我们还老是抱着那个小而全、大而全的思想不放，一直到现在还是这样子，这都是属于小农经济的思想。

2. 要从封建思想里解放出来。我们这个社会、我们的许多干部，封建思想的流毒还是很深的。比如说，论级别，厂子也要论级别，大厂的厂长或是部长级待遇或是司局长级待遇，小的厂或者是县团级待遇或是科长级待遇，因此大家就情愿办大厂，厂越大越好，人越多越好，至于这个厂应不应该用这么多人、应不应该办这么大那就不管了。再比如说个人意志，这在农村很厉害，去年我去东北农村，一个农民同我谈话时讲了两句话，我觉得是非常深刻的。他说："我们农民要求两点，一点是科学种田，另外一点，我们希望民主种田。这几年，我们被你们折腾得可惨了，只有我们最懂得这块土地上应该种什么、能够种什么。但是你们来了以后，今天说稻子不能种了要种高粱，明天又说高粱不能种了要种麦子，实际上你们并不知道这块土地上种什么好，你们在那里瞎命令，乱指挥，弄得我们跟着你们折腾，这个地方粮食看起来好像是上去了，实际上是没上去。"科学种田和民主种田这两个要求都是针对我们的封建思想提出的，就是说不要瞎指挥，不要凭个人的意志随便瞎搞。这个问题当然同我们整个的意图有关，整个的意图就是要把粮食搞上去，因此下面为了搞粮食就不惜做一切事情，把经济作物砍了种粮食，而不是全面地来考虑问题，在吃东西这个问题上，只从粮食这一点上着眼，而没有从综合性这点上看问题，再加上我们封建的思想很浓厚，老是以个人意志来代替科学、代替群众的意见。

3．还要从斯大林模式里彻底解放出来。我们刚才说了，我们已经解放得很多，但还解放得不够，对斯大林模式问题还需要解放思想。比如，"九评"里的一些提法现在究竟对不对？我看是很值得我们研究的。《三评》已经完全推倒了，现在就是最重要的第九评以及后来的一篇总结性的文章即《列宁主义还是社会帝国主义》那篇文章里面的一些提法究竟怎么样？如果说不把这里面的一些思想推翻，我们的思想还不能解放，还不能从斯大林的模式里完全解放出来。这个工作还得要我们来做。

（二）要改革我们企业管理的体制

1．产销脱节的问题，即计划与市场的问题。我们现在的体制是把国家的一切经济活动都纳入国家的计划，用行政命令来管理，而不考虑实际的需要，实际上也管不了，国家的计划哪能什么都管得了呢？经济生活那么复杂，一个国家计划能把所有都管住吗？全国的生产只能按国家的计划来生产，没有别的东西来进行补充和改正，因而只能生产什么就销售什么，这叫做以产定销，而不是按需要来定生产，这是体制上的一个很大的问题。产销脱节，只能是你生产什么群众买什么，而不是群众要什么你生产什么，从根本上说这是错误的。而且产品是由上级机构统购统销，生产的东西有没有销路，生产单位自己不管。产同销两方面没有联系，因此就形成积压。苏联现在还有这个问题，西方讥笑它们卫星可以上天，皮鞋则几十万双、几百万双积压在仓库里卖不出去，认为这是 20 世纪的怪现象。这一点恐怕同我们一样。

2．体制上的第二个问题就是企业应该怎么办的问题。现在我们不但是在办厂，还要办一个社会。一个工厂的厂长除了办这个厂以外他还要管职工的生老病死，还要管职工的家庭纠纷、职工的生活，还要管厂外的社会活动。农村人民公社也是这样，除了抓生产以外，还要抓这许许多多的事情。为什么不能把它分开呢？搞生产就专门搞生产，搞社会生活就专门搞这些事情，那不是很好吗？南斯拉夫、罗马尼亚就是这样。在南斯拉夫，有社会自治共同体；有劳动的联合组织，联合组织只管生产。至于工人的生活、工人在社会上的一些事情由社会自治共同体来管。我们是党政不分、政社不分，因此一个厂不得不抓很多事情。这样就分散精力，机构重叠，互相牵扯，厂里管这些，地方上还有机构管这些；厂也没有办好，社会上的事情也没有办好。这些问题也是体制上需要改革的问题。

3．没有独立的经济核算。一切收入上缴，一切的开支向上面伸手要，像我们旧的封建家庭一样，儿子在外面赚了钱，首先要全部交给家长，只留一点私房，用钱时向家长去要，没有自己独立的经济核算。一个工厂，它的机器不能自己处理，人员不能调剂，另一方面，它损失浪费多少谁也不管。我讲这么一个例子，有一个矿每年损失 1000 万元，由国家给它们补偿，这个矿提了一个建议，提出改革某几种东西就可以不损失这 1000 万元，为了改革需要 800—900 万元的预算，建议送上去以后，上面始终不批，现在已经 10 年了，还没有批下来，结果每年损失的 1000 万元国家照贴，谁也不管。哪有这样的事情呢？在中国就有，而且不止一起，多得很，1000 万元还是小数字，还有多少亿的呢。上面只问你要多少钱、多少东西，给了你，就不管了，浪费多少没有人管。企业管理体制中，经济核算的问题恐怕是很重要的问题。

4．不执行按劳分配的原则。大家都吃社会主义，赚钱、亏本，干好、干坏，谁也不管，都是一样，谈不到经营管理，再加上我们封建的思想和小农经济的思想作怪，大家就有一个低工资、平均奖的思想。按劳分配、发奖金本来是社会主义的一个原则，原来是好的，但去年执行的结果大家都知道，由于执行的人滥用了这条原则，结果使奖金不但不起好作用，反而起坏作用，有平均主义思想，每人发给几块钱，反而把奖金按劳分配的意义丧失了。这样的情形是不行的。

因此我想很重要的问题是改革体制的问题，就是中央、地方、企业、个人之间的关系怎么摆平，计划和市场怎么摆平，经济监督与经济核算怎么搞好，人、财、物的组织怎么使它合理。诸如此类的问题都是属于体制的问题。这个问题是个很困难的问题，小平同志讲，当前有两大困难：一个是怎么把农业搞上去，一个就是体制怎样才能改得好。

（三）要注意人民生活的提高

要提高人民生活，这是很重要的一件事情，因为这同调动人们的积极性搞四个现代化有很大关系。根据马列主义的原则来说，生产、交换、分配、消费这四条是互相联系的整体，任何一个环节受到损失，其他环节都不能很好地协调发展，比例就要失调，整个生产过程就没有办法顺利地进行。我们这么多年来生产计划搞得很多，消费计划搞得很少，我看这是不符合马列主义的。马克思讲，有两种消费，一种叫生产的消费，一种叫生活的消费。这两者都属消费的范围，同劳动力的扩大再生产是很有关系的。所谓劳动力的扩大再生产是使劳动力健康、有知识、有工作能力、能很好地哺育他的后代，这样劳动力才能扩大再生产。而我们过去很长时间以来对扩大劳动力的再生产这一点做得很不够，我们始终有这样一个看法，积累和消费是对立的，就是积累高了，消费就要少；消费多了，积累就要少，所以大家要勒紧裤带把国家的建设搞上去，这是我们长期以来的一个思想。在当时也许可以这样讲，但在现在的情况下这个说法到底站得住站不住，还值得考虑。

　　我们从资本主义国家来看，它现在是这样一种做法，就是高工资、高消费、高生产、高积累。南斯拉夫、罗马尼亚每年的积累是33％左右，这是很大的数字，但是同时它们的消费也很高。所以高积累和高消费到底是不是对立的东西？到底可不可以同时有高的积累和高的消费，用高消费来刺激生产，用高生产达到高积累？从罗马尼亚、南斯拉夫的办法来看，生产同消费是互相促进而不是互相对立的。从资本主义20年的经验来看也是这样。所以现在我们可以再研究研究到底消费和积累的比例应该怎么搞？换句话讲就是人民生活同建设的速度是不是绝对对立的？还是可以互相促进的？我看这个问题大可以研究，这是理论问题，也是个实际的问题。

　　我总觉得，把人民的消费提上去的话，对促进生产很有关系，只有生产提高以后，积累也就可以提高了。罗马尼亚人民的生活比南斯拉夫差一点，南斯拉夫人民的生活水平是比较高的，我们问他们："你们积累这么高，消费也这么高，你们是怎么搞的呢？"他们说，他们消费高的里面有一部分是外债辅助的，就是说，他们每一年积累有一部分靠借外债，腾出一部分钱来搞消费，这有他们的原因，他们说："我们如果不这样搞的话，我们的国家就维持不住。"他们六个共和国，民族那样复杂，要是不把消费、人民生活搞好，共和国就维持不住，民族矛盾要大大地尖锐起来，所以它不得不这样搞。罗马尼亚像这样的做法少一点，它借一点外债，但控制得很紧，从积累和消费的比例上看，一方面是高积累，另一方面也是高消费。罗马尼亚人民生活的提高确实是要比南斯拉夫慢一点，罗马尼亚和南斯拉夫的百货公司就很不同，南斯拉夫百货公司卖的品种有十来万种，罗马尼亚百货公司的品种和我们百货大楼的品种差不多，甚至还少一点（我们百货大楼大概有4万多个品种，罗大概是三四万个品种）。我认为，人民生活的提高对四个现代化的早日实现有促进的作用。

（四）关于农业的问题

小平同志讲，农业要搞上去是一个比较大的困难。怎样把农业搞上去？我想很重要的一条是，在农村里首先要取消强迫命令和瞎指挥，另外，农工联合企业要赶快搞起来。他们叫农工综合体，我们现在叫农工商一条龙。就是说，农民单是靠种的那点东西不行，还得以工养农、以副养农，只有把这个问题解决了，农民生活好了之后，农业才能上去。农业上去了以后，我们才能切实地进行四个现代化的建设。我们今天的情况是，农民把原料搞出来，卖到城里，在工厂里加工，然后再卖给农民，农民卖东西时价格很低，等到工厂加工后，加上加工费、利润卖给农民时价格很高。这一点是各国共同的东西。南斯拉夫的同志告诉我们这等于把农村当殖民地剥削，虽然不完全是这样，但不能说完全不是这样，有一定道理。现在搞农工商一条龙可以部分解决这个问题，大部分农产品不一定到城里的工厂加工，可以当地加工，我想这是我们发展的方向，不但是我们发展的方向，苏联也在搞这个，社会主义的罗马尼亚、南斯拉夫也在大搞这个，东欧的国家也在大搞这个。我想这是农业上的一条出路，我们现在农业要每年增加4%是很困难的。

农业的概念我看也要改变，不是光把粮食搞上去就行了，因为农业包括农、林、牧、副、渔。中国的食物结构迫切需要改变。日本就改变了嘛，过去和我们一样吃大米，大米需要进口，现在大米还出口了，因为他们食物结构改变了，现在他们吃小麦做的面包，大米吃得不多，同时加上奶和肉。粮、奶、肉这三种东西变成他们食物的主要结构。我想，经过长期的努力，中国的食物结构也是可以改变而且必须改变的，我们现在主要吃饭和菜，是不够的，粮、奶、肉、菜的食物结构是适合中国的方向的，这也是全世界的方向。现在日本的粮食消费每人每年 110 公斤，其他用肉、奶补充。如果食物结构能改变，对我们粮食的压力就大大减轻，农、林、牧、副、渔全面发展的方向是对的。至于 1985 年基本上实现农业机械化的问题，农业机械从数量上可以赶上去，但实际用起来不行，基本上实现农业机械化只能说数目上是基本实现，但从实际使用来说，并没有基本实现。所以这里面还有问题，真正发挥农业机械效益问题还值得研究，对农业机械化怎么搞也还需要很好地研究，农业问题是很复杂的。

（五）应该而且必须在坚持四个原则的基础上发扬社会主义的民主

民主是当前一个主要的问题。我们这个国家不是民主太多而是民主太少。当然现在有一些过头的地方，那是很少数，是一些泛起来的渣滓。这两年中央一直强调民主，报刊上也对民主的重要性作了大量宣传，虽有一些过头的地方，但不能因为这样一些事就认为民主讲过了头了。总的说来，我们的民主还是在一个宣传、提倡的阶段，在工人、农民、知识分子和干部里面，现在还是非常缺乏民主的。而且民主也不能单指准许人家讲话和听人家的意见，单这两条并不能包括民主的全部内容，根本的还是要人民群众能实行民主的权利，真正能够做到当家做主。这也就是马列主义、毛主席所强调的人民要对国家事务直接管理，对干部进行直接的监督，这才是真正的民主。

我们现在是不是可以从基层先开始实行直接的民主呢？除军队外一些基层的干部可以由群众直接选举产生，群众可以选他，也可以罢免他，可不可以这样呢？我们现在有些机关在试点。比如我们社会科学院一些个别的研究所，现在已经开始由党员民主选举所的党委，由所里群众直接选举所的几个主要研究室的负责人，我们也在试点，研究员、副研究员、助理研究员是不是能够由学术委员会评定而不由党、行政机构委派，这些现在都在试点当中。我认为这是很好的现象，应该这样，这样才是交给群众直接管理。学术机构可以这样，那么工厂、农村是不是可以这样呢？比如车间主任、小队长、大队长是不是可以民主选举呢？我认为是可以的。列宁说，只要群众动手来管理国家，就可以学会管理国家。我想列宁这个话是对的。此外对各级干部特别是领导干部的职权和他们的生活待遇应该有监督、有明确的规定，应该便于群众监督和组织检查。现在群众对一些干部滥用职权和生活特殊化，如住房、工资外的补助等问题意见是很大的。如果我们能从这一点上来着手监督，使群众对干部特别是高级干部能够监督，对克服官僚主义、恢复党的优良传统、密切干部同群众的关系、调动群众的积极性有很大的意义。所以，现在要继续大力发扬民主，而且必须这样做。

从今天的情况讲，时代不同了，现在这个时代，企业里的工人的情况同过去很不一样，现在企业里需要的是大量有文化水平、有知识的工人，不发挥工人的积极性，工厂办不好。不仅是企业，其他地方也是这样。所以发扬民主来调动群众的积极性，我认为是非常重要的。当然民主并不是不要纪律，并不是不要集中，民主和集中是一个东西的两面，而不是对立的。现在有些同志把民主和集中对立起来，我认为这个思想也是不对头的。要有领导、有步骤地发扬民主，搞四个现代化缺少这一条不行。

（六）培训干部问题

现在科学技术进步得非常快，据一个美国朋友说，现在美国是每隔四五年技术和机器要革新一次，有的甚至两三年就革新一次。因此在美国工厂里现在办大量各种各样的学习班，学习班首先要把工人的基础知识、基础文化搞好，然后再根据他的情况进行业务上的专门训练、不断的训练。一个工人如果离开机器三年或五年再回去搞这个机器，他已经开不动了，因为革新变化很大，所以要不断地给工人以新的教育和培养。日本也是这样，也是强调办各种训练班。现在在国外，特别在罗马尼亚、南斯拉夫对培训干部是很重视的，大学里除理科之外，文科中最吃香的是经济学和法学两门。贝尔格莱德有 1.6 万多大学生，其中有4000—5000 人是学这两门的，因为现在经济上经营管理是很大一门学问，必须大力培养人才来搞近代的经营管理。同时由于经济上要用各种法制来监督，所以法学上的问题也越来越多。这都对它的社会发展影响很大。我们现在对干部的培训也是很重要的，因为现在把经营管理当作一门学问来搞的还不多，迫切需要进行这方面的培训。南斯拉夫对高级干部也有一定的训练，它的高级党校里除政治上的培训外，还有业务的培训，如驻比利时使馆的一个参赞回来之后在高级党校学习，就是既有政治上又有业务上的培训，当然因为是高级干部，做法上有些不一样；普通干部去那里学习半年或一年，也是学习政治和业务。它的党校的任务就是培养又红又专的干部，他们已经搞了 10 年。今天，我们要搞现代化，我认为培养干部是极严重也是极重要的问题，特别是由于过去 10 年对教育的破坏，因此今天非抓紧干部的培训不可。

（七）引进技术问题

我们现在引进技术是必要的，但一窝蜂地引进是不对的，而且有些东西国内能做的为什么一定要到国外去买？国内改一改就能用的为什么要引进？什么东西都从国外买是不正确的。究竟应该如何引进？如何有重点地引进？如何使引进后的技术能对现代化有帮助？这是我们要注意研究的问题。现在引进技术，人家不会把真正先进的东西给你，你要 1974 年、1975 年的技术人家不会给你，有的东西他正在试验阶段不能给你，有的东西他刚搞出来正在赚钱的时候也不可能给你，所以，人家把 1970 年、1971

年、1972 年的东西给你那就是不得了的事情了。把这些东西引进以后，如果能很好地学习、研究、改进，那对四个现代化就有帮助。而现在有的地方同一个东西一买就买二三十套，有的因为救急是可以的，但这不是一个方针，方针应该是买二三套甚至一套，把它学会，然后我们自己做，在做的过程中求改进。只有不断学习外国的经验才能赶上去。我知道一个例子：外国人卖专利的时候，有两个部分，一个是让你知道这是怎么一个东西，还有一个是使你知道为什么是这样，两个要同时买进来，只买一个而不知道"为什么"，结果还是没办法，买来还是依样画葫芦，你不知它为什么要这个样子，不把为什么搞清楚，你要在这上面改进是很困难的。日本在这点上很厉害，买进的时候只买二三台，进行认真的学习，然后在这个基础上建立、发展了自己的工业，所以日本在引进技术后能实现现代化。而我们买进以后没有能实现现代化，原因就是我们的出发点是实用主义的出发点，是能用就行，而不是真正地研究它，在这个基础上再前进。再不迎头赶上不行。引进技术的做法是和四个现代化很有关系的，有很多地方要改进。

（八）总结经验，加强信心

搞四个现代化很不容易，任务是很艰巨的，做起来是很难的，但我们还是有信心，这除了刚才讲到的政治原因外，最重要的一条就是我们现在不是没有一定的基础，是有一定的基础的。最近，一个工厂的一个技术专家写信给我，他是这样讲的："我们现在突出的问题是生产力落后，迫切需要尽快地提高生产力，解决这个问题世界上有了现成的经验、方法、技术可供我们利用，掌握这些技术、使用这些技术并不难，我国现有的技术力量比二次大战后德国、日本强得多。第一，我们在数量上不比当时的西德、日本少；第二，我们比当时进步很多。它们的发展不就是在当时的技术力量上发展起来的吗？所以我们要有信心，如果我国把现有技术力量组织、使用好，发挥这些力量的作用，就会对实现四个现代化有很大贡献。现在我们的国家对技术力量的组织、使用存在不少问题，有些工厂长期闲置大量技术人员，把技术人员当工人用，有的工厂单是技术人员的数量就比国外同类工厂的职工总人数还多，由于发挥不了作用，在技术人员里不求上进的现象就特别严重，这实际上也是经营管理问题。有些科研单位和部门名义上是搞科研，实际是在国外成熟的技术、甚至落后的东西上下功夫；同一件事，好多单位同时投入力量去搞，这些都是使技术人才没有价值的浪费。"这是一个工程技术人员的呼声，是有道理的，实际情况也是这样。我们不是没有技术力量，不是不能做出成绩，问题是我们的经营管理、我们的组织工作做得不好，效力不能发挥。如果能组织得好，我们凭现有力量，再依靠引进一些先进的技术，我们的工作还是能做好的。中央现在正在努力抓，大家都迫切想把这些问题抓好。我们要总结经验，加强信心，搞中国式的社会主义现代化是有希望的。

从官僚到经理*

一

为加速实现四个现代化的步伐，我国现正逐步对经济管理体制进行重大的改革。改革中最关键的问题还是人的变化。就是说，必须放弃过去那种官僚主义的领导，改成现代化的经理的领导。因此，我想就这个问题谈一点个人的看法。

官僚这个词从几种外文来看，并不是一个坏词。它一般是指行政管理人员。19世纪以前，在欧洲是广泛运用的。20世纪初，这个词褒贬意思都有。到第二次世界大战后，这个词意就贬多于褒，但褒的意思仍有。如在西方和在日本，说某一个人是官僚，并不一定是坏意，只是指明他的身份而已。

从西方政治学的观点看，在无论什么国家，官僚都是非有不可的，问题是好官僚还是坏官僚；是搞的官僚主义，还是真正地为了国家的利益在做他本职的工作。我们最近研究了一下几个国

---

* 这是作者1980年7月在一个学习班上的讲话。

家如日本、苏联现代化的历史，发现在它们开始搞现代化的时候，官僚的数目是不够的，还要补充新的官僚。

拿日本来说，明治维新时，主要的官僚是武士转变的。当时的武士只有一万多人。他们实际是替封建领主实行统治的官僚。到日本搞现代化时，官僚的数目就不够了，就从小领主里吸收了一批人变成官僚。这样官僚层就从一万多人增加到四五万人，依靠这些人来发展日本的现代化。同时，日本也采取了一些新的措施来训练新的官僚层。这说明社会分工中有官僚这行职业。这行职业在前期现代化的过程中是不可少的。后来日本逐渐发现旧的武士和小领主、小绅士这一层不能完全适应现代化的发展需要。新的官僚虽然也在训练，但数量跟不上去。日本是资本主义社会，如果企业搞不好，就非垮台不可。这就迫使官僚、武士自觉改造自己，使自己变成较好的官僚，来领导现代化企业。也正是因为这个原因，日本的资本主义当时是带有比较浓厚的封建性的。

此外，日本当时施行帝国主义政策，夺取了朝鲜、台湾地区、南洋及中国大陆的大部分市场，即使它们生产出的产品不好，也还能依靠武力及政治手段来推行它的经济和贸易政策，来刺激国内经济的发展。所以，尽管这时日本的官僚是不行的，但还是能促使日本当时现代化的完成。

第二次世界大战后，美军占领了日本。美国占领当局采取了许多措施，如实行大规模的土地改革，解散半封建性的财阀，引进西方民主制度，并削弱作为日本封建制度的天皇制。这样就大大削弱了日本资本主义制度中的封建性，使日本资本主义能够飞速发展。与此同时，美国占领当局也采取措施，把日本半封建性的官僚加以改造，尤其对于企业中的与旧财阀有关系的重要经理人员都贬黜了，用一批在欧美留过学的知识分子和小知识分子取代了原来那种封建半封建的经理人员的地位。经过战后将近30

年的改造，日本现在的经理人员可以说是现代化的了。这才使得日本经济现代化有目前这样飞速的发展。

苏联的现代化从列宁的时候开始，也是感到领导人不够，不得不起用一些旧的沙皇时代的知识分子和经理人员来领导全国经济建设。但列宁这时已经看到官僚主义的发展，并对之深恶痛绝。在他逝世以前的四五年，他的每篇有关经济的文章都提到必须防止官僚主义。苏联这时搞的现代化，在企业方面采取的是资本主义的大生产方式，在工人的管理上采取的是资本主义的泰罗制的管理方式，但是用中央计划控制一切。这样就不得不扩大官僚的数字。在列宁时期，官僚的数目就有很大的发展。列宁看到了不控制官僚主义而任其发展下去是很危险的。因此，在许多文章里提到反对官僚主义，要改变这个官僚体制，要在时机成熟时做这个事情。斯大林接替列宁以后，没有按照列宁生前的愿望办事，而是官僚数目更加扩大，官僚体制更加巩固。苏联今天控制产业界的官僚集团人数约在60万左右，如加上军事、行政方面的官僚，数目就更大了。

苏联还有一个很大的问题，是工人的权利的问题。列宁时期，苏联的职工对经济的管理还有发言权。斯大林时代实行一长制，使得经济方面的统治像个金字塔，工人的发言权越来越小，到现在基本没有什么发言权了。列宁时期就很重视职工代表大会的监督作用。斯大林时代，职工代表大会的权越来越小。30年代以后，工人基本没有发言权，丧失了自下而上的监督权。

把日苏两国的官僚体制加以比较，可以看到，苏联官僚发展的道路，与日本官僚发展的道路很不一样。日本经过美国占领军长期统治以后，它的管理经济的新官僚很符合资本主义经济发展的需要，而在苏联既没有建立起一个社会主义经济发展的较好、较有效率的模式，也没有造就出一批真正符合于社会主义经济发展需要的经营管理人员，或者说管理社会主义经济的新官僚层。所以苏联的经济发展不得不处于停滞状态。

在过去的 20 年当中，苏联也看到了问题的严重性，也在进行一些改革。但这些改革，遇到教条主义的束缚，到现在也并没有起什么根本性的变化，体制还是斯大林时代建立起来的官僚控制经济生活的体制，经营管理方法还是通过行政命令而不是通过各种经济杠杆来引导经济发展的旧经营管理方法。苏联现在有一派人有些新的想法，认为他们那一套中央集权、通过行政命令的控制还是正确的，只是应该多运用新的科学技术发明如电子计算机，来帮助改善集中控制。他们认为集中控制不仅不应该削弱，而且还应该借助于在全国建立起电子计算机网，以很快地收集和分析全国情况，从而完善中央控制的决策。

从以上对比来看，日本是把官僚逐渐变成企业事业经理，而苏联却是想利用电子计算机来加强官僚的集中控制。很显然，苏联这套做法是不会成功的。它的经济停滞还将继续下去。

二

从我们中国来说，中国经济管理的官僚体制是相当落后的。这里我想有主、客观两方面的原因。主观原因是人的因素，客观原因是体制的问题。

先说主观原因。第一，管理企业的主要人员绝大部分是外行。据辽宁省经委 1979 年调查。在该省工交企业的领导班子里，懂行的仅有 20% 左右。就连企业管理基础比较好的鞍钢，内行的领导者也只占班子成员的 30%。上海机电一局调查了 64 个重点企业的 2000 个生产管理干部，其中大专院校毕业、即懂点理论又有实际经验的只有 16 个人，占 0.8%。一机部调查了 249 个重点企业，统计了2400多个工厂的厂级干部的情况，其中小学程度，初中程度的厂长占64.3%，高中和中专程度的占21.4%，大学文化程度的占14.3%。这样一些企业的领导干部，包括大学文化程度的在内，绝大多数没有经过系统的企业管理知识学习。他们不懂得现代的科学管理，有些甚至于连基本的业务知识也没有。上海、辽宁是全国工业基础比较雄厚的两个地方，经理人员的水平尚且是这个样子，其他地方可想而知。这种情况显然是过去20多年"外行从来领导内行"这个强词夺理的错误理论的直接恶果，决不允许再继续下去了。

第二，就这些主要管理人员来说，身为主要的企业管理人员而不下苦功学习有关专业知识和管理技术知识，全凭过去当长官、当首长的经验来"指挥"（而不是管理）经济建设。有的长官擅长搞政治运动，有的首长习惯于强迫蛮干。到了新的岗位不重新学习，不把自己从外行变成内行，思想方法、工作方法都是老一套，不计算经济成本，不考虑经济效果，不照顾正常的生产秩序，动不动就用"政治挂帅"、"算政治账"、"交点学费天公地道"等，来为自己的行动辩护，把搞大轰大嗡的政治运动和搞拼人力、拼材料的大会战的办法机械地搬运到经济事业的经营管理中来，甚至称之为"先进"、为"走群众路线"，那怎能不犯错误？像"渤海二号"事件的发生，决不是偶然的，也不是一起两起。

第三，不读书，不看报，完全脱离实际。虽然对经济工作搞了多年，但对经济政策、经济法令还是门外汉。有些人做了多年的厂长、经理，到现在还说不清八项经济指标是什么。这些同志是躺在过去的功劳簿上，把企业——国家这么重要的经济事业，当作自己食禄享受的场所。企业的亏损他不着急，生产建设的浪费他不心痛，完全靠老资格混日子。形式主义很厉害，铺张浪费也很厉害，规章制度也是机械地执行。

第四，从思想上讲是保官第一。只注意上级对自己怎样，不关心市场的情况，不注意产品的品种、规格、质量，不讲究工厂的盈利，只是用"完成计划"和"超额完成计划"这几个字来保自己，甚至弄虚作假。工业企业方面如此，农业方面也这样。如昔阳县，用弄虚作假来赢得上级的赞赏，来使得自己升官、发财；至于群众的生活根本不注意，对于经济的效率从来不研究。

第五，"怕"字当头，什么事都要请示报告。遇事踢皮球，完全没有一点主见，报纸上揭露的西安皮球厂那件事是最典型的例子。什么事也不敢做主，都要等上级精神。在自己职权范围内的事情也不负责处理，都要拿到党委会上讨论，根本没尽到一个经理的职责。其他如拖拉作风、文牍主义等，这里就不再举了。

三

再说客观原因，这就是经济管理体制的问题。

第一，政企（业）不分，政（公）社不分，党企（业）不分，党（公）社不分。这就使得企业、公社这样的经济单位变成了党政机关的附庸。我国经济体制在条条、块块上改来改去，始终没有脱离掉行政机关领导企业这种实质。"条条"就是中央领导机关的行政领导；"块块"就是地方行政机关对企业的领导。"政社合一"现在仍在议论纷纷，学校、工厂"办社会"的现象现在还不能解决。当然一下子解决是有困难的，但应该朝这个解决的方向走。用拥有权力的行政组织来管辖一个没有权力的经济组织，其结果必然是把行政机关的那一套办法、作风带到企业里面来，形成了"官厂"、"官商"、"官农"，等等。

第二，党委领导下的厂长负责制到底好不好？应当认真研究。我觉得它对我们企业的发展是有很大妨碍的。领导的人是外行，有权却负不了责，而真正负责的却又没有权，不能领导。这样名为党委领导下的厂长负责制，实际上是谁也干不好，干不了。结果是党固然没有领导好，企业也没有领导好。这种党委领导下的厂长负责制，已经到了非改不可的时候了。

第三，高度集中的计划管理体制。企业没有经营自主权，把企业领导人员的手脚捆住了，压抑了他们的主动精神和创造精神。在生产上，企业要完成或超额完成国家下达的生产计划。企业领导只对上级计划负责，而不是对厂、对用户、对社会负责。生产出来的东西是不是符合社会需要，那不是企业的事情，企业是不管的。在这种体制下就出现了：库存钢材一千八九百万吨，而社会上急需的钢材却买不到，每年只好用大量外汇进口钢材的情况。在物资分配上，国家实行统购统配的办法，企业没有一点管物资的自主权。企业的生产用料完全由国家分配，不管多么不合用，自己也不能选择。生产出来的商品物资，商业部门统统收走，甚至钢厂自己维修设备需要的钢材也要向物资部门申请解决。这种产需脱节、企业和市场脱节，呆板的物资分配制度，不仅给国家的经济带来了很大的损失，而且也使企业的领导人员完全不关心经营活动的成果。照理说，一个经理应该管两件大事：一个叫经营，一个叫管理。现在的经理从来不担心自己的产品卖不出去。没有竞争，也就不需要市场调查、市场预测，也就不需要自己决定重大的问题，也就不需要自己根据市场的需要研究发展新产品。这样国民经济没有活力，企业也没有活力。在财政上，我们实行统收统支，给我们的经济活动带来了许多问题，如：(1) 企业没有一定财政支出权，不能用自己的力量来发展自己，无法利用或根据市场需要来发展新产品，使企业失去了活力。(2) 企业没有一定的财力来鼓励对企业生产经营活动有贡献的职工，多劳多得的原则既难贯彻也不容易巩固，广大职工的积极性也难发挥。（3）利润全部上交，亏损由国家补贴，企业干好干坏一个样，使企业的领导者失去办好企业的进取心。由于企业缺乏办好生产的内在动力，所以生产不能大发展，财源也就发生了困难。企业亏损在我国是个较普遍的现象。在外国，企业经营不好就要倒闭，而我国，企业没有倒闭的情况是因为我们人为的在维持。在对外贸易上，实行统进统出。企业不了解国际市场上需要什么，行情如何，也得不到先进的技术情报，处于与世隔绝的局面。国家出口任务也不给企业好处。企业在内无动力、外无压力的情况下，就不可能改进产品，以提高产品在国际市场上的竞争能力。在上述外无竞争的压力，内无搞好企业的动力，企业无自主权的情况下，是很难锻炼出大批的企业经理人员的。正像有些同志说的那样，多好的企业管理人员也不能够在中国的企业里面发挥聪明才干，把企业搞好；多坏的无本事的企业领导者也能舒舒服服地过日子。

第四，干部管理体制也促进了企业领导班子的行政化。在干部的配备上没有把内行作为安排企业领导人员的根本条件。论资排辈，够哪一级的就要当相应那一级的领导。上海有一个3000多人的机械厂，就分配一个没搞过工业企业、商业企业的刚刚转业的副团长当厂长，惟一的原因是他的资格级别够了。这就把经济工作同军队、行政工作等同起来，都是国家的官员，够哪一级就委派他作那一级的官员，而忽视了企业经理人员的必要条件。由于企业经理人员实行与行政人员一样的委派制，就将大批的行政干部分配到企业里担任领导工作。在我国的企业领导班子中，由军队、中央或地方行政单位派来的非内行的干部比重是很大的，当然就把行政管理的一套办法搬到企业中来，就难免做出违反经济规律的事情。由于企业被授予与行政同样的级别，因此有些企业的领导者就尽可能按照行政级别把自己的厂子铺张得大一些，阔气一些，以显示自己。企业中人浮于事，不能说与此无关。此外，由于"外行从来领导内行"这一错误指导思想及频繁的政治运动，妨碍了企业领导人员自觉争取由外行变成内行。"外行领导内行"在一定的历史条件下是允许的也是可能的，但把它当作"从来"如此，就不对了。

第五，工厂里的民主很少。没有民主想把企业经营管理好是不可能的。当好一个经理，必须自己有主动性，同时还要有自下而上的监督。就是在西方国家，工人在企业中的发言权也受到不同程度的重视。如瑞典、联邦德国、日本这些经济比较发达的国家，工人参加了管理或者是工人有很大的发言权。"两参一改三结合"本来是毛泽东同志提出的口号，但我们没有很好执行。日本搬去了，在企业中却得到了一定程度的体现。

四

以上这些主观、客观因素合在一起，使得我们整个经济陷入僵硬的状态。美国一位经济学家把当前社会主义和资本主义比较后，说了一段引人深思的话。他说："社会主义国家的人讲资本主义制度必然死亡，可能对。但我看不是就要死亡，相反，它还会有所发展。最主要的原因它的细胞还是活的，有生命力的。这细胞就是我们的企业。它们有活力，有竞争能力，能够经受得起风暴。人们讲社会主义制度怎么好，但是，从苏联一直到中国，我看你们的细胞——企业都是僵硬的，没有活力，经不起竞争。这并不见得好，因为它经受不起风暴。"另一位到过中国的美国经济学者说："中国厂子的设备并不坏。如果好好改变厂子的管理方法，改进一下工人的精神面貌，特别是企业管理人员的精神面貌，厂子的潜力就可以比现在发挥得好些。你们现在的企业缺乏活力，条条框框限制太多。又是这么一些人来管理，不能适应当前世界的竞争局势，不能适应当前世界的巨大变化，发挥不了社会主义的优越性。经济管理体制的改革，必须从这里着手。"我们的细胞一是农村，一是企业。现在必须采取各种办法把它们搞活。否则，经济体制改革就没有希望。

要做到这一点应该怎么办？我个人认为要做到五个转变：

1. 要把企业由单纯生产型变成经营生产型。过去的企业就只是生产，生产的目的则不管。单纯的为生产而生产，企业就容易僵死。如果改成经营性的生产，立刻就会使我们的企业发生非常深刻的变化。必须进行经营性生产，必须对产品不断改进，对经济效果要研究、讲求，不能是国家要我生产多少吨钢，我就生产几个大钢锭摆在那儿。为了经营，为了发展全国的经济事业，为了发展自己的事业而进行生产才行。这样，对于企业的管理人员才能不断提出新要求，迫使他们用新的态度对待生产，用新的方法来组织生产。逼得他们注意市场变化，学会竞争。

2. 要把企业由单纯执行命令的单位变成能自动决策的单位。过去计划就是法令，一切按计划行事。这样可以钻空子。你叫我生产多少万吨钢，我就给你生产出多少万吨大钢锭，有没有用我不管，反正从数量上说计划完成了。企业不能单纯执行命令。我们的计划体制也要改。计划只能是参考性的，而不能是法令。在国家计划指导下，要容许企业有权自己决策。这个转变很重要。它要求企业经理人员不仅有一般的经营知识，而且还能够敏锐地判断市场的情况、作出正确的决策。实际是把企业发展的前途放在经理身上，而不是放在国家的计划上。国家只能指导，不能把企业作为单纯执行命令的机关。

3. 要把企业由一个内、外部无压力的机关变为内、外都有压力的机关。内部压力是把企业经营的好坏与职工、企业的切身利益（如工资、奖金）紧密联系在一起。这样就有内在的动力。在民主管理的基础上，大家努力把企业搞好。在外面必须要有竞争，竞争就是从外面来的压力。没有一点压力是做不好事情的，压力推动事业前进。

4．要把现在的命令型经济（一切由上面向下贯彻）转变为民主型经济。现代企业的人事关系比过去任何时候都复杂。生产搞得好不好，能否增长，协作关系能否搞得好，都是极其复杂的。需要一个企业的经理好好组织。我到美国、日本参观时，感到真正的大企业（大而全）是不多的。主要是一个大企业周围有许许多多的中、小企业为它服务。为什么他们注意这些中、小厂？他们说中、小厂有很大好处：（1）中、小厂弹性很大，可随着产品不断改进而改变，周期短、花钱少，可以经常进行产品的改革，便于竞争；（2）中、小厂冒的风险小，在资金上运用得自如一些；（3）在这里可以展开很多技术试验，容易推动新技术的出现；（4）人事关系好处理。厂小人少，经理与工人容易相处。我们国家搞那么多大而全的厂子，不如多搞些中、小企业，同时把专业和协作的关系搞好。

5．要把不讲究科学技术、不讲究知识转变为重视知识技术，使企业由劳动密集型逐步转化为技术密集型。参观过中国工厂的一些外国人说我们的机器并不坏，当然也还有改进的余地。现在如何充分发挥它的效能，这不单是一个使用机器的问题，而且是一个如何充分发挥人的积极主动性使机器充分发挥效能的问题。企业由劳动密集型转变为知识密集型，这是世界性趋势。这样我们当经理的人就不能像过去那样不管科学技术，不讲究知识，而要增强自己的知识才能胜任经理，才能同时代的发展相适应。

如果我们的企业发生了以上五个转变，我们现在这种官僚才能变成经理。当然，这是说的有强烈事业心的好官僚。只要他想做事，客观上又给他造成能够做事的环境，使他钻进去，朝着五个转变去做，我相信我们大量的同志是可以从官僚变成经理的。

五

一个社会主义企业的经理人员要具备什么条件？我个人的看法是至少应具备以下几点：

1. 要有强烈的事业心，热爱本职工作，愿为"四化"献身。做经理要有主动的进取心，安心本职工作，多谋善断，工作讲究效率，积极推动本企业前进；能充分利用客观的条件来改变企业生产的条件，为社会主义社会创造更多的财富。这个事业心中包括一个虚心学习的精神，既不是靠上级的权威办事，也不看上级的眼色行事，而是根据国家计划的指导，主动地执行国家计划。

2. 要有强大的组织领导能力，有敏锐的判断能力，能够运用自己的逻辑思维能力有条理地分析每件事的前因后果。要留心观察市场经济形势，能掌握技术经济情报，并从中看出规律性的发展，作出恰当的判断和决策。在我们经济体制进行改革时期，企业的生产不但要适应不断变化的国内市场的需要，而且要适应国际市场的需要。经理人员要有适应变化的思想准备，具备适应变化的能力，并在企业中建立起适应市场变化的科研组织、机构。要把内部的生产、科研组织在一起，根据市场变化及时调整人力、物力、财力，生产市场急需的产品。还要有组织企业开展经营活动的能力。大企业的经理人员视野要宽阔，不但要具备全国性经营的知识，还要具有国际经营的知识，从广泛的范围出发，有效地组织与领导市场的调查、预测和经营管理的决策。也要能展开全面的技术服务，收集情报，改进自己的产品。不断提高产品在国内外的竞争能力。组织能力中还有很重要的一条就是实行企业的内部民主。解放初期对于职工代表大会是很重视的，但后来慢慢忽略了。企业内部民主是很重要的。它能使职工们感觉到自己是企业中的一员，为企业献身。企业的经理应该懂得怎样依靠群众、动员群众办好企业。除了物质利益的动力以外，还要有政治上的民主保证。

3．要有渊博的知识，同时又有专业的知识与经验即应当是本行业的内行。这同我们的教育制度也有关系。我总感到我们的教育制度对于学生的基础知识的训练太差，分科分得太早、太狭。一个学生毕业后对本科还知道一些，但稍微离开一点本科就不行了。社会科学也有这个问题。同国外的专家接触时，发现人家的基础知识比较广泛，大学、高中时的知识基础比较好。一个经理必须有广泛的知识才能识多见广，处理各种具体问题。

官僚是从上而下行使权力，经理则是凭着能力而不是凭着权势来领导。官僚只要做到不违反政策法令就行，而企业经理则一定要想方设法使企业得到发展。行政机构与企业有着很大的区别，行政人员同管理人员也不一样。如果要走出一条中国式的道路，把经济搞活，用现在这种行政办法是不行的。如果在体制改革中扩大企业自主权，国家同时对企业进行指导，就有可能使企业有所发展。总之，把官僚变成经理，已经成为我们当前十分重要的问题。当前我们的管理人员是不够的。因此，一方面，要使现有经济管理人员，自觉加强学习，改造自己；另一方面，要由党和国家赶快从教育上着手，大力培养训练新的、年轻的经营管理人员。另外，我们现在搞经济工作的和不搞经济工作的同志，都共同需要自己改造自己，自觉加强学习当前经济管理的知识和现代化管理的知识。要建立学习经济管理知识的机构，要培养新的经济管理人才。总的目的无非是通过现代化的经济管理人员，把中国的农村、企业这些细胞搞活。只有这样，才能使社会主义优越性充分发挥出来，才能使中国式的现代化得以实现。

哲学社会科学要为国家现代化服务

现在，全国工作的重点已转移到社会主义现代化建设。这个历史性的转变，对于哲学社会科学具有十分重要的意义。实现社会主义现代化，是全国人民的愿望，也是哲学社会科学工作者的愿望。在十年浩劫中，社会科学事业遭到毁灭性的摧残，许多学科被取消，科学成果被打入禁区，多年来辛勤积累下来的珍贵资料被盗毁，大批的优秀的科学家受到惨无人道的迫害，哲学社会科学的研究陷于倒退的境地。粉碎"四人帮"以后，随着揭批林彪、"四人帮"的胜利，迎来了哲学社会科学的新生。哲学社会科学进入新的历史发展阶段。人们已可以看到，随着社会主义现代化建设的发展，哲学社会科学特别具有重大的必要性。如果说，在革命战争年代，哲学社会科学工作者的主要任务，在于探索和揭示中国革命战争发展的规律，那么，在进行社会主义现代化建设的今天，他们的一个重要任务，就在于探索和揭示中国社会主义现代化的发展规律，通过自己的科研工作，努力为国家的现代化服务。

一

　　我们这样一个将近十亿人口的国家，经历了两千多年的封建社会、经济、文化都很落后，要在这样的条件下建设社会主义，向社会主义现代化进军，这是十分艰巨的任务。我们要通过发展科学技术来大幅度发展生产力；还必须改革生产关系和上层建筑中那些不完善的部分，使它们完善起来，这就必然会引起经济、政治、科学、文化、教育等各个领域的一系列变革。我们社会生活的各个领域，正在出现许多新的情况、提出许多新的问题。正如五中全会公报指出的："全国各族人民向四个现代化进军的伟大实践，现在向我们党提出了一系列需要不失时机地加以迅速解决的重大问题，包括确定国民经济发展的远景规划，确定适合国民经济发展需要的经济体制，确定适合国民经济发展需要的教育计划和教育体制。随着国内形势的转变，国家政治生活和党的生活中的一系列重要问题，思想上理论上的一些重要问题，也需要做相应的解决，以利于安定团结、生动活泼的政治局面的发展和巩固，以利于现代化建设的顺利进行。"

　　这些巨大的历史性任务正等待着我国哲学社会科学工作者去承担。但是，在这里我们遇到了一个问题，这就是：马克思主义主要是对资本主义社会作了深刻的分析，对社会主义革命作了深刻的研究，而对社会主义建设则除了在原则上有所论述外，还没有多少现成的结论。这就迫使我们中国哲学社会科学工作者必须正确运用马列主义、毛泽东思想的立场、观点、方法，坚持理论联系实际，结合国内外正反两方面的经验，根据我国的具体情况，解放思想，实事求是，进行深入广泛的研究，创造性地回答时代向我们提出的各项重大问题。

　　长期以来流行一种思想，以为马列主义、毛泽东思想的理论可以取代一切社会科学，而马列主义、毛泽东思想的活的灵魂——对具体事物进行具体分析——却被扼杀了，剩下的只是词句，还被当作万应灵丹，被奉为"经典"；哲学社会科学的任务也往往被限制在为"经典"作些注解和阐释的范围之内。另一方面，又有一种狭隘的实用主义倾向，把科学研究为社会主义事业服务解释成只是为既定政策方针（不管是正确或错误的）找理论根据、作说明。这些思想用党的组织和政权的力量甚至政治运动的方式来推行，并贯串到教育制度中去，这就严重阻碍了我国哲学社会科学的发展。林彪、"四人帮"更是力图把我国的哲学社会科学事业连根拔掉。科学所惟一尊重的是事物发展的客观规律，不容许任何主观的随意性。哲学社会科学被窒息，是过去长时期中唯意志论、形而上学得以泛滥的一个重要原因。它对我国所造成的灾难性的危害，已经是众所周知的了。

　　如果我国哲学社会科学还是处于这样停滞衰落的状态，不能充分发挥它应有的作用，那么我国的现代化的宏伟事业肯定是难以实现的。可以毫不夸大地说，只有哲学社会科学努力探索新情况，发现新问题，提出新理论，才能找到社会主义建设的正确的道路，并据以制定出正确的方针政策，使我们的生产关系与生产发展相适应，使社会组织科学化、合理化。这样，我们的生产力，包括自然科学和技术，才能得到最大速度的发展。

　　放眼看看世界各主要国家，它们的社会科学并不仅仅限于探讨一些纯学术性的问题，而是对国家的政治、经济、财政、金融、军事、外交、文化、科学、教育、社会福利等等各方面的问题进行系统研究，设计各种可供选择的方案，比较各种方案的得失利弊，提供政府作出决策。社会科学工作者在这些国家里，确实起了助手、参谋或者智囊的作用。现在，在所有工业发达的现代化国家中，社会科学研究对国家的各项工作、政府各部门、各大经济企业，都已成为不可或缺的了。

我国的哲学社会科学工作者今天应该根据理论与具体实际相结合的原则，在党和国家制定方针政策时，在理论上进行探索，把各种起作用的因素都估计进去，设想各种可供选择的方案，提出比较系统和周到的意见，提供决策部门考虑。方针政策决定以后，在执行的过程中，要研究情况的变化发展，根据实践的检验，随时准备提出补充、修正、改进的方案。这是我国哲学社会科学研究工作在我国社会主义现代化事业中应当发挥的作用。

哲学社会科学是研究理论的，是研究事物发展的规律的。研究理论，就必须与实际相联系。这是一个总的原则。我们在上面所说的，哲学社会科学要为社会主义现代化服务，也是在这个意义上说的。但是，各门学科有自己特殊的研究对象。而且，在研究题目与研究方法方面，也不可能是一样的。所以我们不可能也不应该对理论联系实际的问题提出一种简单划一的要求。如果提出这种要求，那就会行不通，就会犯错误，就要失败。哲学社会科学各门学科的客观性质早已决定了这一点，而且我们过去30年的经验，也充分证明了这一点。

由于各门科学性质不同，它们的作用也就不同。因而，在为我们国家社会主义现代化服务这个总题目上，侧重点和表现也就不同。有些学科，例如经济学、法学，它们的有些研究项目应当密切结合现实，可以直接为社会主义现代化服务；有些学科，例如考古学、人类学、史前学等，它们的研究项目不是直接结合实际，而是离现实较远的一些古代的东西。可是，如果我们对这些学科的研究做出了成绩，那也是对党对国家做出了贡献，对人类做出了贡献，可以说，间接地为社会主义现代化服务。我们不可能要求所有哲学社会科学的研究，都对社会主义现代化建设或人民日常生活直接发生作用，并以此作为衡量该门科学是否理论联系实际的标准，这是不现实的，是不符合科学的实际状况的。我们对科学不能提出这样一种狭隘、短视的要求。急功近利的思想是错误的，有害的。这是一种科学上的"近视眼"。放开眼界来看，科学是对客观事物的本质和规律性的反映，是研究带有规律性的东西，具有普遍的意义与作用。科学是突破国家与国家的界线的。科学上的杰出的成果，往往成为全人类的共同的精神财富。所以，我们在强调哲学社会科学应当在实现社会主义现代化过程中发挥作用的同时，也要防止对各门社会科学一律不加区分的要求，防止"一刀切"，克服形而上学。

　　哲学是对自然科学和社会科学有指导作用的一门学科。当然，这并不是说它凌驾于各门科学之上，更不是说它可以代替一切具体科学。而是说它在世界观、认识论、方法论方面，对各门科学都有普遍的作用。科学理论乃是对客观事物的一种抽象，而哲学所研究的问题，抽象的程度就更高了。当然不是那种完全脱离客观事物的空洞抽象，而是更深刻、更正确、更完全地反映客观事物的科学抽象。哲学是人类实践最概括的总结。在某种意义上讲，哲学是一门最抽象的科学，它在很大程度上撇开了具体事物，而抽出其中有根本性的最一般的问题，从哲学上加以论证。例如，世界是什么，有没有规律性？人能不能认识世界和改造世界？这一类的问题，是哲学长期探索和研究的根本问题。这也就是哲学的基本原理方面的问题。对于这些基本原理，我们当然要加以研究。这种研究，不能不涉及运用概念、范畴，运用思维形式，使得这些概念、范畴能正确地反映客观世界。这是哲学的根本任务。如果把这种研究指责为从概念到概念，脱离实际，这种批评是不对的，不正确的，实际上是否定了哲学研究的必要性。这种哲学原理的研究，这种对于概念、范畴的"切磋琢磨、加工整理"，有助于我们认识世界，改造世界，使哲学成为锐利的理论武器。没有这种研究，就没有哲学，没有今天成为指导我们思想的理论基础的马克思主义哲学。

对于哲学基本原理的研究，我们不能满足于过去现成的结论。如果这样看，这样做，那就把马克思主义哲学看成僵死的教条，它不能帮助人们正确理解目前时代不断出现的新情况，新问题，不能引导人们掌握以新的知识为重要基础的规律，去认识世界和改造世界。这样，马克思主义哲学的发展就会陷于停滞，就会削弱它的生命力和战斗力。

马克思、恩格斯、列宁对于马克思主义哲学的基本原理，都有过精辟的论述，是人类的珍贵的精神财富。但是，人的认识是受主客观条件的限制的，正如恩格斯所说的："我们只能在我们时代的条件下进行认识，而且这些条件达到什么程度，我们便认识到什么程度。"人类的实践活动是不断向前发展的，人的认识也是不断向前发展的。马克思主义哲学也应当是不断向前发展的。从这个观点来看，马克思主义哲学的某些结论和论断，也不能说已完美无缺，需要我们根据新的实践经验，新的科学事实，继续进行新的探索和研究；马克思主义经典作家来不及考察或从未研究过论述过的问题，需要我们根据新的大量的科学材料，有勇气进行探索和研究，敢于创新。而不应当局限于：马克思怎样讲，恩格斯怎样讲，列宁怎样讲，似乎我们就应当停止在这里。而对于现在世界上大量存在的科学事实，视而不见，听而不闻，好像马克思主义经典作家没有引用过的事实，这个事实就不存在；没有研究过的问题，这个问题就不会发生。这种形而上学的思想方法，是同马克思主义哲学水火不相容的。马克思主义哲学来源于实践，植根于实践，它应该是最富有生气的最先进的科学。我们应该把世界上的科学事实，用马克思主义哲学的方法论来加以研究。世界上的科学事实是不断地发生、发展、变化的。近几十年来社会科学和自然科学，特别是自然科学有了迅猛的发展，新的学科一门又一门的诞生，新的科学方法层出不穷，新的认识工具也不断产生，大大开拓了人的认识的新的领域，出现了许多新现象，获得许多新知识，发现了不少新规律，提出了许多的新概念和新范畴。我们这个时代向我们哲学工作者提出了新的任务，新的课题。这一切，有待于我们从哲学理论上去进行解释，特别是从认识世界规律性方面去加以总结，丰富和发展马克思主义哲学，把马克思主义哲学向前推进一步，提高到新的与时代发展相适应的水平。

哲学如此，经济学、历史学和其他学科方面，都面临着新的繁重的任务。近几十年来，在哲学社会科学领域中，有很多新的发展，开辟了一些新的研究领域，提出了一些新的研究对象，对于这些我们很不了解，很少掌握。对于有一些可以在哲学社会科学方面广泛利用的新方法，我们往往不能加以很好利用。所以整个说来，我们所掌握的哲学社会科学知识比较旧，对于新的情况，很不熟悉。这就使得我们同世界上在共同有用的学术领域里面，处在一个相当落后的地位。我们要努力进行多方面的工作来改变这种状况。对于薄弱的环节，我们要加强它，使之能正常地有效地进行研究；对于已经卓有成效的研究工作，要求有高质量并有一定数量的新成品；对于没有进行研究的领域，我们要积极想办法，来开拓这方面的研究，使我们的哲学社会科学的研究，能够达到在世界范围来说的一种现代化的水平。

二

从人类的思想史来看，任何科学，包括自然科学和哲学社会科学，在发展过程中，总是在实践中碰到新的情况和问题，迫使人们去补充、修改旧的理论；或者用新的理论代替旧的理论；而这一新的理论又开辟了新的研究领域，提出了新的研究课题。整个科学就是循着这样的道路不断前进的。

在这个意义上说，我国社会主义建设 30 年来丰富的实践，使我们取得了正反两方面的许多经验与教训，获得了极其宝贵的思想资料。现在，我国的哲学社会科学工作者正以马列主义、毛泽东思想的立场、观点、方法，对哲学社会科学的各个学科进行新的探索。可以说，我国的哲学社会科学正处在蓬勃发展的新的起点上。

但是，上面已经指出，我国的哲学社会科学还相当落后。这是由于我国过去长期处于闭关锁国状态，又由于林彪、“四人帮”的严重破坏造成的，有一些学科被取消了，另一些学科本来就没有建立过，现在才开始建立。当然这并不是说，我们样样都不如外国。现在中国的学术文化，已经成为全世界学术文化的一个重要部分。人文学方面，西方研究中国的历史文化已经有 300 年，近 20 年更投入了大量人力物力。但涉及中国的研究，我国有的学科例如中国历史、中国文学等，还是有相当高的水平的。在社会科学方面，我们自建国以来，在民族问题研究、考古学方面也有很高的成就。至于政治学、经济学、法学、社会学、人口学、国际关系学等方面，一些西方国家有长期研究的基础，近 20 年又有很多新发展，我们则还刚刚开始，这是毋庸讳言的。近年来，国外社会科学在研究方法上注重对一个问题、一个地区的多学科综合研究，注重对影响一个问题的各种可变因素的数量分析，注重对不同类型的比较研究等。这些方法对马克思主义者本来应当不生疏，但在这些方面，我们也落后了。所谓落后，还不是指我们对于某一个学科缺乏知识，或者探索浅而不深，而主要是说，我们在利用社会科学的研究成果来指导我国的社会主义建设的实践方面，并没有起到应有的作用。

我们既看到粉碎"四人帮"后三年多来拨乱反正，为我国社会科学开辟了光辉的前途，又看到我国社会科学目前确有相当落后的方面。展望将来，我们只有加倍地发奋努力。

在前进的道路上，我们要坚持马列主义与今日中国和世界的实际相结合，通过深刻认识今日中国所独有的实际问题，创造性地对这些独特问题作出正确的回答。要树立雄心壮志，不但要努力谋求在物质生产方面赶上现在发达的资本主义国家，而且还要在精神文明方面也要走在世界前列，创造出一种社会主义中国的合理、进步的社会组织形式和生活方式。在中国这块土地上这样成长和发展起来的哲学社会科学，它首先要解决的是中国社会主义现代化所提出的问题。我们的党以辩证唯物主义、历史唯物主义的世界观作指针，就使我们能够无所畏惧地深入现实，探索未来。社会主义制度向我们提供了深入实际、研究分析的良好条件。其次，社会主义国家的一切是从人民的立场出发，是为了人民的利益，包括全世界人民的利益。由这两条宗旨出发就决定了，在研究方法上，我们既反对脱离实际的教条主义，也反对狭隘近视的实用主义。我们既要借鉴国外社会科学不断开创的边缘学科、多学科综合研究、数量分析、比较研究等可取之处，又要坚持为人民的立场观点，摈弃那种方法十分先进而课题却没有重大意义的研究。

为了把我国哲学社会科学提高到现代化水平，用科研成果来为国家现代化服务，对于我们哲学社会科学工作者来说，善于学习，提高自己的业务水平，是一个很重要的问题。就全国范围来看，各个学科都有一些优秀的老年和中年学者，可惜的是为数还不多。我国哲学社会科学基础本来十分薄弱，解放前长时期里，处于民族存亡危急之秋，迫使我们许多同志放下研究工作，投身火热的革命斗争。建国以后，多次政治运动又迫使我们许多同志不得不中断科学研究工作，"文化大革命"这十年更是文化事业的一场浩劫，加上过去指导思想上的毛病，教育制度中的缺陷，这就造成我们不少同志对哲学社会科学的知识比较狭隘，对祖国的历史和文化遗产，知之不多，对 20 余年来世界的情况，国外自然科学、哲学社会科学的发展，所知更少。所以，我们不得不承认我们的知识相当贫乏，视野不够宽阔，思想不够活跃，难以适应我国社会主义现代化的需要。

为了适应哲学社会科学发展的要求，为了求得哲学社会科学工作者的迅速提高和成长，我们要努力培养一种浓厚的学习空气。无论老年、中年、青年同志，大家都刻苦学习，在比较广博的哲学社会科学知识基础上，系统掌握一个学科中某一方面的专门知识，不仅要了解中国的情况，而且要了解国外的情况。尤其这后一点，对今日我国各个学科的建立和发展十分重要。这是一个非常艰巨的任务。一个哲学社会科学工作者，应当具有丰富的知识，而且时刻关心国家与世界的前途，为此而不断思考问题，探索前进的道路，以此作为自己的志趣，而不是仅限于掌握知识、传授知识。如果以这个标准来衡量一下，我们就会发现自己的落后与不足，不是一般的落后、不足，而是严重的落后、不足。古人说："行远自迩，登高自卑。"又说："学然后知不足。"只有认识到这种落后情况，才能激发我们的雄心壮志，通过我们大家的共同努力，使我们的祖国能够跻身于世界文明先进国家之林。

(1980 年 8 月)

关于研究世界经济的几个问题[*]

第一个问题，我想强调的是，研究世界经济，绝对不要脱离世界政治。研究世界政治的也绝对不要脱离世界经济。世界政治与世界经济是分不开的。过去是可分的，现在是不可分的。这一点我是多次强调的。现在我们采取一些行动，把中国社会科学院的世界经济研究所和世界政治研究所合并为一个。当然也可以采取别的办法，研究世界政治单独设立世界政治研究所，研究世界经济单独设立世界经济研究所，但是两方面的专家经常坐在一起，研究一个问题，你从政治角度，我从经济角度来研究、分析，也可以采取这种做法。不过我们中国社会科学院是把两个研究所合并了，这对我们方便些。

现在上级要求在国务院下面设一个国际问题研究中心，把该合作的学科和跨学科的研究题目由研究中心抓一抓，这个研究中心不是具体机构，而是一种协商、协调和调整的机构。现在大体上的方案已经送上去了，待批准后实施。这方面工作很多，有很多事情是我们过去应该做而没做的，现在要抓紧作起来。在研究

---

* 这是作者 1982 年 7 月在中国世界经济学会成立大会上的讲话。

问题时，有时看法是不一致的，还是要贯彻百家争鸣的方针，学术问题不搞百家争鸣是不行的，谁也没有理由，谁也没有能耐把有争论的问题统一在一个想法之下。学术就是百家争鸣。这个研究中心就是提倡百家争鸣，协调百家争鸣的机构。第二次世界大战以后的世界跟过去那种政治与经济可以完全分离的世界不一样。战后的世界体制是个美苏争霸的体制。美苏两个都是霸权主义。这两个霸权国家统治世界的体制，既有政治的也有经济的体制，而这两者又是不可分的，互相影响的。这个削弱就要影响那个削弱，这个加强也必然影响那个加强，所以它是一个总体的东西的两个方面。当然，绝不妨碍我们只侧重研究它的某一个面。我们搞世界政治的可以侧重政治，但不可忽视经济的一面，搞世界经济的可以侧重经济，也不忽视政治的一面。只有这样，才能综合分析发展的趋势。否则，要全面、深刻地认识世界就很困难。

其次，二次大战后，国家干预经济十分发展，不是一般的发展，而是十分的发展。作为社会主义国家，根据社会主义原则，国家干预经济是彻底的。国家通过所有制、国家计划、按劳分配和各种办法来管理经济，这是大家都知道的。至于资本主义世界，现在可以说，没有一个国家不是干预经济的，只是在程度上有所不同，有的干预紧一点，有的干预松一点，有的干预程度大一点，有的干预程度小一点。

由于政治对经济的干预，现在发生两个情况：一是政治和经济空前紧密地结合在一起。在国内来说，政治和经济不可分，许多国家搞政治的必须懂得经济，搞经济的必须懂得政治，如果只懂政治，就不能到内阁当部长。在国外，许多部长既搞政治，又搞经济。这是从内政方面来说政治和经济不可分。

另外，外交和内政也不可分。许多外交上的问题是一些国家的内政措施引起的；有许多事情，内政上的措施和外交上有很大的关系。举个例子来说，高利率的问题。这是当前西方最尖锐的内部斗争问题之一。美国的利率曾经长期在20％，到过22％，后来减到14％，又增加到18％，最近几次的反反复复，现在还是15％到20％。高利率是为什么呢？是为了把国外的美元，如石油美元等，统统诱导回到美国国内。这样，国内资金就不缺乏，国外就缺乏美元，因此提高了美元对其他外币的汇价。

里根的高利率政策，现在看来，在国内并没有收到预期的效果。由于银行利率高，人们不愿在固定资产上投资，不愿在新的设备上投资，结果生产没有增加，反而增加了失业。另一个结果是，鼓励了货币投机和股票投机。从消费者方面看，因为银行利率高，也不去买分期付款的东西了，都把钱放进银行，以取得高额利息，所以消费信贷方面也受到压抑，带来了一系列消极的结果。

在国际上，美国的这一政策，逼得日本、西欧采取保护措施，以避免自己银行的美元和游资逃走，实际是抵制美国对外输出经济危机和输出失业。这样一场围绕着高利率问题进行的经济战，导致西方世界主要国家之间一系列的矛盾、冲突，演化成严重的国际政治问题。

所以，这个利率问题，不能单纯当成是经济问题来研究，它也是一个政治问题。这两者是不能分开的。以美国的这一情况为例，就可以说明国家搞经济就是搞政治，搞政治也就是搞经济，政治和经济，内政和外交混成一团了。

另外一个问题是，美国和西方一些大国，愈来愈用经济手段压迫别人，用经济手段去达到政治目的。例如日本和美国关于归还冲绳的谈判，美方就提出许多经济条件，如要求日方主动限制对美出口纺织品等。1973年阿拉伯产油国搞石油禁运，美国先是准备采取军事手段，后来鉴于这样做有很大困难，就提出来你要提高油价，我就提高粮价。用经济手段来对抗经济手段，实质上也是为了解决一定的政治问题。再比如我国为了搞人口普查，想买专门为这个用途的电子计算机，两年多了，美国一直到上个月才卖给我们。最近邓小平同志讲：中美建交十年了，美国人是怎样对待我们的呢？我们想买人口普查用的电子计算机，这只是一种普通的东西，并不是什么特别高级的，他们都不卖！

可见美国人是想用技术转让作为手段来限制我们的发展，来达到他们的某种政治目的。用技术转让作为控制我国的手段，今后恐怕会越来越多的吧！

我们研究世界经济的人，不了解世界政治的发展，国际环境的变化，那就必然会走弯路。当然，我们研究经济的人，还是要侧重在经济方面；研究政治的人，还是要侧重在政治方面。我只是想说，至少应知道政治发展的趋向，大体的内容，否则我们研究世界经济问题的效果，也会受到影响。

第二个问题，研究世界经济还必须研究各国社会结构的发展和变化。从战后到现在，社会主义国家的社会结构发生了很大的变化，资本主义世界的社会结构也出现了深刻的变化。从一些主要的西方国家来看，70年代中期开始，最大的变化是靠工资维持生活、受雇佣的人数，在整个劳动人口中的比重，比战后初期有了很大增加，英国占90%、联邦德国是82%、荷兰81%、法国79%、意大利70%。从这些很简单的统计数字来看，与过去的情况大大不一样了。这是资本主义世界社会构成方面的历史性变化，我们在研究时不能不注意。还有一个情况是，商业、服务行业的就业人数，急骤地增加了。过去，产业工人一般说占工人中的2/3或3/5左右，现在仍大体上保持这个比例。但是在产业工人中，文化水平高、技术水平高的人数大大增加了，它的内部构成起了变化，几乎超过二次大战结束时的一倍以上。他们的劳动条件、经济地位、生活状况与我们 30 年代在欧美看到的情况大不一样了，已经接近过去中等阶级的水平。如果我们相信马克思所说的存在决定意识的话，那么我们不能不注意到，物质生活水平的提高，必然影响到意识形态方面。现在对于那里的"工人阶级"这个概念的含义，看来有重新研究的必要。

另一个突出的问题是，农村小资产阶级人数急骤减少，从 1950 年到 1975 年这 25 年间，农民人数一般减少一半。与此同时知识分子阶层，空前壮大了。这个阶层，包括科学、文化教育、管理方面等。在联邦德国，1950 年到 1975 年增加了一倍半，英国 1951 年到 1971 年增加一倍；法国从 1954 年到 1970 年，16 年间增加 2.5 倍。这些人大多数是受雇佣的，在垄断资本主义统治下，他们的生活不太稳定，不断受到经济危机的威胁，因此对现状不满。这些社会结构方面的变化，不能不对这些国家经济的发展和运动产生巨大的影响。

那么，苏联这样的国家是不是也有变化呢？当然也有变化，而且变化不小。最近我们初步研究了一下苏联的社会结构的变化。根据苏联自己的统计，现在他们的工人占全体就业人口的 61%（1913 年只占 15%）；知识分子占全部人口的 29%（1913 年只占 5% 以下）；集体农民的数量大大减少，占就业人口中的 11%。工人、农民、知识分子平均收入的差距也在缩小。1979 年和 1913 年相比，集体农民的实际收入提高了 15 倍；职工只提高了 4 倍。如果把 80 年代和 40 年代相比较，集体农民收入增加 6 倍，职工收入只增加了 3 倍。在第 11 个五年计划里，这个趋势还将继续发展。工人、农民、知识分子的平均教育水平也在逐渐接近。1981 年工人中大专毕业生占 79%；农民受过中等教育的占 63.4%；职员中差不多 99% 受过高等教育。整个看来，体力和脑力劳动者的教育水平在不断接近，这些情况，都是值得我们注意的。

　　还有一个数字，是在自治共和国苏维埃以上的机关里，知识分子出身的占第一位。区、市委以上的领导干部完全是知识分子。在整个党的队伍中，知识分子也是占第一位，大约是44%—45%，而工人只占43%。这样一种情况不能不影响到这个国家执行经济政策和政治政策的态度，也会影响它今后经济发展的方向。我们研究世界经济的目的，不只是要了解世界经济的发展变化，而且要预测它的发展方向，知道世界将会走到什么地方去。也就是说不但认识世界，还要改变世界，因此，我们既要着重搞明白经济问题，还要搞明白各种社会因素对经济运动的影响，只有这样，才能取得实际的成效。

　　第三个问题，研究世界经济必须立足于借鉴，作为解决本国问题的参考的基础之上。我们所以要了解、要研究世界的情况，最根本的一条，就是要知道别人的哪些经验、教训可以为我借鉴，人家什么长处可以吸收进来，为我们的现代化服务。我觉得一些研究世界经济的人，不懂中国经济；研究中国经济的人，不研究世界经济，那是不行的。如果我们对自己的问题不懂，或所知甚少，那么就很难取得"外为中用"的效果。我们研究外国的实际，就是为了联系中国的实际。如果我们对本国经济优点和缺点，存在的问题，今后改革的方向，等等，心里没有一个谱，那怎么谈得上研究世界经济呢？我们研究国际的实际，是为解决中国的实际，如果我们对中国的实际根本没有兴趣，那是不行的。另外，在国际交流中，人家问我们关于中国的情况，如果你答不上来，或者只答复一个皮毛，那也就糟了。现在我们搞政治经济学的人遇到很大困难，问题就是因为我们对世界的情况、中国的情况都很不了解，只是从书本到书本，从理论到理论，从公式到公式，而没有把理论和实际结合起来，因此讲起来必然干巴巴，必然不受欢迎。我想类似的情况，我们研究世界经济的人，不可不注意。

第四个问题，研究世界经济，和研究其他学问一样，都要有一个实事求是的态度。最近一个时候，有的同志喜欢拿中国的经济和某国的经济对比。这当然是有好处的。但是我看有的文章，把某国贬得太低了，说得一无是处。当然我们是社会主义国家，制度比资本主义制度优越，但我们也不应不看到人家的长处。我们研究问题，不应带感情，应抱一个实事求是的态度。不久前，几位从美国来的学者（包括一些华裔学者）和我们社会科学院的同行，举行了一个座谈会，对中国和某国的情况进行了比较研究。这个会开得很好，这里想简单介绍一下他们讨论的情况。对两国总的评价，大致有三种意见。第一种意见，认为某国比中国进步快；第二种意见恰好相反；第三种则认为，两国各有千秋，难下结论。每一种意见，都提供了有价值的资料和理论根据，没有采取轻率的肯定或否定。

他们分析结果认为，中国的工业投资、设备现代化、生产总值这些方面，发展速度超过了某国；如果把中国和某国的经济起点加以比较的话，那么，某国在工业方面的起点，比我们高。因此从现在达到的工业化水平来看，中国的进步比某国大。但是他们同时指出，我们已经搞起来的工业设施，没有充分发挥其效益，浪费很大。用现代发展眼光来看，这是不行的，在这一点上，某国的情况不比我们坏。它当然也有浪费，但是比我们好一些。

另外，某国从英、美吸收了一些管理经验的长处，也采用了一些苏联的东西，比之我们有较多的灵活性。而我国由于过去受苏联模式影响太深，以致于改革起来，困难很大。当然，我不相信我们摆脱不了这个影响。

一些到过某国的学者，认为某国农业经济发展速度比我们快。他们指出，某国农业的自然条件好，同时国家对农业发展比较重视，很早就开始搞所谓的"农业革命"，近年来粮食增加的幅度较大。粮食方面进出口的比例也改变了。两国的耕地面积几乎相当，但中国人口比某国多一倍，中国没有开发的可耕地愈来愈少，如不在科学上有所突破，亩产量大幅度提高也有困难。因此总的来看，农业生产方面的情况，某国比我们强些。也有些学者从分配制度上来看，认为我们优于某国，这个因素，也很重要。不能单纯地研究生产的因素而忘掉了人的因素。这我是完全同意的。研究某国的一些学者多次给我来信，出于友好的感情告诫我们，制定农村的经济政策，千万注意不能造成贫富两极分化的问题。因为两极分化，是某国社会一个严重的经济问题和政治问题，也可以说是社会发展的严重障碍。我告诉他们，因为我们是坚持社会主义道路的，我国政权到时候会起作用的。尽管我们在制定农村政策时，主张可以允许一部分人先富起来，但是一定要防止出现新的两极分化的可能性，这一点我请他们不必担心。

在提高人民的生活水平方面，他们认为两国收获都不大。但中国的情况显然要好得多，因为中国的社会主义制度有优越性。某国在这一点上同中国不能比。目前两国当局都认识到发展经济是长时期的，艰巨的任务，而且都提出了各种方法来革新自己的经济，都提出了既要改善生活，又要发展农业、工业。但多数学者认为，中国在调整、革新方面的主动性比某国大，因为中国的政策是独立自主，有社会主义政权，能从本国立场来解决问题。某国缺乏这个东西，主要靠借外债、靠别人援助，外债已达到占某国国民生产总值的1/4左右，因此从长远的趋势来看，中国的发展比某国要强。

这样的一些分析，既看到人家的长处，也看到了自己的短处，为什么我们比人家强，强在哪里；哪些地方我们比人家弱，弱的表现是什么。凡此，我们都要坚持科学分析、实事求是的态度。我希望我们大家都要这样用科学的、客观的、不带感情的态度来研究一切问题。

第五个问题，我认为，世界经济学会，有一个团结队伍，扩大队伍，重新学习，提高业务水平的重要任务。从社会科学院几个搞经济的研究所来看，现在研究世界经济的人，大约有这样四种人：一种是过去在大学里搞政治经济学的讲师；一种是从国外留学回来的老专家，也包括少数最近回来的同志；再就是从实际工作方面转过来的以及一些搞外语出身的年轻同志。这些同志，总的来看各有所专，但也各有所短。当然这个问题，不是说由哪一个人负责，而是应由过去的某些制度比如教育制度来负责的。例如搞政治经济学的，过去学校的制度培养人都是从理论到理论，从书本到书本，理论不结合实际，而且知识面很狭，所以现在搞经济研究，就有一定困难。我们一些老专家，回国多年了，由于30年的锁国政策，对国外的情况也不熟悉。少数新从国外回来的同志，对于西方的、国外情况是知道的，但是由于对国内的情况，还来不及详细研究，因此难以把所学应用到中国的实际中来。第三种，即从实际工作中来的同志，对一些实际的知识，有所了解，具有一些外贸、金融等方面的业务经验，但是也有局限性。由于他们忙于实际工作和各方面条件的限制，对于贸易、金融方面的理论和实际，了解得并不够，现在搞研究工作，也是有一定的困难的。最后，从搞外语方面来的人，有一个好的条件，就是外文比较过得去。当然这个问题也要具体分析，有些是笔译很好，口语就差些，也有些只能进行文字上的工作，专业交谈就不行了。人家说了十分钟，他才听懂两三句，这怎么能进行学术交流呢？但是，即使外语很好，缺乏专业方面的知识和较深修养也是不行的。大概这种情况，还有相当的普遍性。因此，也要重新学习，才能把世界经济研究工作搞好。

第六个问题，我还想简单扼要地谈一谈，怎样用马列主义来指导我们的研究工作的问题。研究世界经济，要不要用马克思主义来指导呢？我想绝大多数同志的回答都是肯定的。问题在于，我们对于马克思主义必须采取一个正确的态度，即必须把它当成一个活的东西，而不能当成僵死的、一成不变的教条。我们搞科学研究，必须要实事求是。我们决不能认为马克思、列宁、毛泽东这样说过了，就不能再有不同意见。因为马克思、列宁、毛泽东说话的时候，离不开一定的历史时间、地点和条件，如果对"放之四海而皆准"这句话做片面、教条的理解，把马克思等人的一些结论随时随处乱套，那就与马克思主义本身背道而驰了，还怎么能谈得上用马克思主义去指导呢？比如，马克思写《资本论》主要以当时的英国、德国为对象，研究的是当时资本主义世界的状况；列宁在研究帝国主义的时候，是根据以英国为代表的正在衰退没落中的帝国主义体系。他们提出的一些命题，已有100多年或70多年了，虽然其基本原理现在看来仍然有效，但是某些提法都是从当时具体条件出发的，离开了当时的具体环境和条件来硬搬硬套在今天的情况上，离开了以现代美国为代表的帝国主义体系的一系列新特点，而生搬硬套《资本论》和《帝国主义论》，恐怕就对不上号了，不能一切"皆准"了。

前一阶段有的同志提出，列宁和斯大林在分析帝国主义时，观点是不一致的，说列宁是正确的、斯大林是错误的。还有的说，列宁关于帝国主义是"垂死的资本主义"的命题，现在看来，不一定对了。我觉得，这些问题提得没有什么意义，甚至很可笑。因为对"垂死的"这个词，不能理解得太机械了。拿一个人来说，说他是垂死的，也不一定马上就死。我们有一位同志，今年77岁了，十年前得了膀胱癌，被断定为"垂死的"了，可是直到现在还活着嘛！这就是因为他除了受癌症这个因素影响外，还有其他一些如医疗、个人意志因素的影响。列宁说帝国主义是垂死的，是从历史趋势这个角度出发的，是指一个历史的阶段而言的。在这个历史阶段上，因为搞经济、政治的都是活动着的人，都要发挥一定的能动作用，所以可以在一定范围和程度内，推迟死的命运的到来。资产阶级中的一些理论家、思想家，也会总结经验教训的，他们也都在生产力和生产关系方面做文章，凯恩斯主义、罗斯福的新政等一些理论和办法，就是对垂死的资本主义开"药方"而且收到了一定的效果。最近 20 年来资本主义世界的某些发展，甚至是经济上的空前繁荣，其规模之大、范围之广，超过了资本主义历史的其他阶段，正是说明了这样一种情况。我们把资本主义看成是脱离了人的活动的某种抽象的存在，无视各种客观条件、因素的变化，完全否定它的统治阶级也有调整能力，显然是有问题的。现代资本主义垂而未死本身，并不值得大惊小怪，倒是我们自己的头脑，应该避免僵化才行。一方面，我们应看到人（资产阶级也是人，也有能动性）在社会规律下面，是可以有能动性的，人的能动性可以使某些社会规律延缓、削弱或暂时停止运动（当然不能取消），关键取决于条件，取决于人怎样做，如果把规律同人的能动性完全对立起来，恐怕就不会有历史的发展了。过去资本主义的经济危机，一般都是复苏、繁荣、衰退、萧条的阶段式循环。但由于人的能动性，采取了国家干预的各种办法，现在这个经济危机的规律受到了很大的歪曲，已经不完全是过去的样子了。因此，资本主义在一定时期内延缓自己的死亡是可以理解的，另一方面，规律毕竟是规律，人们无法在根本上违背它，它最终还是要起决定性作用的。我觉得这样看问题，才算是马克思主义的态度。

我们搞研究工作，首先就是要研究各种实际情况的发展和变化，研究各种因素的相互影响。绝对不能从教条主义出发。三中全会以后，我们在农村实行各种形式的生产责任制，允许某种私人（个体）经济的存在，这是不是复辟资本主义呢？前两年，苏联就这样骂我们，说我们搞一定的个体经济就是要走资本主义道路了，背叛马列主义了，装得一本正经。但是，后来他们自己也在搞了，这一条才不再提了。那么，小农经济是不是每时每刻自发地产生资本主义，因而必然会形成资本主义复辟呢？我觉得列宁强调的是"重要的问题在于教育"嘛，并不是说不可避免地一定要走到资本主义复辟那里去。问题还是要正确的引导。这个问题，我们中央是有认识的，现在认为需要把它引导、纳入计划的轨道。再如无产阶级贫困化的问题，这是马克思说过的，但是不晓得怎样冒出这样一种提法，说无产阶级绝对贫困化是一个规律。但这个规律的具体内容，闹不清楚。现在很少有人能搞清楚什么叫绝对贫困化，所谓"绝对"究竟是什么意思，针对什么情况说的。我看，马克思、恩格斯、列宁都是就当时存在的情况说上面这句话的，他自己并没有说有一条绝对贫困化的规律，我看不应该随便把马恩的一些结论，说成是规律到处乱套。这样一种做法，恰恰不是马克思主义的。

总而言之，我们研究世界经济，必须用马克思主义作为行动指南，要认认真真地学习，我们要用它的立场、观点和方法，而绝不应采取僵化的教条主义的态度。

第七个问题，希望我们搞社会科学研究工作的同志，要把自己的知识面搞得宽一些，不能把自己限制在很小的范围，要注意邻近学科和一些相关联的科学知识。最近，我们几个同志有一个建议，就是说中央应有一个机构，能把自然科学、社会科学和技术科学三种科学的政策统一起来考虑。现在世界上的一些主要国家，都有这样一个掌握科学政策的机构。现在自然科学和技术科学逐渐分离开了，当然它们之间还有着极其密切的联系。现在有些学科，很难单纯地归到哪一部门去，说它就只是社会科学，自然科学或技术科学，单独的叫哪一名词都不科学。比如海洋学，既有自然科学的内容，也有社会科学的内容，还有技术科学的内容。比如海洋如何利用，分化海水，淡化海水，诸如此类的，还有海洋经济学，都是综合自然的、社会的、技术的几个学科方面的知识，所以说是跨学科的。最近海洋学会开会，我建议他们最重要的是要把海洋学当成综合性学科来看。研究，不要单独强调哪一方面。再如环境科学，也不能仅仅看成属于单一一个部门学科的，而是包括了三种科学。又譬如国际法学，现在大量的渗进了自然科学和技术科学的内容，什么海洋法、空间法，等等，今后这种情况恐怕还会越来越多。

　　总之，现在这三种科学之间的界限愈来愈不好分，好像形成了一种相互渗透、相互融合的倾向。对于这个问题，我们的认识似乎还没有跟上。比如经济学，长时期（包括现在）一直把它当成文科看待，但是十分明显，现代经济无论从理论还是从它的实际运用来看，经济科学绝对不仅仅是文科方面的东西。美国一所著名的大学，要求学经济的学生必须学过高等数学和电子计算机，如果不是专家，至少也必须懂。因为离开了这些，在那里搞经济工作是不行的。现在西方的经济思想、经济理论愈来愈多用数学的方式加以表述。你随便拿出一本经济理论书出来，里面全是什么方程式、数学模型等。说实话，我也有些看不懂，一翻到这里头就痛起来了。所以如果没有这方面的基础知识，搞起来是很困难的。经济学愈来愈变成一个综合性的学科。它本身具社会科学，但牵扯很多技术科学的发展、自然科学的内容。马克思、恩格斯等一些经典作家，也是非常注意研究自然科学、技术科学的，总是紧密地把技术科学、自然科学与社会科学结合在一起的。如果没有一个综合性的政策，我们国家前进起来，将会是很困难的。所以，我们设想国家应有一个机构，集中地掌握三种科学发展的方向、方针、任务。在国外，如日本、联邦德国、美国等，已经这样搞了。日本提出所谓"技术立国论"，实际上不单纯讲技术，而是包括了社会科学、自然科学、技术科学这三方面的内容。在研究学问这个方面，我们中国有一个传统，就是习惯于从总体看问题。而西方的研究和教育，在学科上分得很细，各学科之间互不相干。苏联也是这样的。在教育制度方面，我们抄袭过苏联的做法，专业设置分得过细；甚至相近、相同的学科，这个专业不知道那个专业的情况。我认为这是不对的。中国的传统，综合起来看问题，这个方向是对头的，如果在这个基础上，注意研究具体问题就好了。有人说，外国的学者只见树木不见森林，中国学者只见森林不见树木，这个比方有一点道理的，我们应该提倡既见树木、也见森林的学风。

我想我们搞世界经济的人，知识面一定要宽一点。现在我们的情况是，比如搞国际贸易的，就只懂国际贸易；搞国际私法的，就只懂国际私法；尽管这两种学问，关系十分密切，但是两方面的研究者，却各不相关。从教育制度方面来看，文、理、工、农、医，分得十分细，甚至文科、理科内部，也分得很细很细，结果是搞历史的人不懂文学，搞经济的人不懂历史，诸如此类现象，很普遍。我们应该改变这种状况。我们有条件创造一个中国学派，就是既看树木，也看森林，对三门科学进行综合性研究。西方的某些方法论，譬如社会科学的数学化等，我们也要借鉴。我们搞经济科学，一定要把自然科学、技术科学的因素考虑到里面去，在总体上把握经济科学今后发展的方向。这是一个很艰巨的任务，靠我们上了年纪的人是办不到了，我深切地寄希望于青年人！

从哲学社会科学角度谈
中国的经济改革[*]

我想谈一谈中国的经济改革，不只从经济角度看，而且从社会科学、政治科学方面来看。

中国正处于变革时期，今后30年、50年、100年都会持续下去，对中国来说，或者可称之为"变革的世纪"。在这一时期，我们将在中国这样一个国家进行社会主义改革，进行各种试验。在过去30年，我们遵循了外国模式，现在我们发现不得不为此付出沉重代价。今后我们将不再会抄袭任何模式，我们正在努力探索发展中国社会主义经济的新路子，也就是说建设中国式的社会主义。在这个试验中，我们有时找到一条正确的路子，我们就会感到非常高兴，继续贯彻下去；有时我们犯了错误，就坐下来研究，重新探索新路子。

现在从哲学方面谈一下经济改革，首先是两种社会制度，即资本主义制度和社会主义制度的问题。许多中国社会科学工作者认为，作为根本制度来说，社会主义显然优越于资本主义，因

---

* 这是作者1984年在上海国际问题研究所同美国太平洋论坛在夏威夷联合举办的"中美国际问题学者双边讨论会"上的发言摘要。

此，我们中国人必须坚持社会主义。但是，在今天完全用资本主义来排斥社会主义的一切或用社会主义否定资本主义的一切，都是教条主义的。这两种制度在今后很长时期甚至今后100年内将在地球上共存下去。资本主义已有300—400年的历史了，有点儿老了，但至今还没有完全失去生命力，所以还有可能作出某些调整，克服某些弊病，医治自己的某些创伤；而社会主义还只有60—70年的历史，是非常年轻的制度，缺乏实践经验，还要在今后很长一段时间里不断完善自己。所以许多中国社会科学学者认为，向资本主义学一些东西是必要的，当然因为文化、背景不一样，在学习的同时毫无疑问地也必须摒弃一些东西。这就是说，我们既要学习资本主义的一些东西，又要适合自己的具体情况。

其次，所谓存在着两个世界平行市场的说法是错误的。这是斯大林的公式，后来继续为许多苏联经济学家所接受。不幸的是在过去20—25年中，我们中国也接受了这种教条主义理论。这一方面是因为外界迫使我们不得不这样做，即西方对我们的封锁，后来又加上苏联对我们的封锁；另一方面是我们自己也有这样一些想法，因而认为存在着两个世界市场。现在所有中国的经济学者都相信，世界是一个市场。整个世界是互相依赖的。在用"互相依赖"一词时，我是犹豫的。因为互相依赖是多样的，如第三世界著名经济学家塞缪·阿明说过，"中央同边缘的关系"如同骑马人同马的关系。是的，我想，骑马人与马确实也是某种互相依赖的关系，尽管我们不喜欢这样的关系而想去变革它。总之，我们认为只有一个世界市场，而且中国必须参加这一世界市场，放弃已近30年的孤立状况。

再次，我们要摒弃以前的单一体制的经济，即认为只有国营经济才是社会主义经济。从中国实际情况来看，至少有三种经济，即国营、集体和个体经济。中国以前很重视国营经济，忽视集体经济，排斥个体经济，现在这一理论完全改变了，我们现在同时注意这三个方面。

如果理解了以上的这些哲学背景，就不难理解中国为何实行开放的经济政策了。开放政策，当然并不是"门户开放"的同义语，那是海约翰的别有用心的用语，同我们的对外开放本质上完全不是一回事。

下面谈谈我们正在进行什么样的试验，取得了什么成绩，将来准备如何干。我认为，迄今为止，改革的最大也是最重要的成就，是把以前农业方面的自给自足和半自给自足的经济，改变为商品农业经济。这是一个极为重要的转变，把中国 5000 年的历史完全改变过来了。到现在为止，有 1.3 亿到 1.4 亿农民从土地上解放出来，投入到商品经济中去。我们的长期目标将是把80％的中国农民即大约 7 亿农民从土地的束缚中解放出来。这个比例同先进国家比仍然很低，但从中国人口和土地的情况来看，这是一个很高的指标，我们要争取实现。因此，机械化十分重要，但农业机械化不能采取自上而下的行政措施来实现，要根据农业生产过程本身的重新组合来实现。这是我讲的农业现代化的问题。

就工业经济方面来说，改革会碰到很多困难，因为没有经验，必须好好学习。但我们的方针是十分明确的，这就是首先在中国东部地区实行改革，然后向西部地区发展。综观全中国，整个东部从北方到南方是中国工业较发达的地区，有较好的经济结构，有各种工业设施和技术熟练的劳动力。但在西部，尽管兰州有一些大企业如大炼油厂，可总的看来还是落后的。所以我们的改革是进一步发展东部，然后要求东部帮助西部发展。在中国的东部地区，工业的领导体制方面我们有一些纵向联系，却缺乏横向联系。纵向的管理系统有了，当然还有待改进，横向方面就更差了。还有就是基础设施问题，我们正在这方面作出重大努力，首先是加强大城市、能源中心、港口、通讯和交通等基本设施的改造。

整个经济改革中，比较复杂而困难的问题之一是如何调整我们的价格制度，到目前为止，中国有三种不同的价格制度，即国家定价、议价和自由定价。这三种定价方法都有待完善。这是一个很困难的问题，因为价格制度改革涉及其他一系列制度，如财政制度、银行制度、出口制度、工资制度等等。匈牙利用了五年时间来改革价格制度，中国可能也要用较长的时间，也许多于五年，也许不用五年。我相信，价格制度将和其他制度如工资制度等等的改革一起进行。

第三方面是技术和科学方面的工作。如果中国集中精力搞一个项目，是能够成功的，如原子弹、氢弹、导弹、通信卫星等方面。但是我们的政策不是把发展军事方面的项目建筑在牺牲人民生活水平提高的基础上。因此，我们连续三年削减国防预算，而且正在尽一切可能把钱用于发展人民所需要的消费品和建立新的民用工业。在这方面，我们需要外国的帮助，这里是指所有的国家。在这方面，我们有一些重点考虑，因为需要改革和发展的民用工业项目如此之多，而我们的资金和资源却又很有限。我并不认为外国会给我们最先进的技术，不论是军事的、商用的或者是两用的，我们也不想得到，因为这是办不到的。但我们确实想得到中级或更高一些的技术，以便为今后我们的经济技术的发展打下基础。

第四方面是知识分子的自由流动问题。我认为，在中华人民共和国成立后的35年中，技术工人和知识分子曾经有过三次大流动：第一次是50年代初期，第二次是60年代初，第三次是

"文化大革命"，我不喜欢用这个词，因为中国人深受其害。"文化大革命"期间也是一种流动，但不是自由的。现在的政策是鼓励知识分子自由流动，当然这将是一个相当长的过程。但我希望可以缩短一点。

关于工业方面的另一点是工人参加决策的问题。现在某些很有意义的试验正在进行中，如果成功的话将推广到整个中国。我们已在6—7个城市中选择一些大企业做试验。首先在某些工厂，工人可购买股票。所谓工人当然包括工程师、经理人员、行政人员，总之，不管"白领"或是"蓝领"工人都可以成为股票持有者（当然，这个试验还只是开始，在个别地方实行）。第二点，在企业中建立职工代表大会，工人参加企业管理。工人代表大会选举董事会。董事会选举厂长和经理。在几个方面分工是明确的：(1) 党只管党务，监督和保证党的路线方针政策在企业中的贯彻执行，不干预生产和管理事务；(2) 厂长或经理是对企业负责的惟一的人；(3) 幼儿园、学校和食堂等社会福利方面交给社会进行，而不是工厂自己包。这两项改革很重要。如果在两三年中这些试验成功，将推广全国。试验如果成功的话，就找到了一条使国家计划和市场调节相结合的道路了。集中和分散的问题，也可能找到一条解决的路子。当然，在经济改革的同时，要进行政治上的改革，否则经济改革就不能得到保障。这就是说中国政治制度的民主化也是非常重要而紧迫的。我们已开始加强人民代表大会。还采取许多措施来加强法制，党的活动必须限制在法律范围之内。

我们的改革面临许多困难，甚至还会遇到一些阻力和反抗。但这些阻力和反抗都将被历史粉碎。历史将证明人民的决心是重要的。中国人民的意志是要求实现现代化，邓小平主任对英国外交大臣豪讲过，中国的目标首先是到20世纪末人均收入达到

800—1000 美元，其次使中国在 30—50 年中进入世界先进工业国行列，如不能与先进国家并列，也要接近这一水平。

上月我在圣地亚哥时，一位朋友对我说，你们在追赶着一个"移动着的目标"。我说，目标总是移动的，但历史是发展的。如果说一个"移动着的目标"就是一个永远没有人能追赶得上的目标，那就错了。历史上技术中心和经济中心曾经从亚洲转移到了欧洲，再从欧洲转到美洲，不就是一切"移动目标"都可以被赶上和超过的证明吗？我希望世界经济中心今后将从西方转到亚太地区，其中包括美国。这意味着，除了美国和日本成为"移动目标"外，中国也成为移动的目标。当然这并不是说我有抛弃欧洲的想法，我个人 30 多年的外交生涯是在欧洲度过的，对欧洲还是有感情的。我希望未来的世界将是属于欧洲、美洲和亚洲，当然包括中国，而以前中国是被排除在外的，另外当然也包括非洲。

（原载《国际展望》1984 年第 13 期）

关于建立中关村科学园区的若干设想

谷雨同志和科学院几位同志的建议都是值得重视的，可以采纳的。充分利用现有的智力资源组成科研—开发—生产联合的基地，有利于尽快使科研成果变为经济效益，建立和促进新兴产业部门，提高现有一些产业部门的技术水平和发挥科技人员的作用。

这里谨提出关于建立中关村科学园区的几点设想如下：

一　必要性和条件

1. 中关村周围地区是全国知识最密集的地区。这里有中国科学院、中国农业科学院的 40 多个研究所和 20 多所高等院校。研究所承担着上千个研究课题，学校设置上百个专业。技术力量如此集中，涉及的专业及课题如此广泛，这在世界上也是不多见的。

2. 长期以来，由于一系列原因，这个地区的巨大知识和技术潜力没有得到应有的开发。当前最突出的问题有三：一是各单位（各有关部、厂、公司、科学院各研究机构）间缺乏联系和协作；二是研究项目上缺乏协调和分工；三是为科研服务的基础设施很差。

由于政出多门，一方面在资金分配、人员配置和项目安排上严重重复，另一方面在资金、人员的使用和项目研究上又极为分散，因而大家都在低水平上重复劳动，形成不了一个有力量、有层次的生产力区。即使有些新的开发，其产品也是质量差、代价昂，无法进入市场，不能与外国同类商品相比拟。

3.在迎接新的科学技术革命挑战中，我国应该建立自己的"科学城"。中关村地区已经有一个现成的"科学城"构架，只要下决心对它进行规划和调整，加强有关各部、厂、公司、科学院各研究所之间的分工和协作，就有可能在较短时间内建立起我国最大的新技术研究和开发区。中关村地区的知识技术潜力亟待进一步开发，该地区存在的严重问题亟待采取果断措施解决。

二　规划设想

1.把这个地区建成现代化的科学城或科学园区。园区本身主要从事于新技术的研究和开发（包括基础理论研究和技术开发研究）。区内不必建设生产性企业，但是应当建立中小型的开发性企业。

2.园区主要分为小中心区和大区。小中心区以中关村、北京大学和清华大学为中心。大区则主要包括北至清华大学、南至北方交通大学、西至苏州街路、东至学院路，园区东部可建设用于技术开发试验的现代化开发区，西部可通过鼓励自由投资发展起一个以利用新技术为主的中小企业群带，这两个区可成为科学园区的附属区。

3.园区研究和开发的重点领域主要是：微电子学包括计算

机、生物工程、现代通讯包括光导通讯，航空航天和新材料，即当前新技术革命所涉及的几个最主要领域。在上述领域中各选择确定一些方面作为重点，如大型计算机软硬件（特别着重软件）、农业和医学生物工程、现代通讯设备等。

三　基础设施与建设步骤

1. 科学园区实行统一规划，规划的出发点是：全区一体化，从现有基础出发，对整个地区实行改造。达到：布局合理，交通、通讯畅通，环境安静洁净，生活方便。

2. 科学园区内要建立信息情报资料中心、技术转让中心、试验开发中心（分类的）和文化娱乐保健设施。

3. 园区建设可分两步走。第一步，小中心区建设，大体用3—4年时间；第二步，大区建设，大体用6—7年的时间。也可考虑实行：一次规划，交叉进行，前期以小区为重点。

4. 考虑到现有基础，建园区基础建设的同时，在园区内同时实行科研规划和调整。

四　领导和体制

1. 加强由国家主持的垂直领导

在中央领导和国家大力支持下，建立公司性质的机构，统一经营这项事业，它的性质是一个科研、推广、生产联合体。这个机构要由国务院总理或副总理亲自挂帅，其首脑部要有国务院各部门及地方的领导同志和高级科技专家、社会科学家参加，以使其决策有权威性，有利于协调各方面的关系并衔接科研、推广及生产各环节。选拔有创业精神、年富力强、有知识会经营管理的人员担任总经理和经理，组成敢于创新的执行班子。

2．订立中长期发展规划

通过规划逐步发展成技术高度密集、瞄准世界先进水平的科研、推广、生产中心。各个时期要有突出的重点，应从微电子技术、计算技术特别是软件、通讯技术、生物工程包括遗传工程等方面突破。

实行任务—资金直接挂钩、按承包合同制落实。

3．对科学园区实行特别政策

这主要包括：（1）国家除采取投资或贷款这两种提供资金的形式外，还须拨出一笔专款，向园区提供优惠的风险研究与开发资金，向具备条件的提出申请的单位或个人借出或发放；（2）实行多种形式的科研人员的灵活收入政策，鼓励个人或集体办企业的积极性，允许科研人员从完成承包合同、兼职、创办开发性企业、技术成果转让等中获得额外收入，并在一定时期内予以免税等优惠待遇；（3）允许科研人员调换流动。允许各单位自行招聘或解聘科研人员及其他干部职工，以解决目前科研单位和大专院校大量积压科技人员（特别是大量中青年科技人员）的反常现象；（4）允许全国向附属区进行开发生产投资和各单位与外单位签订"风险投资—技术优惠转让"合同；（5）园区首脑机构对科研机构的具体业务不加干涉，主要只负责落实计划，促进协调和监督合同执行。

4．提倡和鼓励这个园区和有关各部、厂、公司等生产和科研单位的密切的横向联系

地区和部门要配合，部门之间要配合。要倡导正派的科研学风，不允许理论工作者和实际工作者之间互相看不起，互不合作，甚至互相排斥的学风再继续下去。不互相封锁消息、资料，而是迅速互相传递新消息、新资料；不是"老死不相往来"，而

是密切科研人员之间的交往，提倡共同研究问题，寻找答案。军工与民用之间也要密切合作关系。

5. 可以争取外资合作，但要认真研究台湾新竹科学园地失败的教训，避免上当

台湾新竹园地原计划为高级技术密集的地区，争取了大量外资合作。但由于控制不严，现在只有三家以装配为主的真正高级技术的外资企业，它们在国外制成原料（如集成电路芯片）、配件、零件等，运到台湾装配，目的在享受园地所给予的各种优惠待遇，以扩大利润。这个教训值得我们重视。

五　目前函待解决的几个问题

1. 建议从速建立一个科学园区的调查论证班子，在较短时期内拿出方案，在此基础上召开专家会议讨论，确定可行方案。

2. 一俟方案确定，必须立即制止不符合新园区规划的建设。由人大常委会公布园区建设法。

3. 现在区内各单位分别隶属不同部委，园区成立后必须解决"多层领导"的问题，应该划定适当权限，做到分而不乱。

4. 为了迎接新技术革命挑战，目前各单位正大量投资，重复建设信息中心，添置仪器设备。必须找出适宜的办法，集中利用现有设备，避免重复投资所造成的巨大浪费。

5. 区内已经存在的机构布局定点的既成事实，如何在现有基础上进行统一规划，打破"割据"，函须进行认真研究。

建设科学园区的关键是解决"散、乱、差"的问题，其中优先解决的应是如何发挥园区一体化的优势，改变目前的投资分散、力量分散、项目分散的状况。科学院几位同志指出：这个地区是"人才济济，但没有生气；单位近在咫尺，却犹如远在天

涯；潜力很大，但没有开发"，确是令人痛心的事实。因此，首要的是加强横向联系，实行分工协作；激发人们的创造精神，打破沉闷气氛。为此，在这里新事新办，试行彻底的体制改革，是绝对必要的。

（1984 年 3 月 4 日）

香港今后的作用

——关于"一国两制"方针和香港今后的作用

在第一次政协会议举行期间
毛主席提出和平解决方针

非常感谢《文汇报》在这个时候举行一个座谈会，使我们大家有机会坐到一起，对这个问题进行探讨。我想，大家对这个问题都很感兴趣，对协议的达成也都很兴奋。这次协议的草签是个很重大的事件。早在全国第一次政治协商会议期间，毛主席就提出要用和平的方法解决历史上遗留下来的问题（诸如香港问题等）。这个政策我们党是一贯坚持的。虽然在"文革"期间，有一个极短的时间，我们背离了这个政策，但很快就得到了纠正。特别是十一届三中全会后，中国政府更是坚决贯彻过去既定的方针。在撒切尔夫人访华后，中英双方都认为解决香港问题的时机已经成熟了，便开始着手协商和平解决香港问题的方法。现在，经过两年多时间的谈判，这个问题终于得到了圆满的解决，这是双方很好地执行了各自外交政策的结果。

香港问题的解决，结束了鸦片战争以后帝国主义强加在中国人民身上的耻辱，使中国的统一大业向前迈进了一大步。这是极其令人激动、兴奋的事情。英国政府方面，我们也感觉到他们明智的主张占了上风，因此，英国代表以良好态度在谈判中提出了许多合理的建议，我们是应该赞扬的。

"一国两制"有理论根据
多种经济成分应该共存

"一国两制"的提出，为国际上和平解决争端提供了经验，对香港的繁荣、稳定有很大的促进作用。这次协议的草签，是基于一个国家、两种制度的构想。这个构想不是凭空从天上掉下来的，是有充分的理论和现实根据的。要看到这样一个问题，社会主义是一个相当长的历史时期，在这个历史时期里，会有资本主义制度和社会主义制度共存的过程。在中国这样一个原来是半封建半殖民地的社会里，多种经济成分应该是共存的。这是一个历史事实，是社会发展的现实。过去，我们曾试图人为地否定它，结果遭到了失败，引起了许多问题。根据这样的经验，我们得出了多种经济成分并存的结论，为了开放政策的实施，我们不但要允许国营、集体和个体经济成分的存在，还要允许中外合资经营、外商独资经营企业的存在。不但要允许它们的存在，还要允许它们发展。这样，就使国家经济成为一种以国营经济为主、多种经济成分并存的形式。在我国，有三层经济方式：处在改革中的社会主义经济、特区经济、专门的资本主义经济。所有这些方式，都是为了我们社会主义生产力有很大的发展，更好地吸收资本主义经济中的优点，争取以几十年的时间赶上世界先进水平。所以说，"一国两制"的构想是有理论根据的。

开放政策并非权宜之计
"一国两制"是科学构想

一位日本朋友曾经说："我们看到你们的开放政策，但就是不敢相信。"认为这是一种权宜之计，因为我们没有很好地在理论上阐述开放政策是一个长久之计。一位美国学者也提出了类似的问题。所以从理论上阐述"一国两制"是科学的构想，而不是一时的权宜之计是很重要的。从现实来看，一方面，香港需要大陆，另一方面，大陆也需要香港，这是不可分的。没有大陆廉价的原料，大量的食品、淡水，香港的繁荣是不可能的。香港的工业原来多是中国的资本。另一方面，大陆也需要香港。无论是实行开放政策的现在，还是在未实行开放政策的过去，大陆都需要香港。过去，香港为大陆上提供了很多经营管理的经验，提供了很多经济上的方便及其他方面的支持。实行开放政策的今天，大陆更需要香港。这是一个现实，这个现实也不是可以随便改变的，是决不会以任何个人的意志来改变的。中国的社会主义的大陆需要一个资本主义的香港，资本主义的香港也需要社会主义的大陆。大家可以相互补充。

香港在亚太起关键作用
与世界各地均互相需要

另一方面，世界需要香港，香港也需要世界。世界，特别是亚太地区经济正在蓬勃发展，而香港又在其中具有关键性的作用，所以世界需要香港。香港也需要世界，因为香港所生产的东西现在一方面是向大陆推销，但是很大一部分是向西方销售，市场在西方，技术的来源也在西方，经营管理的知识也来自西方，所以香港很需要西方。如果我们把香港地位包括它的体制改变了，这个改变将使香港受到损失，中国也受到损失，从现实来看，也不能不保持香港这个资本主义制度，这是第二个方面。

第三个方面，就是香港变成殖民地之后这140年当中，中国大陆和香港都发生了很大的变化。中国从一个半殖民地半封建的国家变成现在的社会主义国家，这个变化当然是翻天覆地的，是很大的。香港由一个小小的渔村，变成英国的殖民地，由英国的殖民地变成世界的一个经济中心、金融中心、贸易中心、自由港，这是一种很大的飞跃。香港的经济制度基本上还是殖民地经济制度，但是它的作用发生了很大的变化，变成资本主义的很大的经济中心，这是一种很大的变化。

香港的人民是中国的人民，但是他们生活在殖民统治之下这么长的时间，从他们的生活方式到思想意识形态都受到影响，这个影响本身需要一些时间来适应这样一个巨大变化，因此应该给时间让他们能够慢慢地适应这个变化；我们大陆上也需要时间来适应香港的情况，所以要有一个长的时期来保留香港的资本主义制度。在此期间，大家互相适应是需要的。50年也不过是两代人，恐怕两三代人的时间才能适应过来。

从人的方面来说，也需要一段长时间来保持香港现在的制度，以便于互相适应，互相学习。根据我们所说的这些情况，我感觉到我们一个国家两种制度这样一个构想的提出，是一个科学的构想，也是符合各方面的利益和各方面的情况的，所以它不是随时可以改变，也不是哪一个上台哪一个下台所可以改变的，也不是政策的变化可以改变的。因此我想今后我们不论在什么情况下，中国政府必然会坚决贯彻执行这样一个政策，保持香港资本主义制度不变，并且会维持繁荣、稳定，并且发展它的繁荣、稳定，这个政策一定会长期贯彻下去，贯彻到底。这是我讲的第一点。

一国两制设想台湾适用
但非只为台湾权宜之计

很多外国人把我们对香港实行一国两制的科学构想，看成是一个影响台湾的权宜之计，我想这是完全错误的。我们一国两制是有科学构想的、有事实根据的一种长远的政策，台湾也包括在这政策里面，而不是我们为了影响台湾而故意采取这个政策。我们这个政策必然会贯彻执行，因为它是有理论的，有事实的，有各种各样的根据，绝不是外面所说的是一个权宜性的措施，为了想影响台湾，把香港作为一个榜样，绝不是这样。外国人的这种想法是完全错误的，对我们政策的理解是根本错误的。这是我讲的第二点。

另一点我所想到的就是协议已草签了，当然还需要一个过程，就是正式的签字、两国议会的批准，要到明年6月30日才成正式文件。现在到1997年还有13年，从明年7月1日起，就是两国政府正式批准，1997年7月1日就归还，那么香港就会在港人治港、高度自治的口号下工作。

保持香港繁荣人人有益
我们并不怀疑英国诚意

香港有两个阶段。从现在起到1997年7月1日我们收回主权，这是一个阶段，这一个阶段里面主要负责的还是英国人。英国人也说他们与中国人一样希望香港能够维持繁荣与昌盛，发展它的繁荣与昌盛。我们不怀疑英国人在这个问题上的诚意，因为这样对英国人也有好处，对中国人当然也有好处，对香港人更有好处，所以我们不怀疑英国人这个诚意。

过渡时期有四件事要做
首要准备民主高度自治

从 1997 年起是第二个阶段，这个阶段是新的阶段。目前的关键在 12 年，这 12 年可以说是过渡的阶段，所以有很艰巨的工作要做，大概以下这几方面是很重要的，必须要做的：

第一件事情是如何在这 12 年内做好准备工作，把殖民地的香港变成一个人民自主的、高度自治的、在中华人民共和国主权下面高度自主的港人治港的一个特别行政区，这个工作是非常艰巨的。起草基本法，就是为了把这项工作做好。

起草基本法，中国政府也说了，需要一段时间，同时也需要香港同胞们大量的参加。任务是如何通过政权机构，如何通过整体管理，如何通过社会管理，通过这些方面来完成这么一个转变，涉及的问题多得很，所以这是一个基本法的问题。其次是经济管理，这是一个比较艰巨的问题。

第二个要做的事是如何使得香港繁荣稳定和发展繁荣稳定。这方面现在要讨论的问题也是不少的，可以说香港的产品已经到必须更新换代的时候了；香港的工业也发展到必须更新换代的时候了。周围的国家像南朝鲜、新加坡现在已经开始更新换代了。那么，香港怎么去更新换代，这是香港同胞们所面对的一个大问题。中国大陆如何去帮助香港完成这个更新换代的问题，如何能使香港真正成为世界的金融中心，维持它金融中心的地位，并且把它发展，因为现在看来东京的金融中心不但和香港竞争，而且比香港更重要，因为它的重要性超过香港，是日元市场，也是个日元证券市场。怎样维持香港贸易中心的地位，怎样能够发展这些地位，这也是面对着的一个实实在在的问题，是经济的问题。这些问题香港同胞们及大陆的人民都要想一想怎么办。跟第二个问题一样，大陆对香港在各个方面需要帮助。

今年7月开六国会议
亚太合作将成为现实

第三个方面就是亚太地区的经济逐渐地发展起来，而且将来越来越发展。在亚洲太平洋地区的所谓亚太合作问题，现在已不是过去那样的遥远不可想像了。今年7月间，东盟国家六国外长会议同七个发达国家的外长会议之后，亚太合作已经不是可能性而是现实了。因为亚太地区的情况很复杂，马上要搞很好的合作是不可能的事情，必然是个很缓慢的过程。目前刚刚开始这一过程，这个过程时间是长的，那么香港在这个转型期当中如何来参加或者推动亚太地区的合作，在将来1997年以后作为中国一部分的香港，如何参加亚太地区的合作，这许多问题都需要花很长时间去考虑。同时在这种情况下，对于一些国际经济协定，像关税及贸易总协定、亚洲开发银行等问题，在这十多年中，会不断有变化，如何参加这些国际经济体系，需要现在就着手来处理这些问题。

在保护主义、技术保护主义、贸易保护主义非常厉害的这个时候，香港怎么发挥自己的优势，处理这些问题，加强竞争力，这也是很艰巨的工作。

香港与祖国荣辱与共
如四化成功日子更好

　　第四个工作，就是香港作为中国的一个窗口，一个对外的桥梁，如何充分发挥自己的作用，帮助中国实现现代化，这也是一个艰巨的工作。

　　我们希望到本世纪末的时候能完成经济翻两番的任务，然后再过 30 到 50 年，能够赶上世界中等发达国家的水平。所以从现在开始，有六七十年的时间，如果从 1997 年以后开始，那就是四五十年的时间，这个时期香港所负的任务是很重的。香港的情况是这样，当祖国乱得不得了的时候，又穷又乱的时候，香港就容易被帝国主义拿去，割断同祖国的关系；当祖国强大了，或者说开始强大，开始繁荣，像今天中国这样的时候，香港就回到祖国的怀抱里来，这样同胞们就能够真正地团结起来，欢聚一堂，把民族分裂的痛苦去掉，所以香港同大陆的命运是连结在一块的。

　　我们四个现代化早一日实现，祖国繁荣昌盛就能早一日实现，香港也就越来越好；反过来说，如果失败——当然这是不可能的，我们也不能允许中国的四个现代化失败——那么香港的命运是不会好的。如何帮助实现祖国的四个现代化，香港同胞跟大陆同胞一样，所负的任务又光荣又艰巨又伟大。

　　另一方面，我们又想到在这十几年当中，我们的局势是明朗的，香港要回到祖国的怀抱，中华人民共和国、中国人民重新对香港行使主权，这已经是非常明朗的问题。但是不能够排除在这一段时期里还可能有这样那样的干扰，这种干扰在什么地方，我不知道，但是要排除这种干扰，这是必然的。

中国不会干扰香港政府
少数人虽走仍望能归来

从大陆来讲，我想大陆的干扰是不会有的，中国政府已经再三地说明了它的立场，今后也会充分地把诺言贯彻到底。只要中英协议成为国际上带有约束性的文件，中国政府就有义务去实行它。中国政府对香港同胞来说，也作了一个承诺，这个承诺也是不能够背弃的，中国说话从来是算数的，在这个情况下，来自中国大陆的干扰是不会有的。我想中国大陆是不会干扰这些工作，绝对不会，只会帮助，不会干扰。

如果再有外来干扰
大陆香港合力对付

那么，是不是会有别的方面的干扰呢？外来的干扰？现在美国纤维问题、纺织品问题也就是一种干扰。去年我在香港的时候，看见对港币的大投机，使港币掉下来，不管这种投机是哪一方面的，也是个干扰，这个干扰是不是还有可能？我不知道，但我想这种干扰如果是有的话，那么中国大陆上的同胞和香港同胞一定会一起对付这样的干扰。

另外一个干扰就是香港有一些同胞对于香港发展的信心还不够，感到能不能如中国政府所说的那样发展，还不摸底，这干扰也是有的，也可能会发生的。我希望香港同胞能免去这样的干扰，相信中国人民，相信中国政府，像"文化大革命"那样的动乱，香港人害怕，大陆上的同胞比香港同胞更害怕，这是事实，我就很害怕。我们不相信它还会来，全中国大陆上的人民都不允许这样的事情再在中国发生。大家可从中国各方面看出来，从我们的电影、戏剧、文学、诗歌各方面所反映的中国人民的情绪中看出来，当前不是那个时代。因此香港人可以放心，不要干扰。

可能有少数人就是不行，就是要走，就是不愿意留在香港。如果这样，实在没有办法，但是我们还是希望他们再观望一段时期再回来，愿意回来总是欢迎的，所以我想这一方面的干扰是能避免的，完全可以避免的。

大陆会处理好这 12 年
盼香港同胞共同努力

这 12 年是关键的 12 年，是转折的 12 年，是逐步改变的 12 年。不用说大陆上的同胞同大陆上的政府会很好地处理这 12 年。我们相信香港同胞是热爱香港，热爱祖国的。绝大多数的、我相信有 99.9％的香港同胞是热爱香港、热爱自己的祖国的。我们希望大家在一起共同努力，把这关键的 12 年搞好，把这 12 年当中应该解决的问题大家齐心努力地搞好，把问题解决。那么到 1997 年港人治港、高度自治的时候，能够重新起飞，能够作为中国香港这么一个高度自治的特殊地区，能够在国际经济体系里面又来一个飞跃的发展，能够在帮助中国的四个现代化方面来一个飞跃的发展，又能够在香港本身的政治创造、经济繁荣、社会稳定等方面创造一个新的香港，那就是我们的愿望。

（原载 1984 年 9 月 29 日香港《文汇报》）

中国面向未来[*]

——中国的经济体制改革

一

中国正在进行经济体制的改革。1984 年 10 月中共中央通过的《关于经济体制改革的决定》，为全面改革制定了蓝图。

中国原有的经济体制是在第一个五年计划期间（1953—1957）逐渐形成的。这是一种高度集权的计划经济体制。

由于建国初期我国经济发展的水平很低，经济结构极度脆弱而且很不合理，因此，这一体制的建立，对我国的社会主义建设曾经起过积极的作用。但是，随着生产力的发展和经济生活的日益复杂化，这种集中统一的计划经济体制越来越不能适应我国社会主义建设的需要，变成了一种同社会生产力发展不相适应的僵化模式。它的主要缺陷是：

——政府和企业的职责不分，政府直接干预企业的经营管理。企业按隶属关系分别由中央各部门或地方政府管理，各自按自己的要求去发展，割裂了经济的内在联系；

---

[*] 本文是作者在中国银行 1984 年讨论会上的发言。

　　——国家以及各部门和地方政府对企业管得过多过死，企业缺乏应有的自主权；企业计划由国家指令下达，原料统一调拨，产品统一收购，劳动力统一分配；行政部门过多地采取自上而下的指令性计划进行管理，与复杂多变的国民经济不适应；

　　——忽视商品生产、价值规律和市场的作用，使生产和需求脱节，计划不能适应市场需求的变化；

　　——分配中的平均主义严重。企业利润大部分上缴国家，亏损由国家包下来，企业经营好坏一个样，职工干好干坏一个样，造成企业吃国家的"大锅饭"，职工吃企业的"大锅饭"；

　　——经济结构不够合理，集体经济没有得到应有的发展，个体经济受到极大的打击；经营方式也比较单一，同我国生产力存在多层次的状况不相适应。

　　这些缺陷严重地压抑了企业和职工的积极性、主动性和创造性，使本来应该生机盎然的社会主义经济在很大程度上失去了活力。经济上统得过多的后果是，*越统越死，越死越懒，越懒越穷，越穷越要统得更死*，形成一种恶性循环。从 1953 年到 1981 年，我国固定资产总值增加了 26 倍，工农业总产值仅增加 8 倍，国民收入只增加 4 倍，人民生活水平才提高一倍。为了进一步解放生产力，必须对现有的经济体制进行全面、系统的改革。

二

　　1978 年以来改革的进展情况：

　　我国目前进行的经济体制改革，是从 1978 年年底开始的，经过了六年的酝酿和实践，直到 1984 年 10 月，中共中央通过的《关于经济体制改革的决定》，才为全面改革制定了蓝图。

　　中国经济体制改革首先在农村开创了崭新的局面。改革的中心内容是建立和健全农业生产责任制。

　　——普遍推广以包产到户、包干到户为主要形式的联产承包责任制。这种联产承包责任制，是在坚持社会主义所有制的前提下，将土地交给农民承包种植，把集体经济高度统一的经营方式改为统一和分散相结合的经营方式。彻底改变了过去那种以生产队为单位，实行集体经营，集中劳动，统一分配的做法，改变了不符合现阶段农村生产力发展要求的"三级所有，队为基础"的制度，使农民的生产积极性和劳动热情空前高涨。这种形式很快从贫困地区逐渐扩大到一般地区，从种植业扩大到林、牧、副业和社队企业。到1983年底，全国已有99.8%的生产队实行了包产到户或包干到户。

　　——国家对农业采取一系列重大的经济政策。主要包括：提高农副产品收购价格，实行超购加价；困难地区减免农业税；允许农民购买拖拉机、汽车等大型生产工具并可经营长途贩运；大幅度削减农产品统购品种，给农民以更大的经营自主权。

　　——调整农业生产结构，促进专业化、商品化的发展。农业生产责任制使劳动效率大大提高，农业劳动力和劳动时间出现大量剩余，这就为全面发展谷物、经济作物和林、牧、渔业，以及农村工业、商业、运输业、建筑业和第三产业提供了前提条件。通过采取多种鼓励政策和措施，促使多种经营的产业结构逐步形成，我国农业开始向较大规模的商品生产和现代化转化。到1984年底，农产品商品率已达到50%以上，乡镇工业总产值达575亿元，比上年增长了53.2%。

　　——改革人民公社"政社合一"的制度。从1980年起，首先在四川进行政社分工的改革试点，随后在全国普遍展开；改革的基本内容是，人民公社成为单纯的经济组织（有的地方不再保留人民公社的名称），不再是我国政权在农村的基层组织；公社原来行使的基层政权职能，由新成立的乡政府来行使；公社一级改为经济组织后，与生产大队（一般为村）不再是上下级的行政隶属关系。到目前为止，已有 80.36％的公社作为经济组织同政权分开。

——实行市领导县的新体制。这一改革从 1983 年 3 月开始，到 1984 年底，全国已有 87％的省辖市实行了市领导县的新体制，共辖 500 多个县。市管县体制开始改变城乡机构重叠、经济分割的现象，为城乡经济、技术、文化的交流创造了条件。

通过上述改革，我国农村的面貌发生了十分巨大的变化。农村经济的发展，农村改革的成功经验，对以城市为重点的整个经济体制的改革既是有力的促进，又提供了极为有利的条件。

中国农业之所以能够通过改革取得巨大的发展，在于：第一，这些改革增进了农民的利益，农民的收入同他们生产经营的好坏有了直接紧密的联系；第二，这些改革使农民能够发挥首创精神，自主地经营，并为自己的经营承担责任；第三，这些改革促进了农村商品经济的发展，而这又促进了农业劳动生产率的提高。

三

中国工业（城市）中的经济体制改革要复杂得多。本文开头指出的原有经济体制的那些缺陷，在工业经济体制中都存在。这里说的工业经济体制，主要是指国营经济的体制。从 1978 年 10月以来，对工业经济体制的改革，在四川选择了几个厂，进行了一系列试验和探索，并逐步加以扩大推广，已经取得较大进展。概括地说，已经进行的和即将进行的改革主要有以下一些方面：

——扩大企业经营管理自主权。针对经济管理权力过分集中于政府机构，企业缺乏自主权的弊病，城市经济体制改革主要从改革国家与企业的关系入手。1978 年开始实行企业基金制度，使企业在资金方面有了一定的机动权。1979 年开始在 100 个企业进行扩权试点，初步明确企业在生产、销售方面应拥有一定的自主权，特别是实行了企业利润留成制度，使企业的经济利益同经营成果初步挂上了钩。1979 年，国务院发布了扩大国营工业企业经营管理自主权，实行利润留成，开征固定资产税，提高折旧率和改进折旧费使用办法，实行信贷资金全额信贷等五个条例。到 1980 年，试点企业已扩大到 6600 个。1984 年，在总结几年扩权试点工作经验的基础上，国务院发布了《关于进一步扩大国营工业企业自主权的暂行规定》，在生产经营计划、产品销售、产品价格、物资选购、资金使用、资产处理、机构设置、劳动人事、工资奖金和联合经营等十个方面，进一步扩大了企业自主权。企业在向真正成为相对独立的社会主义商品生产者和经营者方面迈出了一大步。

——建立多种形式的经济责任制。多种形式的经济责任制于 1980 年开始在部分地区、部分企业试行，并于 1981 年在全民所有制企业普遍推行。这种责任制要求企业的主管部门、企业、车间、班组和职工层层明确各自在经济上对国家应负的责任，要求赋予企业、管理人员和职工以相应的权利，并正确处理国家、企业和职工三者利益的关系，把企业、职工的经济责任和经济利益结合起来。1984 年，全国还在 2913 个企业进行了厂长负责制的试点。其内容主要是：干部实行选聘制、任期制；精简企业内部办事机构；改革劳动管理制度和工资奖励制度，推行现代化管理体系。实践证明，凡是实行经济承包责任制和厂长负责制的企业，经济效益都有很大提高。

——相应地改革财政、税收、物价、银行体制。在财政体制方面，主要是实行了"划分收支"的办法，在一些具体制度上也进行了以税代利和利改税第二步的改革。在物价体制方面，实行了国家定价、企业定价和自由定价相结合，调整了农副产品和部分工业品价格，开放小商品价格，允许部分产品实行浮动价格。在银行体制方面，主要是把基本建设投资由财政拨款改为银行贷款，企业流动资金收归银行统一管理，设立了各种专业银行。

——积极发展多种经济形式和多种经营方式。在巩固和发展全民所有制经济的同时，大力发展集体经济和个体经济，发展全民、集体、个体经济相互之间灵活多样的合作经营和经济联合，使整个经济生活出现了繁荣活跃的局面。部分全民小企业，特别是零售商业、饮食服务业、手工业等，试行集体或个人承包经营、租赁经营，或按照集体企业办法经营。

——实行对外开放。把对外开放作为长期的基本国策，先后决定对广东、福建两省实行特殊政策和灵活措施；成立深圳、珠海、汕头和厦门四个经济特区；开放了沿海 14 个港口城市和海南岛；积极扩大对外经济技术交流和合作的规模；积极利用外资，吸引外商来我国举办合资企业、合作经营企业和独资企业。1984 年，仅 14 个沿海城市新签订的直接利用外资的协议共达 400 多项，利用外资贷款进行技术改造的协议近千项，利用外资的金额分别为前五年总和的 1.5 倍和 2.5 倍。

——改革流通体制。发展多种经济形式，实行多种购销形式，开辟多条流通渠道，同时减少工业品计划管理的品种，取消了几十种商品凭票供应的办法，恢复了供销社的合作经济性质，在城市开放了农贸市场和建立了开放式的工业品贸易中心（包括生产资料市场）。到 1984 年末，全国已建立贸易中心 1360 个，其中工业品贸易中心 1098 个、农副产品贸易中心 238 个。

——进行城市经济体制综合改革试点。随着商品经济的发展，城市应成为金融中心、信息中心、商品流通中心、科教中心，在经济生活中发挥更重要的作用。我国在 1983 年前主要在沙市、常州、重庆进行试点，对城市经济的生产、流通、交换、分配等方面进行配套改革。1984 年以来，这项工作发展很快，试点城市发展到 54 个，其中省会城市 22 个、沿海开放城市 8 个。这一改革对于改变过去那种地区、部门相互分割的现象，形成以大城市为依托的、开放型的各类经济中心和经济网络，有重要作用，同时也为全面改革提供了经验。

此外，还在组织企业的改组联合、改革建筑业和基本建设体制、改革科技教育体制等方面进行了大量的工作。但这些改革还是局部的、试验性的、探索性的，城市经济体制中严重妨碍生产力发展的种种弊端还没有从根本上消除，必须总结经验，进行系统的、全面的改革。

四

以上这些经济体制的改革，我们是采取逐步进行的方式开展，即一边进行试验，一边积累经验，一边把成功的经验加以推广。这样做，可以避免重大失误，即使出现某些失误，也比较容易克服。但是，这种方式也容易产生各种改革不能配套的问题。当前，我们的改革已经遇到了一系列问题。这里只想就其中的几个问题谈一谈：

第一，目前我们正处在一个新旧经济体制交替的时期，旧的经济体制正在逐渐走向解体，但还没有彻底解体；新的经济体制已经开始发展，但还远远没有形成一个强大的体制。如何顺畅地度过这种交替时期，一面扶植新体制的迅速壮大成长，一面促进旧体制的解体让位，而又不发生重大震荡，这确实是一个必须面对的巨大困难问题。1984 年是城市改革的第一年，已经出现了我国经济发展速度太快的情况，太快就有可能使宏观经济调节失去控制，因而必须加以抑制，以免干扰今后的改革。现在正在对这种情况加以扭转。

第二，今后将有一个较长期的集权经济体制与分权经济体制共存的时期，因为这两种体制各有其优缺点。人们希望能够建立一种新经济体制，既保留这两种体制的优点，又去掉这两种体制的缺点。在这种追求中，人们设计的新经济体制就很可能是一种"双轨制"的经济体制（dual system）。例如说计划与市场调节应当结合起来是容易的，但具体做到，做好，却是十分困难的。对于这些史无前例的理论和实际探索，需要慎重对待。

第三，我们的政策是允许一部分人和一部分地区先富起来，这就会在人们中间产生一种疑虑：是不是会产生一种新的两极分化。我们认为，即使在社会主义社会中，由于劳动者的体力、脑力有弱有强，文化程度和技术水平有高有低，经营办法有好有坏，劳动态度有勤有懒，因而劳动者的报酬不可能也不应该是同等的。勉强拉平，既不公平，亦违反"各尽所能，按劳分配"的原则。因此，让一部分人先富起来，正是贯彻按劳分配的必然结果。同时，共同富裕是通过波浪式前进而逐步达到的，一部分人由于勤奋劳动先富起来，起了奖优罚劣、奖勤罚懒的作用，可以带动更多的人走向富裕。共同富裕不是同步富裕，我国作为一个拥有十亿人的大国，要实现全社会成员共同富裕的目标，不可能一蹴而就。不同地区、单位和个人在时间上有先有后，在速度上有快有慢，在程度上或大或小地走上勤劳致富的道路，这是实现共同富裕的客观规律，这里不存在两极分化的问题。何况，政府目前正在进行累进税的立法，用世界通行的这种办法来限制个人的过分富裕，同时通过各种办法来帮助落后贫困地区逐渐走上富裕的道路。

科学决策与国际环境*

一　科学决策的重要性

我们国家发展到这样一个阶段，世界发展到这样一个阶段，决策不是哪一个人拍拍脑袋就可以决定的。世界形势变化得这样快，又变动得这样复杂和激烈，譬如昨天苏联的情况，今天就基本否定了。昨天美国的情况，今天也变化了。日本也有很大的变化。总之，变化非常之快，非常之大。钱学森同志在刚才的讲话中用毛主席的两句诗"四海翻腾云水怒，五洲震荡风雷激"来形容世界形势变化之快而激烈，是很正确的。

在世界形势的迅速变化中，决策必须依靠科学。所谓科学决策，一是科学化，二是民主化。科学化就是根据马克思主义的辩证法，实事求是，从变动中看问题，在变动中将事物联系在一起看问题，联系对立面看问题。用马克思主义的方法看问题就是科

＊　本文是作者 1987 年 8 月 11 日在中央国家机关和北京市领导干部科学决策知识讲座上的讲话。

学地观察问题。

另一个是民主化。不一定是指民主选举、言论自由等等。这些当然都是民主的内涵。但是，我认为，更重要的是在照顾大局的情况下公平地照顾各方面的利益。我们社会是个复杂的、由许多对立物组成的整体，不论中国、外国，资本主义社会、社会主义社会都是一样。社会中有各种各样的集团、阶层和人群，他们的利害关系因为所从事的职业、所在的地区或集团各有不同，而利益也不同。过去说工人阶级内部没有根本的利害矛盾，这种说法是不完全正确的。本来工人阶级都是为了社会主义建设，应该没有根本的利害冲突。但是在建设的过程中，只要事情牵涉到自身的切身利益，或地区、集团的利益，马上变得复杂起来，利害关系就不一致，有时甚至还可能发生对抗性的矛盾。作为国家政权在决策时，就要深切了解并公平照顾到各方面的利益，去说服各方面根据大局来看待自己的利益，这应该也是民主化的基本内涵之一。

决策为什么要强调科学化、民主化？因为在同一环境中，由于各种原因，看问题的方法不同，处境不同，没有充分考虑到各方面的因素，不客观，不切合实际，没有科学决策，不照顾各方面的利益，最后必然导致失误。

眼前有一个最突出、最明显的例子。东盟几个国家三年来由于进行不同的决策，就有不同的效果。从1983年秋季以来，世界经济开始走出1981—1983年的战后最深刻危机，出现势头相当强劲的复苏。但是仅仅一年，到1984年冬季，资本主义世界又陷入低速增长的停滞状态。由于对这一形势的认识不同，决策不同，具体处理的方法不同，所产生的结果就不一样。

在同样的国际环境中，东盟某国对形势的分析有一定的错误，领导人决策有问题，误把1983年秋到1984年冬的高涨形势估计为较长期的发展趋势，因而片面追求高速度，盲目发展造船业和建筑业，同时推行高工资、高消费，严重破坏了该国原来的经济平衡，大大削弱了该国产品和劳务在国际市场上的竞争力，于是造成连续两年的负增长，直到这两年改变决策的错误做法才好了点。

另一个国家充分估计到国际环境中不利趋势会比较长，采取低速度发展的平稳战略，紧缩财政开支，发展那些投资较少、见效较快的企业，特别是中小企业，放弃过去向往的大型企业。1986 年农产品贸易恶化趋势刚出现苗头，特别是美国出现农业萧条现象，该国立刻加强外交活动，开辟新的市场，调整出口结构，增加了出口，几年来一直保持着平稳增长。

又譬如对美元贬值，开始时国际上有两种看法。一种认为是暂时的，不会贬值太多。另一种认为是长期的，可能贬的很多。某国采取了第三种估计，及时调整金融政策，改变外汇储备结构，改美元单一储备为多种货币储备，从而缩小了美元贬值带来的风险，减少了外汇储备方面的损失，同时吸引外资，设立合资企业，渡过难关。该国实行科学决策，照顾各方面利益比较周到，几年来国民经济一直以 4% 以上、5% 左右的速度增长，在东盟国家中是最好的。但另有一些国家作了错误的估计。

由此可见，是否科学决策，是否实事求是地分析国际环境，是关系国家兴衰成败的大事。

回顾我国过去的决策过程，有许多是并不那么科学的，也不是那么民主的，因而发生过多次失误乃至重大失误。这次中央组织部等单位举办这个知识讲座，很有意义。以司局级领导干部为基本听众，也是明智之举。因为这一级是决策与执行环节中的关键层次，既是参谋，又是执行者，对决策要加以补充、具体化，要发挥创造性。

二　影响科学决策的国内外环境

作出重大决策，首先要充分考虑国内环境，这里有三个方面要注意：

第一个方面是正确认识我们的国情，即我们的综合国力。概括来说，人口太多，就业压力很大。资源很多，但没有充分利用。技术比较落后，收入比较低。经济结构和经济体制都有重大缺陷。

经过几年努力，特别是改革以后，我们的人均收入由300多美元增加到400多美元。这个数字比世界最低收入的国家要高，但是比中等收入的国家要低得多，国际上的标准要1000美元以上才算中等，我们是低收入国家中的中等水平。

国民生产总值大约1万多亿元人民币，按现在的汇价计算约4000亿美元，比发达国家差很多。

农业人口占总人口的65%—70%，原来占80%，改革开放以来，减少了约一亿农业人口。

我们有一个较完整的工业体系，但设备陈旧。我们有一支强大的军事力量，虽然我们的装备并不先进。

我们最大的优势是，有英明的中国共产党的领导，它具有独立自主的政治意志，能够有力地推行自己的国内外政策。

按社会发展性质来说，我们现在处于社会主义的初级阶段，也就是生产力不发达，劳动生产率相当低，基础工业非常缺乏，贫困落后状态还相当普遍地存在，需要集中大力来克服才能为建设社会主义现代化中国打下基础的阶段。

按工业化发展阶段来看，第一阶段是以轻工业为主，第二阶段是以重化工业为主，第三阶段是以高技术为主的工业化。我们现在处于轻工业与重化工业之间的发展阶段。我们有强大的轻工业基础，同时也有不算太低的重化工业。因为建国以来30多年一直把投资集中在重工业上，仿效苏联的先例，其他产业未跟上去，使我们的产业结构相当偏颇。

同第三世界大部分发展中国家来比，我们同它们有本质的不同。它们是从轻工业开始，向重化工业方面发展；而我们则是轻工业同重化工业结合在一起，而以轻工业为主，同时继续进一步发展重化工业。我们的出口商品结构，一靠石油，二靠纺织品。像机电类产品出口只是刚刚开始，数量还很少。以机床为例，我们生产很多，但质量很低，积压很多，没有很多销路。这同我们过去盲目发展重工业很有关系，发展时既不考虑国际市场上的销路，也不考虑产品的质量，更不考虑各方面配套的工业。

我们有很大的重工业潜力，大于几乎所有的发展中国家，但没有很好发挥，更谈不到精益求精，改进发展。又没有重视对基础工业和原材料工业的投资。譬如，钢铁就是这样，库存积压3000万吨，而每年进口的钢材是2000万吨，两个数字差不多。这是个很奇怪的现象，也可以说是世界上少有的现象。出现这种现象的原因是，产品结构与经济发展不配套。过去政策要实行重工业化，但没有考虑各种配套因素造成的。也是经济体制上只求产量，不重品种、规格、质量；只求完成指标任务，敷衍上级，邀功请赏，不管产品能否销售，是否适应人民需要促成的。不仅中国如此，苏联也如此，生产成亿吨钢，积压的钢铁也是不少。所有片面发展重工业的国家，都有这类问题，积压的东西都很多。

第二点，投资很多，效益很少。储蓄很大，投不到产业中去，或者投到产业上而收到的效益不大。苏联这样，中国也这样。中国人民的储蓄率并不低，但是被用来发展经济，发展产业的却不多，而且收效也小。

第三点，体制上的毛病。我们的生产关系不成熟，上层建筑很不完善。现在要搞深化经济体制改革，并把政治改革提上日程。这是需要专门讲的问题，这里不说了。

第四点，人的素质。人家说我们产品竞争能力差的原因是产品工艺水平低。这当然是事实，但是要提高工艺的水平，首先必须提高人的素质。我们的设备陈旧，都是几十年前的，需要更新，但更重要的是人的素质不行，文化、教育、知识水平都需要提高，从上到下（包括我自己在内）都需要提高。应该说，同任务相比，我们的水平是远远不够的。

第二个方面要注意的是，要改变政策多变的情况。不能今天头脑发热，政策一个变化，明天头脑发热，政策又一个变化。大家现在最怕的，就是政策改变。而政策多变的原因，就是没有科学决策，缺少长期贯彻执行坚定不移的指导方针。由于过去政策多变，现在无论是农村，还是城市，都害怕政策多变。我曾去温州走了一趟，他们问我的第一句话就是，不知道中央政策还变不变？前些时，许多人准备了应变措施。现在过了七八个月，最近听说，他们看到政策不太会变，歇业的、停业的又重新开业了。

第三个方面，要协调、照顾各方面的利益。国家的职能，除去专政方面的以外，就是调和、照顾、正确处理各种矛盾。过去毛主席说人民内部矛盾要正确处理，要加以协调。这样才能做到决策民主化、科学化。

关于国际因素。我们是实行开放政策的国家，是参加国际政治、经济斗争，参加国际经济体系，参加国际经济斗争与合作的国家。国际环境对我们有十分重大的影响。而国际环境现在变化很快、很大，各种因素非常复杂，它们之间关系牵扯很多，不是哪一个人随意就可以了解的，而是要集中很多人研究国际环境变化的各种复杂因素的。有些因素看得见，有些看不见。今天研究国际因素比过去方便多了，因为传播媒介很多，消息灵通。过去当外交官，没有今天这么多的便利条件。今天电报、电话、电视、报纸、杂志等如此之多，消息如此之灵通，当外交官与过去不同，不仅要传递信息，还要根据所获得的第一手材料，作出及时而正确的分析，提出若干种对策方案，供中央选择决策。

三　时代的特征：一个世界，两种制度

首先要正确认识我们现在所处的时代。以前说是"帝国主义和无产阶级革命的时代"。到"文化大革命"中就发展成"帝国主义走向灭亡、无产阶级走向胜利的时代"、"把红旗插遍全球的时代"，今天来看是太"左"了，完全不符合世界局势的实际。凡是不符合实际的东西就没有生命力。

那么，我们今天究竟处于什么时代呢？小平同志说：我们今天处于"和平与发展的时代"。这是一个总的概括的看法，是正确的。全世界人民确实是一方面在要求和平，另方面在要求发展。定下了这个提法，就使我们在政治、经济、军事各方面的决策上，有一个总的指导方针。

在这个总提法的指导下，更具体一点说，我们能不能用这样四句话来概括我们时代的特点呢？这四句话是"一个世界、两种制度、政经多极、竞争共处"，用简单的语言来说，就是"竞争共处的时代"。我想用这样一个公式来概括今天到21世纪初的形势的特征。

一个世界

这是针对过去经济学界提出的理论，说社会主义和资本主义两个世界尖锐对立、你死我活、互不相容。斯大林说过，一个无所不包的世界市场已经瓦解，出现了两个平行市场，资本主义不要社会主义的东西。社会主义也不要资本主义的东西。这个说法显然是错误的。

事实上，这样两个世界从来就没有出现过。从十月革命建国到现在，苏联经济同资本主义经济一直是连在一起的，特别表现在再生产的过程中。

苏联刚建国时，从资本主义国家买设备、机床、半成品、粮食、原料、运输工具、工艺、甚至派很多人去留学，去美国留学。过去的外交官马立克、今天的葛罗米柯、前驻华大使库兹涅佐夫等许多人都在美国留过学。此外，还具体吸收资本主义国家的知识和经验，如节约能源、节约劳力、科学管理、提高劳动生产率、改进生产组织等，做了很多事情。列宁引进过泰罗制，斯大林引进过工厂组织的一些先进办法，都参考了资本主义企业的经验。当时的产品一部分卖给资本主义世界以取得外汇。后来还利用科学技术、人才培训、使用国际标准、部分通用的国际法、建立经贸关系原则等，发展同资本主义国家的联系。

最近一二十年来，这种联系就更为密切了。苏联和东欧国家经济国际化的程度有相当大的发展。两个经济体系间的关系发展得更多，世界经济一体化的程度（虽然还只是在初期阶段）比以前更为明显。例如，苏联东欧同资本主义国家的双边贸易，70年代为142亿美元，数量不大。1984年增加到860亿美元，十年间增加了5倍。

苏联同资本主义国家有直接的生产联系。许多东西是联合生产的。例如苏联在国际市场上著名的拉达牌小轿车，就是同西方汽车公司合作生产的。有的汽车工业是同美国联合搞的。

苏联等国向西方借债比以前多得多。苏联现有外债200亿美元以上，波兰100多亿，还有南斯拉夫、罗马尼亚等国。

苏联也不能不受西方经济周期波动和价格变化的影响。1973年和1979年两次石油提价，苏联也从中得到很大好处。而1986年石油和天然气价格下跌，据民主德国经济学家估计，苏联出口创汇损失80亿至83亿美元。

最近两年，苏联提出搞经济改革，戈尔巴乔夫几次演说中，基本上否定了过去苏联对世界形势、对时代的提法，准备发展同西方经济更多的合作关系。他们决定从1987年起，21个政府部门和70个企业可以直接同西方做生意。这样，两个平行市场的说法被整个否定。允许西方在苏开办合资企业和个别独资企业，这也和过去不同。

由此可见，世界上从来没有真正出现过两个平行市场，今天也不会有两个平行市场。世界还是一个。特别在今天交通、科技发达的条件下，世界更加缩小了。

两种制度

在我们这个统一的世界中，有两个不同的政治、经济、社会制度并存。它们既相互斗争，又相互合作。对这两个制度，我们都需要摆脱旧框框的束缚，重新认识。

对资本主义不仅要看到走向衰落的一方面，还应看到有相当大生命力的一面，而且要看到这个走向衰落的过程是一个长的历史过程。列宁曾说过资本主义有两种趋势并存，一种是衰落趋势，一种是还能发展的趋势。但我们每每把列宁说的还能发展的一面忽视了，只强调它走向衰亡的一面。这就不可避免地会影响到我们的决策过程。

相当强大的生命力表现在资本主义还有一定的自我调节能力，还有一定的弹性而不是完全僵化的。它走向衰亡需要一个相当长的历史过程，不能看得太短。资本主义的自我调节能力，表现在：

　　——能够把科学技术的新发展，运用于国民经济发展的各个领域中，从而使资本主义能延续生命，延缓它走向衰亡的过程。例如第二次世界大战后资本主义从 1956 年到 1973 年的近 20 年黄金时代，就主要是由于战争中积累起来的科技新成果，被用于经济各部门，从而大大提高了每个资本主义发达国家的生产力。

　　——实行凯恩斯主义的政策，扩大社会总需求，刺激了社会生产力的发展。现在这个政策已经走完了它的历史行程，正在走向自己的反面，但是它在十多年前对资本主义所起的作用是不容忽视的。

　　——大搞社会福利，大大缓和了阶级矛盾。

　　——还有一个极为重要的现象是，资本主义在第二次世界大战后吸收了不少社会主义的好东西，用以帮助资本主义能存在和发展。例如，一些资本主义国家接过了社会主义国家实行计划经济的办法，根据自己的情况，搞了一套资本主义的计划办法，提出了经济民主的口号等等。

　　——资本主义国家接受社会主义某些好东西为它所用，也突出地表现在扩大国家对经济的干预上，资本主义国家有什么"自由发展经济，不受国家干预"的神话，但是这 40 多年的历史证明，资本主义国家没有不使用国家机器干预经济的，只是办法间接巧妙而已。所谓"自由经济"完全是一派胡言。美国说没有国家干预，但它的军事订货办法就是最大的国家干预。所有的资本主义发达国家都通过利率、税收等各种间接手段来干预经济。

　　——现在资本主义正由一国调整经济逐步走向国际调整经济，如不断举行七国首脑会议、五国财长会议等，就是这种尝试。虽然迄今为止，这种国际调节的尝试并未解决多大问题，却也多少缓和了一些资本主义的矛盾。

　　以上这些，只是略举数例而已，远没有概括战后资本主义运行的全貌，但它已足够说明，资本主义确实能够采取一些办法进行自我调节。我们对此要有充分的认识，不能拘于过去的观念，认为资本主义是腐朽垂死的，因为腐朽就不能自我调节，因为垂死就一切调节都没有用。我们应客观地、实事求是地看问题。

对社会主义，我们过去只看到社会主义优越性的一面，没有看到社会主义在实践上需要做大量工作来自我完善的一面。不错，在理论上社会主义是优越的，但如何解释在实践中所发生的一些现象呢？所有社会主义国家，包括改革前的中国，都发生了经济停滞的现象。所有选择社会主义道路的发展中国家现在都动荡不安，感到自己的经济无法发展，有可能倒退，要找新路子，个别国家甚至已经重新回到私有化。不执政的共产党基本上都处于低潮阶段，党员减少，党的威望和影响下降。

所有这些说明，社会主义从理论上说，确实是优越于资本主义制度的，但是，如何通过实践，把这种理论上的优越性变成现实上的优越性，需要艰苦的不断探索、不断试验，总结过去苏联的经验而进行大胆果敢的改革，一句话，需要做大量艰苦的工作，进行自我完善。不这样做，社会主义就不能成为世界人民的榜样，就不能以它的榜样力量来赢得世界人民的信任。

各种制度的国家都在进行改革

现在所有社会主义国家，包括苏联在内，都在进行改革。首先一条是企业要建立在自筹资金、自负盈亏、独立经营的基础上，成为一个有权、有地位的自主的经济实体，即一个真正的经济实体，而不是在国家管理下、管制下，被捆得死死的一个附属机构。这是一个总的趋势，各个社会主义国家在加强企业自主性方面做的文章很多。苏联新颁布的"企业法"充分反映了这个精神。

其次就是发展科学技术。对发展科学技术的问题，所有的社会主义国家都极度重视。

第三是经济要搞活，特别是经济细胞要搞活。所谓经济细胞就是农村、农庄、各个企业都要搞活，不能像过去那样死气沉沉的，因此普遍实行承包制，中国要普遍实行承包制，苏联也要普遍实行承包制。

第四是要加强对外开放的程度并加快开放步伐。苏联在这方面的措施，我们在前面已经讲了一些。看来，社会主义国家对于"开放"是有决心的。

第五，要保证经济改革的成功，就需要进行政治体制改革，经济体制改革和政治体制改革要同时并进。逐步加强政治民主化是社会主义国家共同的目标。

第六，为了保证经济改革的顺利进行，还需要促成一个和平稳定的国际环境。不管苏联当前的外交攻势最后目的何在，其结果必然会导致国际形势的某种程度的缓和。中国也在为亚洲太平洋的和平与安全尽着最大的努力。

总的看，苏联、东欧、中国在改革上的思路都是差不多的。具体做法上当然根据各国的国情而有所不同。

同社会主义国家一样，资本主义国家也在进行改革，大体包括几个内容。

第一，改变产业结构。办法是取消或迁移部分劳动力密集和资本密集的产业；更新留下的这类产业的设备，集中发展高技术密集、知识密集的产业，在此基础上发展第三产业，即所谓服务行业。因为在自动化发达的情况下，工厂用的人是少了，但维修、运输和各方面服务的人必然增加；同时文化、教育程度必须提高，因此教育必须发展；生意做得很大，往来很频繁，又必须有银行的发展。所以说在高技术产业、新型的资本密集、劳动密集产业发展的基础上才有第三产业的发展。不是人为地去发展第三产业。人为地发展是不行的，只能搞些饭馆、修理性质的第三产业。这是低级的第三产业，不是真正的第三产业的发展。

第二，调整经济结构。把国有化企业逐步私有化。一方面以私有化来调动资本家的积极性，另一方面加强国家的间接手段干预，同时从私有化过程中通过发行股票而大量捞钱，增加国库收入。

第三，调整产品结构。过去产品的特点是重、厚、长、大，现在，在资本主义世界普遍变为轻、薄、短、小。这样就可更加节约材料、原料、电力、人力，更加提高质量，用最大的节约得到最好的效果。同时要对产品不断换代、更新，加速周转，从而使资本家不断获得很大利润。

第四，执行保护主义的经济政策。

第五，紧缩社会福利。现在各国都在考虑砍社会福利，总认为工资太高，社会福利太多，使得它们的商品不能对付国际市场上非常激烈的竞争。但是它们又害怕砍得太快太多会引起社会的动荡不安，引起阶级矛盾的重新爆发。

第六，调整国际经济政策。现在以美国为首的资本主义国家都感到国际经济的趋势是走向一体化，而各个国家的经济政策还是只从本国的利益来考虑，因而经常发生矛盾。现在以美国为首的资本主义国家开始在试图调整、协调各国的经济政策。美国为首是因为美国在经济实力上虽然在走下坡路，但是，它对西欧、日本给予核保护伞；在政治上多少还能施加一点影响；在经济规模上是世界上现在惟一的大市场（每年进出口达6000多亿美元）。而西欧、日本出于本身利害关系，也愿意在一定条件下同美国作些暂时性妥协。欧洲共同体12国目前已经看到，如果要加强自己在国际政治经济舞台上的竞争能力，欧洲的统一进程需要向前多走一步，不能停留在目前这个阶段，所以欧洲也在开始相互间经济政策的调整，希望到 1992 年有一个多多少少比较统一的经济政策。

发展中国家也在进行改革。这里有不同的两类。一类是西方所称的新兴的工业国和地区，即亚洲的南朝鲜、中国的台湾省和香港、新加坡，拉美的巴西、墨西哥。此外我们还应该加上正在向工业化迈进的马来西亚、泰国、印尼，非洲的摩洛哥、阿尔及利亚，拉美的阿根廷等接近于新兴工业国，它们同真正的低收入发展中国家有很大不同。现在这些国家在农业方面都有很大发展，在工业方面想搞工业的升级换代。它们的改革以此为主要目标，需要解决资金、技术、出口市场等问题。

它们中有些国家，如拉美一些国家，现在还要解决令人头痛的债务问题。为此，要把调整重点放在发展出口上，以出口所得拿出部分来偿还欠债。

大批低收入的发展中国家，它们的改革方向首先是发展农业，特别是非洲，因为前几年饥荒死人太多。根本方向是要从部落经济走向农业经济。

战后 40 年的历史证明，资本主义虽然能够进行自我调节，但是究竟不能医治固有的根本矛盾，即生产社会化同所有权私有化的矛盾，因而永远摆不脱周期性的衰退和危机。而且每调节一次，病根就深一步。例如里根经济学就充分说明，各种措施可以收一时之效，却留下重大后遗症，处理十分困难。在另一方面，社会主义的自我完善工作虽然由于缺乏经验，需要摸索而进程缓慢，但最终将逐渐使社会主义制度的实践能够找到一条有效的路子。只要我们善于工作，善于学习，我相信，社会主义是一定会胜利实现的，是一定能够胜过资本主义的。

四　多极竞争的世界

第二次世界大战结束以来，两极（美苏）体制是国际形势的主要特点。1958年西欧共同体建立，标志着西欧想自己作为一个独立于美苏之外的政治力量。1971年的美元与黄金正式脱钩，主宰世界货币金融形势的布雷顿森林体系开始崩溃。资本主义体系开始出现了三个经济中心：美、日、西欧。经济形势的变化引起了政治形势的变化。从此，世界从两极体制开始走向多极体制（美、苏、日、西欧、中国以及第三世界）。现在，这个情况还在继续发展中，是一个逐渐演变的过程。

由于多极体制还在演变中，人们对于多极体制有各种各样的看法。其中最有意思的是这样的一种看法，认为：根据目前的实际，应该有分析地看当前的世界局势。

——军事上还是美苏两极。世界上目前还没有任何一个国家可以超过美苏，英、法、中国只能作为中等国家，在可以预见的将来（即本世纪末以前）也是如此。

在军事力量上，美苏基本上处于均势。在一般高科技上，苏联显得有些落后（约十年左右）。从短期看，影响不大，因为在军事高科技上相差并不多。从长远看，一般高科技的落后影响很大，特别是在苏联下决心要参加国际经济体系，要同西方建立又竞争、又合作的关系的时候，不能允许一般高科技落后太远，因此苏联才有要改革的迫切感。

从世界性政治影响来讲，苏联同美国比，差距不大。当然，这些年来苏联式社会主义在世界上的威望是下降的。但是，全世界的进步人民仍然是向往社会主义制度的，虽然感到社会主义在苏、中两国的具体实践上有很多问题，但认为社会主义国家和人民如能勇于探索，认真克服自身的弱点，认真进行自我完善，将来还是世界的指望和前途，而对资本主义，大家的希望是不大的。

——经济上现在是四个中心：美、苏、日、西欧。美国、苏联各作为一极，大家是公认的。对西欧能否算一极可以提出问题。如西欧是个真正的统一体，真能够一致行动，那当然就可成为一极。但是西欧现在是散的，虽然在某些重大政治问题上能够用一个声音说话，但在另一些重大问题上又各行其是。经济上是又合作、又竞争的关系。从西欧12国的力量总和来看，即使当前是松散的，也应该作为一极看待。至于中国，在发展阶段上目前还处于轻工业化同重工业化的糅合期，还没有进入高技术工业化阶段，因此还不能算作一极。

——在政治上，中美苏大三角关系，是当前最能影响国际局势发展的重大因素。在地区问题上，是两个四方形。在远东，亚洲太平洋地区是中、美、苏、日，如把第三世界算作一极，也可说是五极。在欧洲也是四方形，美、苏、东欧、西欧。

我看似乎可以得出这样的结论，目前国际关系中既有两极成分，也有多极成分，总趋势是最后必然会发展成为多极世界。

重要而基本的变化将发生在经济方面。

目前，美、苏、日、西德（作为西欧共同市场的代表国家）在经济实力、技术水平上，处于一个相对均势的情况。我们举几个数字如下（见下页表）。

由下表可见，美国除GNP外，在出口方面并不占太大优势，而在工业品出口方面则被日本和西德抛在后面。苏联在国民生产总值上比美国少很多（只有美国GNP的60%左右），但同日本、西欧比，则相差不大。在出口额和工业品出口额方面，由于苏联不重视出口，很难比较。

美、苏、日、西德经济地位变化对照表　　　　（%）

		1960 年	1970 年	1980 年	1985 年
国民 生产 总值 （GNP）	美　国	29.7	26.7	21.5	21.0
	日　本	4.3	7.3	9.0	15.0
	西　德	7.1	6.9	6.8	6.4
	苏　联	15.0	—	—	13.0
出口额	美　国	18.0	15.2	12.0	12.0
	日　本	3.5	6.8	8.1	10.0
	西　德	10.0	12.1	10.5	10.3
工业 品出 口额	美国	22.3	17.4	13.8	12.3
	日本	6.2	10.7	11.9	14.1
	西德	17.4	18.1	15.9	12.7

　　既是多中心，又处于相对均势之中，那就必然会有竞争。当前这几极之间的竞争是很激烈的。

　　美苏竞争是长期的，主要集中在军事方面。在表现形式上是裁军谈判。美国决不会放弃 SDI（战略防御计划），因它不但是军事的计划，还是政治的、经济的计划，它不但是对付苏联的，也是用来控制其盟国的，因此又是外交的计划。苏联反对美国搞 SDI，但反对不了，只得奉陪，赶上去，这就要影响它国内的经济发展和经济改革，但也没有办法。

　　今后围绕裁军问题的斗争，不外乎三个字：裁、削、管。作为竞争，就要有规则。

　　"裁"：是有些武器系统不大会用的，如战略进攻性的核武器，可以毁灭世界十几次，不需要这么多。苏联提出裁掉 50%，看来美国也不会反对。

　　"削"：如中程导弹。苏联在欧亚两洲配备的中导，对西欧主要是政治工具，目的在借此分化美欧关系，希望导致美欧防务脱钩，在军事上并没有什么真正了不起的作用。在远东可以威胁中国，当然也针对美国、日本。另外如减少核弹头、减少核试验次数等。

"管"：是相互核查等。

这三方面每个问题都是非常复杂，需要时间来解决的。

军事斗争是为政治目的服务的。苏联的政治目的是希望西欧离开美国，成为独立的西欧，特别是希望西德中立化。食饵就是德国的统一。现在西德和法国的答复是计划成立法德混合旅，作为西欧军事一体化的初步尝试。

苏联同美国、西欧、日本之间的竞争主要是在政治、军事方面，经济竞争在本世纪之末以前还谈不上。

真正的竞争是在美国、西欧、日本之间进行。但西欧还没有形成为一个统一体，竞争实力还不够真正强大，还不能形成对美国的严重威胁，所以真正威胁美国的竞争对手是日本。

最近几年来，美日之间的竞争是相当剧烈的，而且还有越来越剧烈之势。

第一，日本下决心赶超美国的企图取得了重大成功。

以人均国民生产总值而论，美国目前还是世界第一位，但如照现在的汇率计算，日本人均数字已达16000多美元，同美国相当，估计明年日本就要超过美国。日本原计划要在1992年在这方面超过美国的愿望已经提前五年实现。

据1986年初步数字，美国贸易国际收支逆差为1477亿美元。日本的顺差为926亿美元，其中520亿美元是对美国的顺差。

现在美国是世界最大债务国，日本是世界最大债权国，日本对美国进攻的力量大大加强了。

第二，现在日本资本确实在大举向美国进攻。

日本大量购买美国财政债券，去年日本花了约670亿美元购买外国债券，其中600亿左右是买的美国债券。因此，美国财政赤字有 1/3 要靠日本的资金来筹措。

日本也买了大量美国厂家的股票，同时还在美国开设不少新厂。美国人士对日本怨言很多。有的说："长此下去，美国要成为日本的经济殖民地。"有的说："美国娃娃们都是在为日本人卖力气赚钱的雇用劳动力。"

日本 1986 年的对外投资 42%—45% 是对美国的。其中有一小部分是对加拿大的。这些投资中相当一部分是买美国的房地产，乃至著名的古画。

据美国权威人士估计，现在美国国内市场上有将近 1000 亿美元的商品是日本货。

美国要求日本改变出口导向战略，变为扩大内需的战略。日本每次都答应，每次都拖延不办，仍然坚持出口第一的政策。美国一年多来对日本搞汇率战、利率战、贸易战（保护主义），都没有多大效果，日货仍然充斥美国市场，日本对美贸易顺差仍然很大。而且汇率战的结果又被南朝鲜、台湾利用，挤进美国市场，获得大量美元顺差。

第三，日本在工业企业方面也下决心要超过美国。

日本工业企业对外部环境的适应性非常强，为其他国家所不及。1973 年石油涨价时，日本只吃亏一年多，到第二年下半年、第三年又起来了。1979 年石油再涨价，日本就没有受多大影响。这次石油跌价，它占了很大便宜。日元升值，从短期看，对它很不利，因出口确有减少。但从长期看，对它很有利。因为日本利用日元升值的机会，尽量想办法提高经济效益，压低成本，加快提高技术，改进管理办法，节约人力和原材料。用深加工提高产值，继续扩大输出。日本工业品的出口约 40% 是依靠美国市场。在美国市场遇到困难，就拿一部分出口到西欧。1986 日本受日元升值的影响并不太大，国内失业增加到 3%。资本主义的经济学认为 4% 以下的失业率是有利的。并不是日元升值，日本就无所作为了，过几年，它的竞争力又会更加加强。

根据日本四五个研究机构分析，日本同美国工业力量的对比，认为除宇航、生物工程、核武器、核聚变，以及若干高信息技术等有限几项落后于美国外，其他都已超过美国。它们准备在 21 世纪除同核武器有关的军事技术外，全面超过美国。

根据 1986 年日本官方的经济白皮书，今后日本的汽车、电子计算机、精密仪器工业进入了"成熟时期"，意思是国内市场趋于饱和，要加强出口。美国的汽车、机械从 70 年代后期已开始"进入纯进口的阶段"。日本在工业方面向美国进一步进攻，方兴未艾，这时期正在到来。

第四，日本的金融势力向美国的进攻。

1985 年底，日本的海外资产有 1298 亿美元，为世界第一。日本方面估计到 2010 年可达到 28300 亿美元。日本已成为世界第一金融力量。美国由于财政赤字和贸易赤字难以解决，需要时间，短期内不可能摆脱债务国的地位，海外纯资产也不可能增加。美元在国际上的信誉大降。美国国内通货膨胀的危险也在加剧。因此美国不能再像去年底、今年初那样迅猛地让美元对日元贬值，即使要再贬值，也要过一个时期之后才能办。日本大藏省公开宣布，到 2010 年，"日元要以帮助美元的姿态成为世界另一主要货币"。很显然，主要货币的意思就是要作为外汇储备货币和国际贸易的结算货币。日本是要先取得对美元平起平坐的地位，然后再逐步以日元取代今天美元的地位。

日元正在国际化。要把东京同纽约、伦敦一样，变成世界最大金融中心之一。伦敦的地位越来越下降，但仍能保持三大金融中心之一的地位。有人分析，到 2060 年，纽约将处于今日伦敦的地位，而东京将取代今日纽约的地位。不管事实如何发展，可以看出，日本的野心是很大的。

第五，现在激烈的竞争开始向亚太方向集中。

日本要把亚太地区变成日元圈。日本的对外投资首先是对美国，但这两年来，对亚洲的投资突然增加37%—38%，其中对南朝鲜和台湾的占一半，对其他新兴工业国的投资占26%—27%，对中国的投资减少。这说明将来日元圈的内涵是东北亚和东南亚，中国不在内。最近亚洲开发银行对印度的借款基本维持，对东南亚的投资大大增加，对中国的投资则在压缩，说明了这个趋势。

综合以上五个方面的情况，可见日本是以美国作为它经济上的主要对手来部署攻势，进行挑战的。它不仅是要争取在经济政治上与美国平起平坐的地位，更是在处心积虑谋求在时机成熟的时候，超过美国，代替美国的世界经济霸权，有了经济霸权，政治和军事霸权也就不是什么太大的难事了。

竞争这样激烈，变化又很大，今后的局势将如何发展呢？过去遇到这种激烈争夺的局面，可能就会引起战争。但今天的情况不允许用战争来解决问题。日本现在经常向美国赔小心，说什么日本最大的同盟国是美国，在任何时候也不会放弃日美同盟；中曾根说要以经济为手段，帮助美国维持在世界上的经济霸权地位；并说地区性经济，要由美日共同发展。言下之意是要以美日同盟为核心，共同主宰世界经济政治形势的发展。在现阶段，这些似乎都是真话，因为日本目前军事力量还不够强大，因而在政治上还不能形成大国地位，还不得不利用美国的支持。但是，将来时机一到，日本是决不会甘心于长期屈居美国之下的，它们正在默默无声地、可是在扎扎实实地做着在军事、政治、经济各方面都能成为世界第一大国的准备工作。

美国政府正在做两件事。一是要日本多承担美国为保卫日本及西太平洋的军事负担，日本当然非常高兴，因此军费开始突破国民生产总值的1%（约252亿美元）。美国的政策鼓励了日本发展其军事力量。二是希望日本以其经济力量帮助美国推行其外交政策。这是美国政府的短见政策。美国国内某些有识之士对日本并不放心，因而这个政策并不能为美国人民所一致拥护。何况美日之间的经济政治摩擦是根本性的，不可调和的。所以，美国的政策能否推行到底，还得看。

一个值得密切注视的因素，是美国经济在今后几年内能恢复到什么程度。有两种可能：（1）恢复不了，对日本的竞争会越来越不利；（2）有所恢复，但恢复到过去那样主宰西方经济的地位办不到，甚至恢复到70年代末80年代初期的可能性也不大。不管怎么说，美国的经济霸权地位将永远丧失，什么"火车头"作用、"领导地位"等等，都已成为陈迹，一去不复返了。它再也不能像过去那样强迫其他西方国家跟着它走了。只能在矛盾尖锐时像1985年五国财长会议那样，用妥协和解的办法，对其盟国，同时也是竞争对手，晓之以核保护伞的利害，动之以政治上的因素，诱之以自己独特拥有的、年可容纳3000多亿美元国外商品的广大国内市场。要求其盟国同它一起缓和竞争局势，头痛医头，脚痛医脚，谋求一些局部性、暂时性的妥协。等到矛盾再度发展到一定程度时，又设法再妥协一下。这样，今后的世界将会是一个矛盾多端、竞争激烈、摩擦—协调—再摩擦—再协调的局面。这种情况可能一直继续到20世纪末或者更长一些。

五　做好科学决策的条件

现在各国非常重视对国际环境的研究和分析，以便为政府的科学决策作参谋。如美国的兰德公司、布鲁金斯学会、传统基金会等，都是帮助政府决策的机构，它们拥有一大批专家，从事政策性的研究工作。

关键在于领导人。如果领导人真正认识科学决策的重要性，科学决策就能办到，否则只能办到一半，说不定还不起作用。决策人的气质有很大影响。里根由于他的气质，在伊朗门事件、尼加拉瓜事件上犯了错误。他听了这部分顾问的意见，而不听另一部分人的意见，一意孤行，产生了对他十分不利的后果，也使美国的国家荣誉受到很大损失。斯大林在科学决策问题上犯的错误也是很多很大的。

我们为了实现科学决策，需要具备以下的条件：

1. 充分利用现代化技术手段，及时地、全面地收集大量国内外信息并作出分析。这是科学决策的基础。

2. 研究别的国家的经验，也研究自己历史上的经验，参照这些经验来作当前的决策。国际上的例子很多。例如：

——从商业银行筹款来搞长期建设项目，如铁路、公路，是不行的，必然引起大的债务负担。

——用增加初级产品和轻纺产品的出口来换汇，来维持我出口的增长，从长期来看是不行的。我国外贸出口在国民生产总值中所占比例已经不小，再挖点潜力还可以，但不能也挖不了太多。美国出口占 10％以下，苏联是 8％弱。在我国，出口占的比重太大也不行，国内市场和外贸必须兼顾。

——用单一货币进行国际收支，会造成不良后果。过去过分强调美元，用硬货币支付多，用软货币支付少，对我很不利。国际上也有很多这样的经验。

——又如用钱找钱，而不是把钱放在外国银行生利。南朝鲜就大量在外汇市场上用钱找钱。这要求精通国际金融业务。像苏联那样用大量黄金换外汇，偶一为之可以，长期这样干不行。

——又如，体制改革必须配套进行，至少要估计到每个改革步骤的连锁反应。如何实行集权与分权、计划与市场调节，国外经验不少。通货膨胀、物价上涨的原因、后果，对于经济造成的损害，如何治理，国际上也有很多经验，我国也有历史经验，要很好整理、研究，加入到信息的收集和分析里去。

3．要有正确的理论指导，用决策的科学方法对信息进行全面、系统的科学分析，这是问题的核心。正确的理论就是马克思列宁主义，方法还是辩证唯物主义的方法，这是根本。

4．决策人员的政治、文化、科学素质必须提高。现在各层次都有决策，每一件事会有不同层次的决策，每一层次的决策都要求决策人有高的素质。

5．科学决策要有民主气氛，根据各种不同的利害关系，听取不同的意见，顾全大局，调节各方面的利益，筛选出最需要的东西。

6．司局一级干部在执行和决策方面有非常重大的责任。在有些国家，很多问题在司局一级就解决了。"文革"后，司局一级在帮助决策方面的作用有所降低，这不是好办法。中层是承上启下、连接的环节，如何做好执行的工作，也是当前需要研究的问题。

关于建立国际关系学的几个问题

首先，我们必须注意到，国际关系学是一门跨学科的科学。国际关系学科不但涉及政治、经济、军事、文化等社会科学的各个方面，而且与自然科学越来越发生密切联系。搞国际关系学科的人不仅要了解社会科学的知识，还必须了解很多自然科学方面的知识。如果我们不理解生态环境的科学，就无法理解当前世界统一化的趋势；如果我们不理解核物理科学，我们就无法理解当前军备竞赛的情况。每个人都有自己的专长，但光有专长还不够，还必须成为通才，对各种学科有一些起码的知识。现在，各国领导裁军谈判的都是搞社会科学出身的，但他们每个人都必须懂得自然科学，懂得许多技术知识，否则就难以胜任。如果搞国际法的人不懂得技术科学，就会对当前关于核均衡协议和裁军问题无法理解也无法参加工作。就一个国家的外交来讲，如果你只注意政治方面，而不了解经济方面、科学技术方面及其他各方面的联系，就无法搞一个真正的、正确的外交。你要搞一个良好的外交，你必须把各方面的专家集中在一起，虚心地听取他们的意见，向他们学习。国内外的专家，没有哪一个人敢讲我什么都懂，因为这是不可能的。对国家的对外关系，我们有一个设想，但在具体实行时，非得研究各方面的联系不可。一个人研究不过来，两个人也不行，必须有一个小小的集体。这就是为什么外交决策必须成为一门决策科学的一个原因。

现在各国都有安全委员会。安全委员会里面有各种各样的专家，每一个人可以联系许多专家。美国的国家安全委员会只有那么几个人，但是每个人还分头联系许多人。搞国际关系这门学问，搞外交这门学问不是一个人拍脑袋能决定的，必须集中很多人的意见，很多专家在一起商量，提出问题，否则就容易犯错误。当然，最后还得由一个人来决定。

现在国际关系学科涉及面越来越广，牵涉到当代各门学科的变化，成为一门跨学科的科学。但从我们国家目前的情况来看，搞国际关系学科而又懂得社会科学各个方面联系的，已经不太多了。能对自然科学、技术科学方面懂得多一点，这种人就更少了。由于这个原因，所以要建立一门国际关系学不是一件很简单的事情。

第二，我们必须重视对人的作用的研究。国际关系学科一方面研究国家与国家的关系、阶级与阶级的关系、民族与民族的关系、这样的文化与那样的文化的关系，是综合性的；另一方面，还得研究人与人的关系，也就是如西方所说"人的行为"的关系。人的问题不是如同自然科学那样，两份氢气和一份氧气合在一起必然变成水。人与人的行为关系不是这样。一个人的行为，对方的反应有可能是这样，也有可能是那样。这是由于人的气质、人的出身、人的历史，诸如此类各种情况的不同。历史决定人类的行为，同时，人类的行为反过来也要决定历史。所以国际关系学不但要跨学科，而且还要研究哲学，研究人与人行为的关系，研究思想的背景。

第三，国际关系学要重视信息作用的研究。今天的信息与过去的信息大大地不一样。过去，外交官最重要的任务是沟通信息。大使到了驻在国，就把一些消息拿回来作为他向本国政府的报告；本国政府根据这些消息作出对那个国家的决策。由于信息不像现在这么灵敏，所以决策不周到的地方就很多。今天的信息来自各种渠道，如报纸、电视等，来源很多。今天的信息传播速度也很快，这里一发生，那里马上就知道了。从前国际金融市场中，伦敦、纽约、香港三个市场是独立的。从时差来看，香港的白天是纽约的晚上，而纽约的白天是香港的晚上。在没有通讯卫星时，香港每天必须等纽约来的电报，所以要到 10 点钟以后才开市。信息的时效差，就影响到金融的周转和买卖。现在不同了，经过卫星，香港 24 小时都可以知道纽约的情况，纽约也同样，伦敦也同样，这样就增加了资金在全球的流转。现在，每天在全球流转的资金超过 1 万亿美元，以两三万亿美元这样的速度在流转，这对于整个世界的经济、政治，对于国际经济关系都要发生很重大的影响。美国教授彼得·德鲁克在去年《外交季刊》上写过一篇文章，说现在世界经济有三大问题：一是初级产品经济脱离了原料；二是生产力脱离了就业；三是实际经济脱离了虚拟经济。前两个问题危害不是太大，但后一个会产生什么后果，当前还很难预料。因为脱离后，是将与实际资本连在一起，还是虚拟资本单独地在世界上起作用，这对于将来的整个世界经济体系，最后对于世界政治体系都会发生影响。今天没有单纯的政治，也没有单纯的经济，政治与经济越来越糅合在一起了，互相渗透，而且渗透得越来越厉害。当前的信息传播很快，影响到各方面的决策，对我们国际关系学科也是非常重要的。

当然，有了信息还要有分析，有判断，有决策，但都必须十分重视信息。我们在建立国际关系学科时对这一点也不能忽视。

第四，现在我们建立理论的目的是为了什么？一个是为了总结过去的行为，一个是指导将来的行为。把过去的行为总结起来，从中提出若干规律化的东西，把它条理化、规律化，这就是理论。我们就用这个理论指导未来的行为。国际关系理论也是如此。

建立国际关系理论的正确指导思想是马克思主义，是辩证唯物主义和历史唯物主义，因为只有它才能给我们强有力的思想方法和工作方法，告诉我们从一切事物的变化来看问题，从事物的联系来看问题，从对立统一的角度来看问题。这些都是常识，但对建立国际关系理论很有意义。我们建立国际关系理论是为实际服务的，是为今天的实际和今后的实际服务的。

建国以来，我们有许多新的理论，都是在马克思主义指导下建立的，例如在建国后一度执行过的"一边倒"的外交方针，又如毛主席提出的中间地带的存在和三个世界的划分。再如大三角的战略格局。当然，世界上一切事物都在变化，理论也要变化。一切理论都不是永恒的，到了一定时候要改变。如果苏联和美国都放弃了霸权主义，世界变成了一个很好的世界，这又有什么不好呢？在那个情况下，大三角关系也就变了，也会消亡。但是在今天的情况下，或者说至少在 20 世纪末以前，大三角关系还是存在的。所以在建立国际关系理论时，一方面要重视实际情况，为实际服务，另一方面也要看到实际在不断变化中，经过一个长时间后，变化到最后否定过去的某些理论。我们应该以这样的观点来看待这个问题。

第五，要善于从苏联和西方国家的国际关系理论中吸取我们所需要的营养。苏联的国际关系理论与西方国家的国际关系理论有很大的区别，过去我们把它们对立起来，今天我们要重新认识这个问题。西方的均势理论，主张以谋求均势来维护和平，我们曾用"这是资产阶级理论"这样的一句话把它否定了，但从今天看来，我们不能否定均势理论，因为世界和平的维护确实要靠均势，靠政治均势，靠经济均势，靠军事上的均势，而军事的均势要服从政治的、经济的均势。苏联今天在提倡政治新思维中，也不像以前那样否定均势论，在布鲁雅可夫的文章中也承认均势的重要性，认为苏联的外交必须建立某种均势，包括政治的均势和经济的均势。诸如这些好的东西我们都必须吸收进来，作为我们建立国际关系理论的营养，只有这样才能建立一个有中国特色的国际关系理论。

第六，要研究我国历史上的外交，历史上处理国际关系的情况。如《孙子兵法》所表现的辩证唯物主义思想，不但是搞军事、搞战争的总结，同时也是搞和平、搞外交的总结，它的许多思想、许多原则既可以指导战争，也可以指导政治、经济、外交等各个方面。此外，在春秋战国时代有许多国家，有当时的国际关系，虽有许多原始色彩，但那时的许多方法和办法是很有用的。过去，无论是中国还是外国，都有人研究战国时代的国际关系，现在已根本没有人研究了。但是，我认为搞国际关系学科，从中国历史上搞国际关系的情况中，也可以取得很重要的营养。又如三国时代的"隆中对策"，对刘备提出要联弱抗强，把自己突出来，最后把两雄一起消灭。这种思想既是战略思想，又是国际关系思想，用现代语说是均势论。联弱抗强，远交近攻，这种均势原则，从古到今，都不能破坏，一破坏就发生问题，中国历史这方面的经验教训多得很。这一切与国际关系理论都有关系。当然，现在的形势比过去大大复杂了，涉及因素很多，不像过去那样单纯。但是对过去历史上的经验教训，加以借鉴，加以利用，可以作为我们建立中国特色国际关系理论的营养。

第七，研究国际关系理论的研究对象和框架是重要的，但与上面提到的几个问题相比则是次要的。首要的问题是如何用国际关系理论来指导我们的行动。把我们的经验总结提高，成为有规律性的东西，用以指导今后我们在国际关系中的行动，这是非常重要的。

（1988 年）

作者著作目录

专著与主编

《纵横世界》，世界知识出版社 1985 年版。

《纵横世界续篇》，世界知识出版社 1991 年版。

《宦乡文集》，世界知识出版社 1994 年版。

《南南合作勃兴——北京南南会议：发展战略、谈判及合作讨论会文集》（主编），经济科学出版社 1984 年版。

《太平洋地区发展前景与中国现代化》，中国财政经济出版社 1985 年版。

《国防发展战略思考》（合著），解放军出版社 1987 年版。

《科学决策知识讲座》（合著），人民出版社 1987 年版。

《当代世界政治经济基本问题》（主编），世界知识出版社 1989 年版。

《国际问题研究中心简报》（主编），国际问题研究中心，1982—1989 年。

文章与报告

《德苏战争与世界大势》，《前线日报》专论，1941 年 7 月 6 日。

《日寇和平攻势的分析》，《前线日报》社论，1942 年 2 月 2 日。

《中国在太平洋新战略中的任务》，《前线日报》社论，1942 年 3 月 10 日。

《世界战争转折的一年》，《前线日报》社论，1943 年 1 月 1 日。

《转变中的太平洋战局》，《前线日报》社论，1943 年 3 月 6 日。

《世界战局中的中国战场》，《前线日报》社论，1944 年 6 月 27 日。

《伦敦五外长会议展望》，《前线日报》社论，1945 年 9 月 7 日。

《中国的地位与责任》，《前线日报》社论，1945 年 9 月 22 日。

《内战能避免吗?》，《周报》1945 年 11 月 17 日。

《美国对华政策的动向》，《周报》1945 年 12 月 8 日。

《打不得! 打不得!》，《周报》1946 年 5 月 18 日。

《我们需要和平》，《文萃》1946 年 6 月 2 日。

《过渡时期的国际现势》，《世界知识》1946 年 6 月 16 日。

《掀起和平民主运动的怒潮》，《周报》1946 年 6 月 22 日。

《美国对华政策的四个阶段》，《周报》1946 年 7 月 27 日。

《对于美国普选的一个看法》，《世界知识》1947 年 11 月 16 日。

《美英关系之检讨与展望》，《中国建设》1947 年 1 月 1 日。

《五国和约与欧洲均势》，《世界知识》1947 年 2 月 22 日。

《面临着莫斯科会议》，《中国建设》1947 年 3 月 1 日。

《战后的远东政治》，《中国建设》1947 年 8 月 1 日。

《我国参加对日和约的三个前提》，《世界知识》1947 年 9 月 13 日。

《应该复兴日本经济吗?》，《世界知识》1948 年 2 月 21 日。

《论"国际新危机"》，《中国建设》1948 年 4 月 1 日。

《内战论》，《国讯》1948 年 4 月 2 日。

《联合国面临考验》，《世界知识》1948 年 5 月 29 日。

《世界争取和平运动的新阶段》，《世界知识》1948 年 6 月 12 日。

《中美日三角关系论》，《中国建设》1948 年 7 月 1 日。

《"柏林危机"和四强谈判》，《世界知识》1948 年 7 月 8 日。

《论美国共和党外交政策》，《世界知识》1948 年 7 月 31 日。

《东南欧的土地改革》,《中国建设》1948 年 8 月 1 日。

《莫斯科谈判破裂以后》,《世界知识》1948 年 10 月 2 日。

《从"欧洲自由贸易区"谈判的破裂说起》,《红旗》1958 年第 14 期。

《关于目前帝国主义矛盾发展的若干问题》,《红旗》1963 年第 5 期。

《对当前资本主义经济危机的一些初步看法》,《宦乡文集》,1974 年 11 月 28 日。

《拉杂上陈》,研究报告,1977 年 7 月 26 日。

《西欧经济走出了"黄金时代"》,在中国社会科学院学术报告会上的讲话,1978 年 4 月。

《当前资本主义世界的经济形势问题》,在全国世界经济研究规划座谈会上的报告,1978 年 7 月 13 日。

《三个世界的经济形势鸟瞰》,在全国哲学社会科学规划会议预备会上的报告,1978 年 9 月。

《资本主义世界经济的转折点上》,在哈尔滨、沈阳作的学术报告,1978 年 10 月。

《南斯拉夫、罗马尼亚发展国民经济的几个重要经验》,在上海市社联报告摘要,1979 年 3 月。

《关于中国的社会主义现代化问题》,在政协全国委员会国际问题组和政协北京市委员会国际问题组联合举行的报告会上的报告,1979 年 4 月 10 日。

《关于当前西欧经济的几个问题》,在西欧经济研究会首届年会上的讲话,1979 年 6 月。

《中国的社会主义现代化》,在福建理论讨论会上的报告,1979 年 9 月。

《当前西方经济形势》,《世界知识》1979 年第 18 期。

《关于西方绥靖暗流的报告》,研究报告,1980 年 5 月 27 日。

《从官僚到经理》,在一个学习班上的讲话,1980 年 7 月。

《关于加强日本史研究的问题》,在天津社会科学院、天津社联、中国日本史研究会联合举办的学术报告会上的报告,1980 年 7 月 10 日。

《哲学社会科学要为国家现代化服务》,会议讲话,1980 年 8 月。

《当前世界经济形势中应当注意的四个动向》,在发达资本主义国家经济形势讨论会上的讲话,1980 年 12 月。

《80年代世界经济形势》，在全国政协经济建设组的报告，1981年4月13日。

《关于"帝国主义垂死性"问题的通信》，《中国社会科学》1981年第4期。

《中国要走自己的建设社会主义道路》，在中国有关人士与三边委员会"北京会晤"上的发言，1981年5月。

《关于社会主义制度的优越性》，《宦乡文集》，1981年7月22日。

《关于中美关系》，〔美〕《外交季刊》1981年秋季号。

《80年代社会科学的任务与挑战》，在墨西哥召开的"80年代社会科学的任务与挑战"学术会上的讲话，1981年9月。

《当前世界经济发展趋势》，《世界经济导报》1982年1月4日。

《关于研究世界经济的几个问题》，在中国世界经济学会成立大会上的讲话，1982年7月。

《当代帝国主义提出的新情况和新问题》，在昆明经济工作人员讲习班上的讲话，1982年9月。

《坚持独立自主的对外政策》，《宦乡文集》，1982年10月。

《在调整中的资本主义世界经济》，在中国中东学会成立大会上的讲话摘要，1982年11月。

《当前西方经济形势中的长期趋势和短期趋势》，在世界经济形势讨论会上的讲话，1982年12月。

《关于调整我国对外政策的一些设想》，《国际问题研究中心简报》，1982年。

《关于调整对苏关系和加强对美、日、西欧工作意见》，《国际问题研究中心简报》，1982年。

《80年代中国社会科学面临的任务》，《宦乡文集》，1983年1月。

《南北关系的现状、症结和前景》，在北京南南会议发展战略、谈判及合作讨论会上的发言，1983年4月。

《跨国公司的投资与南南合作问题》，在北京南南会议上的发言，1983年4月。

《评西方国家经济回升的特点：软弱、缓慢而不稳定》，《世界经济导报》1983年5月30日。

《回升开始后的世界经济政治形势同我国的"四化"建设》，在中国国际经济合作学会成立大会上的报告，1983年7月21日。

《同〈世界知识〉杂志记者黄

书海谈当前国际形势》，1983 年 8 月。

《同联邦德国〈明镜〉周刊记者的谈话》，1983 年 11 月 25 日。

《世界经济复苏缓慢、脆弱、不稳定》，《世界经济导报》1984 年 1 月 2 日。

《同法新社驻京记者倪二辖的谈话》，1984 年 1 月 16 日。

《要迎头赶，不要爬行着赶!》，《宦乡文集》，1984 年 2 月 18 日。

《新技术革命与我国对策》，《宦乡文集》，1984 年 4 月。

《解放军要勇于迎接新技术革命的挑战》，与《解放军报》记者庄汉隆、世界知识出版社编辑李南友的谈话，1984 年 6 月 20 日。

《建立国际经济新秩序的斗争是不可阻挡的时代潮流》，在纪念《关于建立新的国际经济秩序宣言》和《行动纲领》发表 10 周年国际讨论会上的演讲，1984 年 6 月 26 日。

《关于国际外交格局和战略格局》，《世界经济导报》1984 年 7 月 9 日。

《从哲学社会科学角度谈中国的经济改革》，《国际展望》1984 年第 13 期。

《亚太地区形势和美苏的争夺战略》，《国际展望》1984 年第 14 期。

《关于建立中关村科学园区的若干设想》，1984 年 5 月 4 日。

《香港今后作用——关于“一国两制”方针和香港今后的作用》，香港《文汇报》1984 年 9 月 29 日。

《中国面向未来——中国的经济体制改革》，在中国银行讨论会上的讲话，1984 年。

《1984 年国际形势的特点》，《世界知识》1985 年第 1 期。

《世界新技术革命的发展与我国的对策》，在“经济改革与对外开放问题高级讲习班”上的讲话，1985 年。

《论“一国两制”》，《群言》1985 年第 3 期。

《亚太地区发展前景与环太平洋合作》，《国际问题资料》1985 年第 4 期。

《当前世界经济形势》，形势报告，1985 年 4 月 15 日。

《新技术革命对军事的影响》，《解放军报》1985 年 6 月 7 日、14 日。

《纪念反法西斯战争胜利 40 周年》，《世界历史》1985 年第 4 期。

《有关二次大战的两个争议问题》，《世界知识》1985 年第 17 期。

《中日关系与亚洲的安全和发展》，为祝贺早稻田大学社会科学研究所建所 45 周年发表的论文，1985 年 11 月。

《"七五"计划期间国际政治经济形势预测——简要总结和政策建议》，《国际问题研究中心简报》，1985 年 11 月。

《〈争论中的国际关系理论〉中译本序言》，1985 年 12 月 31 日。

《环太平洋经济合作构想的发展与对策建议》，《国际问题研究中心简报》，1985 年。

《展望 1986 年国际形势》，《瞭望》1986 年第 1 期。

《变革、调整中的世界》，《国际展望》1986 年。

《我国"七五"期间面临国际政治经济环境的分析》，对《世界经济导报》记者的谈话，1986 年 1 月 6 日。

《关于当前世界经济形势的一些看法》，《世界知识》1986 年第 3 期。

《对世界形势发展趋势的分析及军委提出转入"和平时期"战略决策的理论依据》，形势报告，1986 年 3 月 1 日。

《关于世界经济学科的建设问题》，在复旦大学举行的全国高校世界经济教学研讨会上的讲话，1986 年 7 月 2 日。

《1987 年国际形势展望》，《瞭望》1987 年第 1 期。

《为世界的发展而裁军》，在联合国世界裁军运动区域讨论会上的发言，1987 年 3 月 23 日。

《开展对当代战争与和平问题的系统研究》，《军事科学信息》1987 年第 7 期。

《科学决策与国际环境》，在中央国家机关和北京市领导干部科学决策知识讲座上的讲话，1987 年 8 月 11 日。

《对西方股市暴跌的看法》，《人民日报》1987 年 11 月 3 日。

《动荡、变革、不平静的一年》，《人民日报》1987 年 12 月 31 日。

《国际市场经营学·序》，1987 年 12 月。

《一年来的中美关系》，《瞭望》1988 年第 2 期。

《世界处于竞争共处时代，国防现代化还要大力加强》，《外国军事学术》1988 年第 1 期。

《美苏中导协议与世界形势》，〔法〕《外交》季刊，1988 年 1 月。

《世界经济发展趋势——对未来十年全球经济的五大判断》，《世界经济导报》1988 年 2 月 1 日。

《世界经济形势和外向型经济发展战略》，《改革》1988 年第 3 期。

《国际经济发展与我们的对策》，在广州市"改革·开放·人才系列讲座"所做的讲演摘要，1988 年 3 月。

《研究未来是一项具有重大战略意义的工作》，军事未来研究会成立大会的贺信，1988 年 5 月 29 日。

《日本的经济增长及其对亚太合作的影响》，在香港"亚洲—中国"研讨会上的讲话，1988 年 6 月。

《国际格局性转变与中国》，《世界经济导报》1988 年 10 月 31 日。

《世界进入相对缓和的阶段》，《国际展望》1988 年第 21 期。

《关于建立国际关系学的几个问题》，《宦乡文集》，1988 年。

作者年表

1909 年 11 月 2 日　出生于湖北汉口,祖籍贵州遵义。曾用名宦鑫毅,笔名范承祥、范蕙。

1914—1922 年　读私塾。

1922—1925 年　在汉口文华中学读书,曾任学生会主席。后因在"五卅"运动反帝浪潮中组织同学起来驱逐外国校长而被开除。

1925 年　由于其父逼婚,逃婚至上海。

1926 年　插入上海南洋中学(交通大学预科班)三年级。

1928 年　从预科直升交大管理学院(由管理学院院长徐佩琨资助)。

1931 年　上伦敦经济学院函授班。

1932 年　染上伤寒,住进上海宝龙医院,由于没有诊费不得不与家里联系,继而被接回汉口。

1933 年　在其父的逼迫下考入海关工作。

1934 年　去上海和许绍芬结婚。1934 年底至 1935 年赴日本度蜜月期间在早稻田大学旁听半年课。

1937 年　参加救亡活动,是《海鸥》等杂志的主要撰稿人之一。

1938 年　从海关辞职。经妻兄许闻天介绍进入国民党第三战区《前线日报》任编辑。

1939 年 4 月—1940 年　任《前线日报》总编辑、国民党第三战区司令顾祝同的国际问题顾问。

1941 年　从上饶集中营狱中保出中共地下党员李鸿年。

1942 年　从狱中救出冯雪峰、

郭敬堂和王文识等中共党员及爱国人士吴大琨。同年，周恩来在重庆召见从上饶集中营出狱不久的冯雪峰，问及宦乡的情况，说要多关心他，不要因为我们的缘故增加他的难处。

1944年　掩护新四军的朱万年、地下党员邹今托和李岩峰等人进《前线日报》工作。

1945年春　离上饶去上海。创办《前线日报》上海版。

1946—1948年　参与组织在沪著名民主人士和部分身份公开的共产党员参加的民主人士"星期座谈"。

1946年初　所写《前线日报》社论被新华社转载。拒绝顾祝同要他写反共文章并辞职。同年，周恩来在上海考虑《文汇报》工作时，提议由宦乡主持笔政，并组织编辑部。4月底任《文汇报》副总主笔。

1947年5月　淞沪警备司令部勒令《文汇报》停刊。被列入黑名单，遭通缉，转入地下。

1948年　加入中国共产党。经香港抵西柏坡。参加布拉格第一次世界和平大会。回国后适逢天津解放，被派往接收《大公报》（后改名《进步日报》）。

1949年　调北京参加筹备全国人民政治协商会议，任筹备会副秘书长和新闻处处长，并任政协共同纲领草案整理委员会秘书。9月，以自由职业者代表参加政协主席团，并任副秘书长。10月1日当选全国政协委员至1955年。2日，中国保卫世界和平大会成立大会在北京举行，任秘书长。12月6日，中国人民外交学会成立，任理事。

1950年　任外交部西欧非洲司司长。

1951年　出席柏林世界和平理事会。

1952年　出席政协第一届全国委员会第三次会议。参加筹备"亚洲及太平洋地区和平会议"，参与起草和平会议宣言、告世界人民书、致联合国书及关于朝鲜问题的决议。

1953年2月　出席政协第一届全国委员会第四次会议。参与起草政务院总理兼外长周恩来发表的关于朝鲜停战谈判问题的声明和彭德怀同志关于中国人民志愿军抗美援朝工作的报告。

1954年4—7月　随周恩来外长率领的代表团出席日内瓦会议，

任顾问，参与起草代表团发言及回国后周恩来外长在中央人民政府委员会第 33 次会议上所做的外交报告。

1954 年 7 月—1962 年　任中国驻英代办处代办。

1962 年　奉调回国，任外交部部长助理兼研究室主任。

1963 年　在《红旗》杂志上发表论述帝国主义矛盾发展的长篇文章。

1964 年　率队去河北昌黎参加"四清"。

1964—1966 年　当选第三届全国人民代表大会代表。

1966—1967 年　"文化大革命"期间，对外交部所属北京外国语学院造反派提出打倒陈毅表态不同意。

1968 年　由陈毅点名参加经济组专门研究当时英镑贬值问题。同年，由周总理点名参加由外交部、中调部和外贸部组成的港澳办公室。对"文革"时期未能避免北京发生火烧英国代办处事件承担部分责任。"文革"期间被批斗。

1969—1973 年　下放外交部江西"五七干校"。

1974—1976 年　等待恢复工作期间，密切注视和追踪国际形势，并向上报告和提建议。

1976—1978 年 3 月　被任命为中国驻比利时大使兼驻卢森堡大使及驻欧洲共同体使团团长。

1978 年　奉调离任回国。经胡乔木提议任中国社会科学院副院长。

1979 年　根据中央领导决定，协助胡乔木组建中央国际问题写作组。

1980 年　出席在意大利由洛克菲勒基金会召开的世界各国知名学者会议。当选为中国国际法学会会长。

1980—1989 年　受聘为摩洛哥皇家科学院联系院士。

1982 年　被任命为国务院国际问题研究中心（1988 年更名为中国国际问题研究中心）总干事。

1982—1987 年　当选中共十二大代表。

1983 年 9 月　任北京南南会议主席。与一批经济学家赴香港考察。

1983—1988 年　当选第六届全国人大常委会委员、人大外事委员会副主任委员和各国议会联盟执行委员。

1985年 组织专家就我参与亚太经济合作问题进行深入研究，建议积极参与环太平洋经济合作。经中央批准，中国于1986年正式参加亚太经济合作委员会，任第一任中国委员会会长。

1986年6月 被授予英国格拉斯哥大学荣誉法学博士。

1987年9月 应新疆军区领导邀请，赴新疆参加关于加强我国西部边防建设的研讨会。

1988年5月 当选英国伦敦经济和政治学院荣誉委员会荣誉研究员。6月，任全国和平统一促进会会长之一。8月，经中央领导提名，担任全国台湾研究会首任会长。

1989年2月28日 在上海逝世，享年80岁。